MICHEL REYNAUD

L'AMOUR EST UNE DROGUE DOUCE... EN GÉNÉRAL

écrit avec la collaboration
de Catherine Siguret

ROBERT LAFFONT

ISBN 2-221-10311-4

À Marie-Pierre

Avant-propos

Magnifique amour ! L'Autre nous drogue, de sa peau, de ses mots, il nous enivre, nous rend merveilleusement heureux – et dépendants. On le soupçonne de nous avoir versé un philtre, on lui dit « tu me manques », et si on souffre en son absence il suffit de le revoir pour redevenir, encore, merveilleusement heureux. Tragique amour : l'Autre nous fait souffrir, nous laisse tristement dépendants, en manque, déchirés, voire contraints à un sevrage forcé : s'ensuit la déchéance, et parfois même le dégoût de la vie. On frise l'overdose de douleur, et on redoute qu'elle ne nous soit fatale...

Les métaphores qui apparentent la dépendance amoureuse à la dépendance aux drogues sont légion. Et elles ne sont pas fortuites. Mon expérience clinique de spécialiste des addictions m'a permis de toucher très concrètement du doigt ce que les poètes évoquaient intuitivement avec leur « philtre d'amour » et autres « ivresses » d'ordre sentimental : l'amour est littéralement une drogue. Elle est « douce » en général, mais malheureusement pas toujours ! Quand j'entends, jour après jour, des patients dépendants à diverses substances parler de leur jouissance passée, et quand je les vois souffrir du sevrage je ne peux qu'être frappé par les similitudes qu'ils présentent avec les amoureux en souffrance. On retrouve les mêmes mots, les mêmes symptômes, la même idylle des débuts, époque de la toute-puissance et de la toute-jouissance, puis le même glissement insidieux vers la dépendance, parfois assumée, si une vie sans manques reste possible, puis, enfin, parce que le produit – ou l'Autre – vient à manquer, à ne plus suffire, ou à détruire, la même souffrance, la même déchéance, les mêmes combats entre la raison et l'envie irrépressible d'y retourner, les mêmes rechutes, le même dégoût de la vie, la même peur du vide...

Jamais je n'aurais pu donner quelque indice que ce soit sur le pouvoir magnifique de l'amour et son envers toxique, les façons de s'en préserver ou d'en guérir il y a seulement vingt ans. On ne dispose que depuis peu des informations scientifiques corroborant l'idée que le fameux « philtre d'amour » puisse se révéler aussi prenant qu'un produit. On a longtemps refusé de reconnaître, par manque de données scientifiques mais aussi par souci de ménager la morale, que ce qui rend « accro », dans un cas comme dans l'autre, c'est la dimension du plaisir.

Tous les plaisirs procèdent du même principe, la hausse du débit d'une substance « stupéfiante » qui vient inonder le cerveau, la dopamine. La dopamine, c'est l'envie d'agir, de créer, d'aimer, de faire l'amour, de découvrir, d'en savoir plus, d'aller plus loin. C'est tout le désir qu'on a de le faire et tout le plaisir qu'on éprouve à le faire. C'est la clé de notre plaisir comme de notre désir, notre élan vital.

Toute dépendance résulte d'une stimulation particulièrement forte et répétée du débit de dopamine qui force les subtils mécanismes qui le modulent : les émetteurs/récepteurs situés à la surface des neurones, dont chacun a une fonction spécifique. Les plaisirs naturels leur font produire, selon leur nature, des endorphines, des endocannabinoïdes, de l'acétylcholine (« endonicotine »), du GABA (acide gamma amino-butyrique), toutes ces substances qu'imitent pharmacologiquement les opiacés, le cannabis, la cigarette, l'alcool (la cocaïne, quant à elle, stimule directement le débit de dopamine).

De nombreuses situations bien connues du lecteur, comme l'exercice physique, un bon film, un bon livre ou, pour aller plus loin, des caresses échangées avec l'être aimé et, plus fortement encore, l'orgasme, stimulent la sécrétion de dopamine en chatouillant émetteurs/récepteurs et en nous rendant soit euphoriques soit détendus. Le corps est programmé pour le plaisir, comme le prouve ce charmant dispositif. Il est aussi programmé pour retourner à un état plus neutre si le plaisir vient à manquer, sans ressentir pour autant de manque intolérable. En revanche, comme il n'est pas programmé pour les doses massives dont les drogues le submergent, lorsque celles-ci ne sont plus présentes, le manque en devient intolérable.

Il arrive que l'amour imite si bien ces produits qu'il induit une véritable dépendance pouvant se transformer en addiction. On sait aujourd'hui expliquer comment l'amour, au même titre que la drogue, peut forcer le circuit du plaisir, au point d'induire un manque perçu comme invivable. Pour se prémunir contre un usage toxique, il est possible de caractériser ce qu'est le « bon usage » de l'amour en décryptant le mieux possible les paramètres biologiques, psychologiques ou sociaux du désir, du plaisir et de l'attachement. Comprendre ce système permet aussi d'en déjouer les pièges, d'éviter les passions destructrices, d'améliorer ses chances de passer à l'attachement si on le souhaite, ou bien de survivre à la rupture s'il est déjà trop tard.

L'amoureux ne peut pas jouir continûment ; le prétendre serait une supercherie. Il peut, en revanche, continuer à aimer et à jouir sans trop souffrir, puisqu'il est programmé pour cela. L'ambition de ce livre est de montrer comment l'on peut s'enivrer à la vie et, par-dessus tout, à l'amour, après avoir appris à éviter l'ébriété suicidaire, bien entendu. Nul n'oserait prétendre que c'est simple ! L'amour ne l'est pas non plus...

Première partie

LE DÉSIR

1

La spirale désir-plaisir-manque : un chemin tracé de bonne heure

À l'aube du désir était le besoin

Nous sommes plongés dans le manque dès les premiers jours de la vie. Le chemin désir-plaisir-manque nous devient vite familier, bien avant que nous n'éprouvions du désir sexuel ou le sentiment du manque amoureux. Au commencement était le besoin, pourrait-on dire dans une genèse de l'humain désirant, puisque tout commence avec l'émergence de nos besoins vitaux. Leur satisfaction nous est si agréable que, très vite, l'envie se teinte de désir, désir ensuite couronné de plaisir, plaisir inévitablement suivi de manque.

Le bébé a faim : cette sensation désagréable stimule le circuit de la douleur jusqu'à le faire pleurer, voire hurler. Le lait de la mère, ou du biberon, apaise sa souffrance et procure de surcroît une sensation de bien-être. Plaisir et souffrance, apaisement et manque sont intimement liés d'un point de vue biologique, à tel point qu'il est parfois difficile de les démêler, ce que nous expérimentons dès le plus jeune âge. Les circuits neuronaux de la douleur et du plaisir sont en interaction permanente, l'un prenant la relève de l'autre : en même temps que la douleur du bébé s'apaise, il éprouve du plaisir à boire. Le bébé apprend très vite, sans le savoir, la double identité du plaisir : en finir avec la sensation désagréable/éprouver une sensation agréable. À côté du besoin, il découvre alors progressivement la nature du désir : la promesse du plaisir, l'anticipation de la satisfaction orientée vers autrui [1]. Âgé de quelques mois, le ventre plein, il ne dit pas non à un dessert !

Faim d'amour !

Ce chemin précoce du besoin, vite teinté de désir, s'ancre en nous par d'autres biais que la faim. Il y a, bien sûr, la soif ou le besoin de chaleur, mais il y a aussi le besoin de caresses. L'apaisement alimentaire dans les premiers temps de la vie s'assortit généralement de plaisirs annexes. Pendant la tétée, on embrasse bébé sur le visage, on lui caresse le corps, autant de marques d'affection de la part de personnages infaillibles : la nourrice, les parents, la mère surtout. Très vite, bébé associe une image à son plaisir promis, le visage de maman et la satisfaction de la tétée ; puis il associe l'image à un plaisir qu'on pourrait croire secondaire : la tendresse. Encore une prime ! Un bébé que l'on ne prend pas dans les bras trois jours durant n'en meurt pas, et pour cette raison on a longtemps cru que la demande d'affection était de l'ordre du désir, une stimulation supplémentaire du circuit de plaisir, et non de l'ordre du besoin, c'est-à-dire un apaisement de la souffrance. Grave erreur ! On sait désormais que si le bébé peut survivre effectivement à trois jours sans contact physique il se trouve véritablement « en souffrance » lorsque le manque se prolonge. Il se laissera même mourir s'il est privé de tout contact corporel. L'affection est un besoin vital, au même titre que la faim ou la soif.

1. Freud S., « Les théories sexuelles infantiles », in *La Vie sexuelle*, Paris, PUF, 1970.

On s'en doutait depuis la Seconde Guerre mondiale, où la tragédie de l'Histoire permit au pédiatre Bowlby [1] de constater que des enfants orphelins, bien nourris mais pris en charge par des nourrices sans cesse différentes, dépérissaient malgré tout, physiquement comme intellectuellement. En revanche, avait noté Bowlby, les enfants suivis par la même nourrice se développaient normalement. Il apparut ainsi que non seulement le contact corporel était nécessaire, mais qu'en prime l'attachement, à savoir la présence récurrente de la même image évocatrice de plaisir, était souhaitable. À la même époque, Spitz [2] décrivait l'« hospitalisme », c'est-à-dire la dégradation pouvant aller jusqu'à la mort des bébés accueillis dans les services hospitaliers, nourris et soignés, mais privés d'échanges affectifs. Le phénomène est mieux connu aujourd'hui sous le nom de « nanisme psychosocial ». Il recouvre ces cas d'enfants mal aimés (pour ne pas dire pas aimés) qui restent de petite taille, chétifs, moins curieux intellectuellement que ceux de leur âge, quand ce n'est pas franchement déficitaires. Les altérations cérébrales qu'entraînent le manque précoce d'amour et d'attention ont hélas été récemment confirmées par les études d'imagerie cérébrale réalisées chez des orphelins roumains [3].

Qu'est-ce qui est le plus important : être nourri ou être touché et choyé ? Difficile à dire, comme l'a montré une jolie expérience éthologique. On a soumis des bébés singes à un

1. Bowlby J., *Attachement et perte*, t. I, *Attachement*, et t. II, *La séparation, angoisse et colère*, Paris, PUF, 1978.

2. Spitz R. A., « Hospitalism : an inquiry into the genesis of psychatric conditions in early chilhood », *Psychoanalytic Study of the Child*, 1945, vol. I, pp. 53-74 ; *De la naissance à la parole. La première année de la vie*, Paris, PUF, 1968.

3. Chugani H. T., Behen M. E. *et al.*, « Local brain functional activity following early deprivation : a study of postinstitutionalized Romanian orphans », *Neuroimage*, vol. 14 (6), 2001, pp. 1290-1301.

choix cornélien, en leur proposant d'adopter l'une des deux fausses mamans singes : l'une, peu attirante, car en fil de fer, dispensait la nourriture, l'autre, attirante car en douce feutrine, ne donnait rien à manger. Les bébés singes résolvaient le dilemme en refusant de choisir ! Ils mangeaient auprès de la maman en fil de fer avant de... courir se réfugier auprès de la maman en feutrine des bras de laquelle ils ne s'échappaient que brièvement, aux heures des repas[1] !

C'est toute la différence entre la faim et la tendresse : la soif de l'une s'apaise tandis que celle de l'autre est inextinguible, une faim d'amour sans fin, en quelque sorte. Tout le problème du désir est posé, où l'on voit se profiler l'ombre de la dépendance...

Comment le tout-petit apprend à aimer, à se faire aimer et à manquer... un peu

Au cœur de ce chemin désir-plaisir, durant les premiers mois de la vie, on apprend d'emblée un premier mode de gestion du manque, selon la confiance dont est digne l'image pourvoyeuse de plaisir. Quand l'image de la mère disparaît, son retour est-il fiable ? Quand l'image apparaît, satisfait-elle assurément les besoins vitaux ? Une partie seulement (le biberon sans le câlin) ? Tous ? L'image est-elle susceptible d'anticiper la demande ? Ces questions ne sont évidemment pas formulées telles quelles par le nouveau-né, mais notre rapport aux sensations et aux émotions commence là. Il restera toujours quelque chose de ces premières expériences, en particulier dans le domaine affectif, même si la suite de notre

1. Harlow H., « The nature of love », *American Psychologist*, 25, 1970, pp. 161-168 ; « The nature of love », *American Psychologist*, 13, 1958, pp. 673-685.

vie est ponctuée d'autres épisodes susceptibles de moduler l'excès de confiance ou d'inquiétude. Tout petit, on apprend si l'autre nous fait du bien ou du mal : on apprend que lorsque maman se noie dans nos yeux, nous tient la main et nous embrasse, c'est le signe de l'attachement et du bien-être, de l'affection et du plaisir. Ces premiers enseignements vont nous suivre tout au long de notre vie amoureuse.

La plupart des mères enseignent naturellement une assez bonne gestion du manque, en se montrant simplement dignes de confiance. Se penchant sur le berceau de leur enfant, elles lui intiment parfois d'attendre deux minutes, et reviennent, chargées d'un biberon et de caresses, « comme promis ». Ce sont nos premières émotions, une anticipation du plaisir à venir. On ne s'en laisse submerger qu'à condition de n'être pas trahi.

Une émotion est l'expression psycho-corporelle d'une sensation présente ou à venir : l'autre apparaît et notre cœur bat, parce qu'il a toujours tenu la promesse du plaisir, condition d'un nouveau désir, accepté et même très favorablement accueilli. Les parents nous apprennent, de surcroît, en le formulant au fil de l'éducation, mais aussi bien avant et plus subtilement, en nous le faisant éprouver dans notre corps, que « c'est d'autant meilleur qu'on attend un peu ». Ils nous font sinon aimer le manque, du moins éprouver les gradations du plaisir proportionnelles au manque. Ils nous rendent, si tout se passe bien, capables de tolérer un minimum de frustration et de porter sur le manque un regard positif : « Si ce que j'attends n'est pas là, nul doute que cela arrivera ! »

Dans les situations de maltraitance, la frustration d'ordre affectif ou physique est si grande qu'elle condamne le bébé à la souffrance. Il ne peut envisager le manque que sous le signe de la détresse, la satisfaction que sous le signe de l'aléatoire, le désir que sous la forme d'un besoin qu'il vaudrait mieux éradiquer[1]. Une telle construction lie de façon indis-

1. Bergeret J., « La violence fondamentale », *Revue française de psy-*

soluble plaisir et grande souffrance. Ce chemin appris de bonne heure, mais de travers, laisse des traces plus ou moins durables. Un certain nombre de choix sentimentaux biaisés relèvent plus ou moins clairement de ce marquage précoce. Cependant, l'humain dispose au cours de sa vie de facultés de récupération. Le hasard des rencontres peut toujours, notamment à l'adolescence, mais aussi tout au long de l'existence, enseigner un nouveau fonctionnement. Boris Cyrulnik a insisté à juste titre sur les processus de résilience qui permettent à des sujets dont la vie a été massacrée de se reconstruire une vie de qualité [1].

Le mécanisme désir-plaisir-manque est encore enrichi, ou modifié, au cours des premières années de l'enfance, par le contact avec les proches, les amis des parents, les premiers inconnus que nous croisons. Les débuts de socialisation ne sont rien d'autre que la réexpérimentation du chemin primitif, cette fois « testé » auprès d'étrangers, premier pas vers l'émancipation. L'enfant, même très jeune, identifie le sourire d'autrui avec la promesse du plaisir et a parfaitement intégré que son propre sourire conditionne la réaction positive de l'étranger [2]. Il apprend à manœuvrer l'autre en sorte qu'il lui fasse du bien, à fuir celui qui lui fait du mal, se montre parfaitement dérouté devant un mécanisme enrayé ou inversé, peut même être détruit par la violente expérimentation d'une réaction inadéquate (de l'indifférence à l'abus sexuel en passant par toutes les autres violences physiques ou psychiques).

---

chanalyse, 1981, 65.6, pp. 1335-1356 ; Freud S., 1920, « Au-delà du principe de plaisir », in *Essai de psychanalyse*, Paris, Payot, 1967 ; Harlow H. F., « Love created – love destroyed – love regained », in *Modèles animaux du comportement humain*, Paris, éditions du CNRS, 1972.

1. Cyrulnik B., *Les Vilains Petits Canards*, Paris, Odile Jacob, 1997.
2. Rouchouse J.-C., « Mimiques faciales des nourrissons », in B. Cyrulnik, *Le Visage*, Paris, PUF, 1998.

Heureusement, les expériences avec des tiers confirment le plus souvent ce qu'il a pu éprouver auprès de ses parents.

« Dis-moi comment l'on t'a aimé, je te dirai comment tu désires »

L'expérimentation sur des animaux montre les répercussions que peuvent avoir sur l'avenir les premiers apprentissages du fonctionnement psychique. Il y a un lien direct entre la façon dont l'animal, étant petit, perçoit le maternage et le plaisir qui va avec et la façon dont il s'accouplera une fois adulte. Si on prive un animal de contact affectif dans les premiers temps de la vie, il sera tout simplement incapable de s'accoupler une fois adulte. Si l'on désocialise des petits rats mâles, on les retrouve mal masculinisés à l'âge adulte, dénués de pulsion sexuelle ou presque, craintifs et comme désemparés[1]. Ils ignorent tout simplement l'intarissable source de plaisir et de bien-être que peuvent incarner leurs semblables. Méconnaissant le simple plaisir du contact corporel, ils restent tout à fait hermétiques à l'éventualité d'un plaisir de contact, sexuel cette fois. La mémorisation du lien ne conditionne pas seulement la capacité à aller vers l'autre et à éprouver du plaisir, mais aussi le choix du partenaire. Un animal, non frustré mais élevé par un individu d'une autre espèce lui prodiguant de bons soins, cherchera à s'accoupler, une fois adulte, avec un autre individu de cette espèce ! On a pu le vérifier chez les rats, les chats, les canards et de nombreuses autres espèces d'oiseaux[2].

1. Cyrulnik B., *Sous le signe du lien*, Paris, Hachette, 1989 ; Schutz F., « Homosexualität und Prägung », *Enten, Psycho. Forschg*, 28, 1965, pp. 439-463.
2. Vincent J.-D., *Biologie des passions*, Paris, Odile Jacob, 1986.

Pour éviter toute ambiguïté et laver le genre humain de tout soupçon d'attirance incestueuse, précisons que l'élevage animal diffère grandement de l'éducation humaine, si l'on songe à la fonction parentale, qui mêle apprentissage du plaisir et interdiction[1]. L'espèce humaine teinte toute dispense d'affection précoce de fonctions moins agréables : les parents sont ceux qui aiment, mais aussi ceux qui interdisent (boulimie de sucrerie et autres), qui punissent, qui « grondent ». L'image parentale chez l'humain n'est jamais associée à la satisfaction illimitée des désirs. Ce n'est pas un hasard si c'est à l'adolescence, période de sexualisation des enfants, que l'image des parents est le plus dissociée du plaisir. Ils deviennent de véritables empêcheurs de désirer en rond, assortissant toute liberté accordée de limites et de conditions diverses. L'adolescent garde (parfois !) envers eux une grande reconnaissance pour les soins prodigués, mais sépare bien nettement les images parentales de l'hypothèse du plaisir sexuel. Ses père et mère en incarnent plus souvent la prohibition. Ils sont simplement ceux qui ont transmis le premier modèle d'affection, modèle vers lequel nous allons tendre : en conséquence, consciemment ou non, nous ne sommes pas tous égaux devant le désir, dotés de la même appétence ou de la même vulnérabilité.

De la sensation à l'émotion, un formatage biologique prélude au sentiment

On peut douter de l'idée que nos premiers pas sur le chemin désir-plaisir-manque laissent en nous quelque empreinte que

1. Erickson M. T., « Rethinking Œdipus : an evolutionary perspective of incest avoidance », *The American Journal of Psychiatry*, 150, 1993, pp. 411-690 ; Cyrulnik B., *Sous le signe du lien*, *op. cit.*

ce soit. On peut n'avoir aucun souvenir et tenir la psychanalyse pour nulle et non avenue. Les réalités biologiques, néanmoins, demeurent : le cerveau est fait d'innombrables synapses, points de contact qui relient les neurones et permettent la transmission et l'interprétation des informations. Stimulées, les synapses se développent ; non stimulées, elles s'atrophient[1].

Bon nombre de recherches éthologiques, confirmées par des études biologiques, ont montré que notre façon de percevoir se mettait en place entre le septième et le vingt et unième jour de la vie. Des chatons dont on coud les yeux à la naissance ne voient pas quand on les leur ouvre à nouveau[2]. Même si la fonction est « en état de marche », en l'absence de stimulation appropriée au moment adéquat, la zone du cortex cérébral prenant en charge la vision ne s'est pas développée. L'expérience est allée plus loin. On a montré qu'on pouvait imprimer une façon de voir : des chatons condamnés à une vision filtrée par des bandes noires et blanches ne voient jamais la « vie » qu'à travers des bandes noires et blanches[3] Pour la vie en rose chez l'humain, aucune étude n'a été menée, mais sans doute la nature positive de chacun relève-t-elle avant tout également d'une culture précoce ! On pourrait croire que ce qui est vrai dans le domaine de fonctions comme la vision pourrait ne pas l'être dans le domaine de l'émotion... Voire.

---

1. Changeux J.-P., Courrège P. et Danchin A., « A theorie of the epigenesis of neuronal networks by selective stabilisation of synapses », *Poc. Nat. Acad. Sci. USA*, 70, 1973, pp. 2974-2978.

2. Hubel D., Wiesel T. et Le Vay S., « Plasticity of ocular dominance columus in monkey striate cortex », *Philosoph. Transact. Royal soc. London*, séries B, 178, 1977, pp. 377-409.

3. Hubel D., « The visual cortex of normal and deprived monkeys », *American Scientist*, vol. 67 (5), 1979, pp. 532-543.

La science elle-même s'est longtemps égarée en plaçant l'émotion dans le domaine de la littérature et non du savoir, divisant de façon manichéenne l'humain en deux instances : le corps et l'esprit. D'un côté, la sensation, un ressenti individuel brut, de l'autre le sentiment, une pensée interprétative élaborée, tournée vers autrui. On sait aujourd'hui qu'il existe cet entre-deux fondamental qu'est l'émotion. Entre le tronc cérébral qui délivre les sensations et le cortex, notre centrale intelligente de tri, de programmation et d'action, il y a le lobe limbique, dit « cerveau des émotions (*cf.* cahier photos)[1] ». L'émotion est la réaction psycho-corporelle globale à une sensation qui n'est pas encore un sentiment[2]. L'émotion est la projection d'une perception du tronc cérébral vers le lobe limbique, qui la projette pour analyse vers le cortex préfrontal[3]. Grâce à l'imagerie médicale, on peut même aujourd'hui visualiser la perception des émotions en un véritable voyage dans les zones géographiques du cerveau : chaque émotion possède son lieu de résidence[4]. La peur illumine l'amygdale, la joie les noyaux gris centraux, la tristesse le thalamus antérieur[5]. Pour prendre un exemple (tendre), le

1. Houdé O., Mazoyer B. et Tzourio-Mazoyer N., *Cerveau et psychologie*, Paris, PUF, 2002.

2. Bush G., Vogt B. A., Holmes J., Dale A. M., Greve D., Jenike M. A. et Rosen B. R., « Dorsal anterior cingulate cortex : a role in reward-based decision making », *Proceedings of the National Academy of Sciences of the United States of America*, 99, 2002, pp. 523-528.

3. Damasio A. R., *Spinoza avait raison*, Paris, Odile Jacob, 2003.

4. Damasio A. R., Grabowski T. J., Bechara A., Damasio H., Ponto L. L., Parvizi J. et Hichwa R. D., « Subcortical and cortical brain activity during the feeling of self-generated emotions », *Nature Neuroscience*, 3, 2000, pp. 1049-1056 ; Berthoz S., Armony J. L., Blair R. J. R. et Dolan R. J., « An 8 RMI study of international and unintentional (embarassing) violations of social norms », *Brain*, 125, 2002, pp. 1096-1708.

5. Bechara A., Damasio H. et Damasio A. R., « Emotion, decision making and the orbitofrontal cortex », *Cerebral Cortex*, 2000, pp. 295-307.

cœur qui bat à la vue de l'être aimé participe d'une émotion, c'est-à-dire que c'est un peu plus élaboré que la perception de l'image « ah ! le (la) voilà ! », et un peu moins que le sentiment « je l'aime celui-ci (celle-là) ». On ne dit « je t'aime » qu'une fois traduit le sens de ce cœur qui bat. Il est amusant de voir qu'il est tout à fait possible de leurrer l'émotion par la sensation. Ainsi, quand un patient a peur de l'avion, son cœur s'emballe. Cette tachycardie accentue sa peur puisqu'elle lui « prouve » qu'il a peur. Il suffit parfois de lui donner avant son voyage des bêtabloquants, médicaments qui ralentissent les battements de cœur et bloquent cette traduction corporelle de l'inquiétude, pour que la peur s'évanouisse. Le cœur s'apaisant, l'esprit suit. C'est d'ailleurs une astuce que les acteurs et les étudiants connaissent bien et à laquelle ils recourent avant de monter sur scène (ou sur l'estrade).

Les circuits du « cerveau des émotions » se développent en fonction des stimulations reçues, au même titre que ceux du « cerveau des sensations » et ceux du « cerveau intellectuel ». Très tôt dans l'enfance, nos compétences sont plus ou moins développées par les injonctions extérieures, volontaires ou circonstancielles (l'éducation des parents, les événements auxquels nous sommes confrontés, etc.). Les grandes fonctions du cerveau et le câblage cérébral se mettent en place et impriment les bases du fonctionnement psychique. Comme pour les chatons et le développement de leurs fonctions visuelles corticales, si on laisse passer le moment adéquat, la fonction devient définitivement inopérante, et il est vraisemblable que ce qui est vrai pour les cinq sens l'est aussi pour les émotions, plus ou moins bien accueillies, ou fuies. Si les processus de résilience ont permis à certains sujets, devenus méfiants à force d'avoir été trahis, par exemple, d'accorder à nouveau un minimum de confiance à autrui, on sait que d'autres, ceux que l'on croise à la barre des accusés de cours d'assises notamment, n'auront jamais trouvé d'autre moyen pour échapper à la terreur que de devenir bourreaux à leur tour, délaissant ainsi leur statut de victimes. La démonstration scientifique d'une destruction éventuelle de telle ou telle aptitude émotive n'est pas encore réalisable, mais la statistique en la matière et ce que l'on sait pour les autres fonctions psychiques ont force de preuve aux yeux de la communauté scientifique. Le triste constat ne saurait toutefois faire peser sur les épaules de quiconque l'idée d'une fatalité tragique, le facteur indicatif n'étant en aucun cas prédicatif : tout traumatisme émotionnel peut être effacé ou réparé à mille occasions de la vie, imprévisibles. En revanche, on a pu démontrer que certaines capacités intellectuelles pouvaient devenir à tout jamais inexploitables.

Frédéric II, petit-fils de Barberousse, s'est livré au XIIe siècle à des expériences cruelles[1], abusant de son droit régalien : cherchant à savoir quelle langue apparaissait naturellement aux enfants, il en a sélectionné quelques-uns et les a fait élever dans un jardin d'enfants par des nourrices sommées de ne jamais leur adresser la parole. Ces enfants à qui on ne parlait pas... ne parlaient jamais – alors qu'ils ne souffraient évidemment d'aucun dommage physiologique – et finissaient, hélas, tous par mourir. Les observations que l'on a pu faire dans la situation plus naturelle des « enfants sauvages », élevés par des animaux après s'être égarés ou avoir été abandonnés par leurs parents, ne disent rien d'autre : ils sont incapables de parler, émettent juste des sons mimétiques des cris des animaux nourriciers[2]. Jusqu'à vingt-cinq ans environ, l'encéphale enregistre et se modèle, avec des périodes où le cerveau émotionnel est plus malléable, par exemple durant les cinq premières années de la vie, puis à l'adolescence (une phase de relative latence émotionnelle, au

1. Duby G., *L'Europe au Moyen Âge*, Paris, Flammarion, 1979.
2. Singh J. A. L. et Zing R. M., *L'Homme en friche*, Paris, Complexe, 1980.

profit d'une acquisition accrue des connaissances intellectuelles, sépare les deux phases)[1].

Le développement des zones correspondant aux caresses et à l'affection n'échappe pas à la règle qui régit les autres fonctions cérébrales. Les cellules dopaminergiques, celles qui nous irradient de plaisir, s'épanouissent comme autant de petites éponges plus ou moins assoiffées de sensations agréables[2]. Il est probable que le seuil de plaisir d'un enfant précocement soumis à de fortes stimulations sera bien supérieur à celui de l'enfant furtivement embrassé une fois par jour. Chacun acquiert une soif de plaisir plus ou moins développée, une capacité variable à le recevoir et à le percevoir, une tendance plus ou moins grande à l'éviter ou à le rechercher.

Conditionnement de l'axe corticotrope, gouvernail de nos émotions

Nous ne sommes pas tous égaux face aux émotions et aux sensations, et deux individus peuvent avoir une tout autre réponse à un même stimuli. Chacun est en effet modulé par son axe corticotrope, qui agit comme une sorte de gouvernail des émotions, intime d'avoir telle ou telle réaction, bien avant que nous ne pensions consciemment ou n'échafaudions quelque raisonnement que ce soit, via la décharge d'une neurohormone, le CRF (*Corticotrophine Releasing Factor*, c'est-à-dire facteur de libération de la corticotrophine). Le CRF est libéré dans l'hypothalamus et dans l'hypophyse, qui eux-mêmes vont déclencher une libération de corticoïdes par voie

1. Piaget J., Mounoud P. et Bronckart J.-P., *Psychologie*, Paris, Gallimard, 1986.
2. Vincent J.-D., *Biologie des passions*, *op. cit.*

sanguine dans l'organisme[1]. L'activité de l'axe corticotrope module le débit de dopamine, notre « flux vital », en venant lui donner en quelque sorte un « petit coup de fouet » ou, au contraire, lui mettre un bémol. C'est une décharge de corticoïdes qui nous pousse à partir en courant devant un danger imminent bien identifié, et qui nous sauve ainsi parfois la vie. Les corticoïdes nous aident à supporter à moyen terme les situations stressantes en renforçant nos défenses naturelles, tant psychiques que physiologiques et immunologiques[2]. On se défend contre la grippe, on trouve la force de monter dans un arbre si on voit un ours, on attend sagement que le jour se lève si on est perdu la nuit dans la forêt au lieu de se jeter dans le danger en courant à perdre haleine. Mais ces mêmes corticoïdes peuvent nous immobiliser au seuil d'une difficulté, voire nous gâcher la vie lorsqu'ils sont fabriqués en excès et hors de tout propos : une panique indue peut précipiter notre fin au lieu de nous la faire éviter. Or l'axe corticotrope n'est pas forcément bien régulé[3].

Mal modelé précocement, il peut nous rendre passifs ou au contraire agressifs, incapables de nous adapter de manière proportionnée, tant sur un plan physique que psychique, un peu comme un gouvernail « vrillé » peut rendre un vaisseau ingouvernable. Son fonctionnement peut être mis à mal par des traumatismes répétés dans l'enfance comme par une surprotection parentale pathologique[4]. Ne recevant pas la même

---

1. Sapolsky R., Krey L. et McEwen B. S., « Neuroendocrinology of stress and aging : the glucocorticoïd cascade hypothesis », *Endocrine Review*, 7, 1986, pp. 284-301.

2. Selye H., « A syndrome producted by diverse nocuous agents », *Nature*, 38, 2, 4, 32, 1936.

3. Lazarus R. S., *Psychological Stress and the Coping Process*, MacGraw-Hill, New York, 1966.

4. Gunnar M. R., « Quality of early care and buffering of neuroendocrine stress reactions : potential effects on the developing human brain », *Preventive medicine*, 27, 1998, pp. 208-211.

éducation et ne partageant pas tous les mêmes expériences, nous ne sommes pas tous munis du même gouvernail, ce qui constitue un facteur supplémentaire quant à la différence de réactions selon les individus. Un excès de corticoïdes place l'organisme en état d'hypodopaminergie, entraînant un manque d'élan vital, une sensation de fonctionner en « sous-régime ». Un stress violent dans la relation à autrui – une rupture, un abandon ou une trahison, par exemple – déclenche une sécrétion accrue de corticoïdes, donc une chute du débit de dopamine. C'est ce qui explique l'état de panique et de dépression dans lequel peut plonger le départ de l'être aimé... Mais certaines tensions mineures peuvent être perçues de façon disproportionnée parce que l'axe aura été précocement mal préparé à répondre ou à réagir.

Le modelage des cellules dopaminergiques se combine avec celui de l'axe corticotrope[1], et c'est l'ensemble qui imprime en nous un premier formatage, la gestion du plaisir et de la souffrance, notre capacité à être autonome ou dépendant, à être curieux d'autrui ou à avoir peur de lui, en bref, notre relation aux autres comme aux situations. Très tôt, on dit des enfants qu'ils sont d'un « caractère » plus ou moins passif, plus ou moins actif, plus ou moins casse-cou, plus ou moins affectueux, etc. Ce « caractère », resté longtemps une notion bien mystérieuse, n'est rien d'autre que la première expression de ce marquage précoce.

1. Piazza P. V., Deroche V., Rougé-Pont F., Deminière J.-M., Maccari S., Le Moal M. et Simon H., « Individual differences in the sensitivity to corticosterone's reinforcing effects and in corticosterone-induced dopamine release may be a biological basis for sensibilization-seeking », *Soc. Neurosci., Abstr.*, 18, 1076, 1992.

Illustrations corticotropes

Diverses expériences éthologiques illustrent le conditionnement biologique précoce de notre fonctionnement psychique. Le petit rat choyé et léché abondamment voit les cellules dopaminergiques de son circuit de plaisir se développer[1]. Il devient d'autant plus apte au plaisir et en quête de son congénère qu'il a potentialisé ses compétences biologiques et comportementales. Son axe corticotrope robuste lui permet de gérer les situations de stress. C'est ainsi qu'il résiste bien mieux aux petits chocs électriques ou thermiques, perçoit la sensation de faim, mais peut attendre, sans réaction de panique. On a testé la même chose sur des rats ayant été stressés depuis leur plus jeune âge (privés de nourriture, élevés dans la promiscuité avec trop de rats, délaissés par leurs mères)[2]. En situation adaptative normale, ces rats réussissent à trouver la réponse adéquate, à savoir l'attente, mais dès que le stress est trop fort ils ne parviennent plus à maîtriser la situation et se mettent, sous le coup de la panique, à fabriquer bien trop de corticoïdes, et pendant beaucoup plus longtemps[3]. Le seuil d'un stress qui les dépasse est bien plus bas que celui de rats dont l'enfance s'est déroulée normalement. La biologie de leur axe corticotrope est perturbée, avec une persistance anormalement longue de la sécrétion de corticoïdes. Ils deviennent également bien plus rapidement dépendants si on leur propose un produit permettant de substituer la régulation artificielle à la régulation naturelle dont ils se trouvent dépourvus, ou mal pourvus[4].

---

1. Vincent J.-D., *Biologie des passions, op. cit.*
2. Galvin M., Shekhar A., Simon J., Stilwell B., Ten Eyck R., Laite G., Karwisch G. et Blix S., « Low dopamine-beta-hydroxydase : a biological sequela of abuse and neglect ? », *Psychiatry Res.*, 39, 1-11, 1991.
3. McEwen B. S. et Sapolsky R. M., « Stress and cognitive function », *Current Opinions in Neurobiology*, 5, 1995, pp. 205-216.
4. Piazza P. V., Deroche V., Rougé-Pont F., Deminière J.-M., Maccari

Ce serait un grand soulagement pour les parents d'enfants non toxicomanes – et bien accablant pour les autres – d'en déduire que l'amour tient l'humain à l'abri de la drogue. Cependant, l'addiction aux produits exogènes est le résultat de facteurs si multiples qu'on ne saurait estimer tenir, avec cette expérimentation sur les rats, la piste d'une explication totale transposable au genre humain ! En revanche, les difficultés d'adaptation aux situations fortement anxiogènes chez les sujets dont l'enfance a été marquée par des stress précoces (deuils, abandon, violences) ne sont pas imaginaires. Indécelables dans les conditions de vie ordinaire, ces sujets malmenés éprouveront les plus grandes difficultés à faire face aux situations émotionnellement difficiles (stimulations affectives fortes, séparations amoureuses, agressivité répétée, harcèlement...) [1].

Pour des parents, enseigner à sa progéniture une bonne gestion du manque consisterait dans l'idéal à en laisser un peu, sans en infliger trop. Tout un art ! On tiendrait là le rempart idéal contre les dérives possibles de notre cerveau émotionnel. L'équilibre consiste à donner assez de confiance au « petit » pour qu'il s'aventure, mais pas une assurance qui s'apparente à une sensation d'immunité : intégrer un solide système de gestion des risques, de tous ordres, est non moins indispensable à la survie. Tout enfant normalement élevé sort ainsi de l'enfance avec sa propre géométrie du manque, du plaisir,

---

S., Le Moal M. et Simon H., « Individual differences in the sensitivity to corticosterone's reinforcing effects and in corticosterone-induced dopamine release may be a biological basis for sensibilization-seeking », *art. cité*.

1. Lazarus R. S., *Psychological Stress and the Coping Process*, *op. cit.* ; Piazza P. V., Maccari S., Deminière J.-M., Le Moal M., Mormède P. et Simon H., « Corticosterone levels determine individual vulnerability to amphetamine self-administration », *Proc. Nat. Acad. Sci.*, 88, 1991, pp. 2088-2092.

de la relation, en ayant plus ou moins développé les circuits corticotropes et dopaminergiques qui les modulent. Bien entendu, les circuits du plaisir et de la douleur ne sont pas appréhendés de la même façon selon le contexte socioculturel, qui fait son œuvre en parallèle – ou plutôt en superstructure. Le maternage n'est pas du même type en Afrique noire et au Japon ; il ne laissera donc pas les mêmes traces. Les bases encore antérieures à ces premiers modes de fonctionnement sont notre héritage génétique et notre vie intra-utérine.

Qui dit déterminant ne dit pas déterminisme, ou comment les chiens peuvent faire des chats

Il est toujours délicat d'aborder la question du marquage génétique sans induire l'idée d'une fatalité, parfois tragique. Mais les programmes émotionnels montrent une meilleure aptitude à se réinitialiser que les programmes fonctionnels comme la vue. Pour le langage, il existe une « date limite » au-delà de laquelle la fonction est pour ainsi dire périmée. Pour les émotions, heureusement, il n'est jamais trop tard. On sait que les enfants dont la mère a été soumise à un stress important durant la grossesse fabriquent par la suite une trop grande quantité de corticoïdes à cause de la dérégulation transmise par leur axe corticotrope [1] ; on sait aussi que ceux dont la mère a été dépendante d'un produit, même s'il s'agit d'une substance socialement tolérée comme le tabac, ont une plus grande propension à devenir dépendants à ce même pro-

1. Henry C. *et al.*, « Prenatal stress in rats facilitates amphetamine-induced sensitization and indices long-lasting changes in dopamine receptors in the nucleus accumbens », *Brain Research*, 1997, pp. 176-186.

duit, ce que les études ont très largement démontré dans le cas du tabac, de l'alcool et de l'héroïne... mais on sait aussi qu'ils peuvent ne pas le devenir ! Et l'on n'ignore pas non plus que certains enfants de mères stressées durant la grossesse gèrent mieux leurs émotions que certains enfants de mères calmes. Dans les deux cas, c'est la répétition, le « rappel », qui accroît le risque d'addiction ou de réponse inappropriée, la surstimulation de zones ou de terrains déjà sensibilisés. Le corps garde la mémoire de ces impressions précoces, mais nous ne nous bornons pas à notre biologie, et des expériences aussi simples qu'une tabagie parentale vécue comme insupportable peuvent éloigner plus sûrement du tabac ceux qui ont été les plus marqués biologiquement qu'une campagne nationale ne saurait le garantir pour les autres. Dans le domaine émotionnel, contrairement à la sagesse populaire, les chiens peuvent bien faire des chats.

Le marquage précoce, depuis la vie intra-utérine jusqu'au sortir de l'enfance, imprime un premier chemin désir-plaisir-manque, mais l'adolescence reprogramme en partie notre relation à autrui et notre fonctionnement psychique.

2

L'adolescence, réinitialisation du programme désirant

Nouveaux désirs, nouveaux plaisirs...

C'est le même chemin désir-plaisir-manque qui guette l'adolescent, mais sur un autre registre, sexuel et sentimental. Le jeune adulte en gardera la mémoire vive, tandis que ses expériences de nourrisson seront en bonne partie enfouies dans l'inconscient. Les souvenirs de nos premières fois amoureuses, comme l'image qu'elles nous ont renvoyée de nous, laissent des traces durables. L'ébauche adolescente de notre relation au désir et au plaisir jouera ultérieurement son rôle dans le lien d'attachement que nous aurons à l'être aimé, lui-même détenteur de son propre historique désir-plaisir-manque. La rencontre de l'autre sera alors susceptible de créer une alchimie capable de terrasser tout formatage d'origine, cela précisé pour exclure – à nouveau et d'emblée – toute idée de déterminisme. On peut avoir des premières fois pathétiques, avoir précocement appris à réprimer son désir ou son plaisir, et changer radicalement à l'occasion d'une rencontre, tout comme on peut avoir appris à exalter exagérément ses sensations et ses émotions et y mettre un bémol, mais c'est plus rare – cela l'était du moins dans l'éducation traditionnelle. L'une des – nombreuses – dimensions magiques de l'amour est d'ouvrir des chemins insoupçonnés et, à l'adolescence, dans un domaine insoupçonnable.

L'humain, instinctivement prédisposé à répandre ses gamètes, se réveille un matin, aux alentours de l'adolescence, animé par une pulsion sexuelle. La dimension utilitaire et biologique de la fonction n'est pas ce qui le frappe le plus, bien entendu. La poussée d'hormones, notamment de testostérone, l'hormone du désir chez l'homme comme chez la femme, vient s'ajouter à l'émergence de phénomènes nouveaux, comme les premières éjaculations nocturnes pour les garçons ou la poussée des seins pour les filles. C'est en général par l'autostimulation des organes génitaux que commence la découverte du plaisir sexuel, avec une exploration plus ou moins avide et joyeuse d'un nouveau champ d'investigation : le corps et les trésors de plaisir qu'on peut y dénicher ! L'autoérotisme existe chez les garçons comme chez les filles, même si les enquêtes révèlent que la masturbation serait plutôt le fait des garçons, tandis que les filles teintent la découverte de leur corps d'expériences à deux, avec une fille, sans qu'il faille y voir une quelconque orientation homosexuelle pour l'avenir. Ces deux tendances s'expliquent à la fois biologiquement et culturellement [1].

Le plaisir féminin passe en effet par un apaisement préalable du circuit de l'évitement, circuit parallèle à celui du plaisir et fonctionnant en relation avec lui. Or apprivoiser le plaisir « entre filles » en sécurise certaines. La copine, perçue comme « inoffensive » et non pénétrante, n'attente pas à la virginité présentée sinon comme sacrée, du moins comme précieuse. Le corps restant intact et « le loup n'ayant pas été vu », la morale est sauve, pour ainsi dire ! Les garçons, traditionnellement voués à faire le premier pas et à se montrer

1. Mimoun S., *Sexe et sentiments, version femme*, Paris, Albin Michel, 2004.

à la hauteur, vivent de leur côté un « autoérotisme d'entraînement » en solitaires, avant de passer à des choses plus sérieuses, se gardant le plus souvent, mais pas toujours, d'expériences homosexuelles plus impliquantes que celles des filles. Les détours des uns et des autres, première phase nécessaire d'apprentissage, précèdent le grand saut vers l'inconnu, ce mystérieux plaisir à deux.

La stimulation des organes génitaux, dans une certaine mesure, n'est pas totalement nouvelle. Elle est déjà présente chez le nourrisson, par le biais de la tétée, les lèvres étant pourvues de multiples corpuscules de plaisir. La succion déclenche l'érection du bébé garçon et la lubrification du bébé fille [1]. L'autostimulation apparaît plus clairement, au grand dam des parents, lors des années suivantes, les petits visitant avec curiosité leur anatomie, avec une dimension sexuelle tout aussi absente. Le chemin désir-plaisir-manque sur le thème sexuel est donc bel et bien une découverte propre à l'adolescence, à ceci près que le manque ne dépend guère que de soi lors des premières expériences, souvent onanistes. La grande joie des premiers émois explique la fréquence de l'activité masturbatoire adolescente et le nombre de pensées sexuelles qui les traversent en une journée, le tout ayant été évalué par sondage comme largement supérieur au score de la moyenne de la population (hors phases de rencontre et autres lunes de miel !).

Désir-plaisir-manque : refaire le trajet, mais à deux !

Le mécanisme normal de la sexualité invite à se tourner vers ses contemporains pour expérimenter à deux ce nouveau plaisir. L'héritage du marquage précoce y est plus lisible que

1. Brenot P., *Le Sexe et l'amour*, Paris, Odile Jacob, 2003.

jamais. Selon que l'on aura été habitué ou non à faire confiance, à aller vers l'autre, à aborder l'inconnu, à évaluer le degré de plaisir qu'il est capable de nous donner, etc., les premières relations seront plus ou moins simples et se passeront plus ou moins bien. Un adolescent éduqué normalement, c'est-à-dire suffisamment aimé, finit par vaincre la légitime inquiétude due à la nouveauté du type de relation, et se lance dans l'abordage d'un partenaire. Selon le degré de confiance en lui transmis par ses parents, l'image de la sexualité qui lui aura été présentée, l'adolescent éprouvera plus ou moins de facilité à nouer une relation, et de bonheur conséquent. Mais c'est à cette époque aussi qu'une *love story* peut remodeler l'image que l'adolescent a de lui-même, lui donner la confiance qui lui manque, ou au contraire moduler ses certitudes s'il a été élevé en « petit dieu », ou en « petite déesse ». Ce n'est pas sans mal, en effet, que l'on devient le divin de l'autre ! Jusque-là, les parents dispensaient un amour inconditionnel, même s'il était assorti de manque, et des plaisirs en général fidèles au rendez-vous. L'adolescent découvre que certains plaisirs ne vont pas de soi... L'amour d'autrui se gagne et n'est jamais acquis : c'est ce que l'on commence seulement à apprendre à cet âge-là. On ne finira jamais d'en jouir, si l'on accepte d'en souffrir, un peu, du moins, et l'adolescent découvrira très tôt cette rançon du plaisir.

L'époque du merveilleux plaisir est aussi celle des chagrins d'amour : ceux-ci terrassent plus parce que le mécanisme du désamour laisse surpris et sans réponse adéquate que parce que l'objet élu était investi d'une éternelle légitimité. Dès cette époque, l'intensité du chagrin n'est pas proportionnelle au bien-fondé de la relation. Dans l'obligation de communiquer pour entretenir des relations dont il espère le plaisir, l'adolescent découvre que cela ne va pas sans un certain nombre de codes, plus ou moins implicites, ce qui s'appelle la séduction. Garçons et filles peuvent paraître à première vue différents dans leur quête, avec une propension instinctive chez les garçons à « tomber » les filles, et chez les filles à « choisir le bon », propension encore renforcée culturellement. Mais ces deux ambitions se révèlent, sur le terrain, infiniment plus compliquées qu'il n'y paraît à la télévision, où les adolescents se repaissent volontiers d'histoires qui ne disent pas la complexité des sentiments, ou la disent trop mal. Tous rêvent, plus ou moins, et plus ou moins consciemment, que les choses se passent « comme par magie » : on « claque des doigts » et l'élu(e) est là ! Aux côtés du modèle pornographique dont on les sent menacés aujourd'hui persiste un modèle d'amour romantique qui exalte les vertus de l'absolu et d'un nirvana par définition difficile à atteindre. Les séries télé véhiculent une morale du bonheur finalement assez proche de l'image du couple traditionnel : rencontre, mariage, fidélité, et, si tout va bien, on fait des enfants ! L'adolescent a beau avoir éventuellement perçu les difficultés, ne serait-ce que sous son propre toit, rien ne vaut la confrontation sur le terrain pour en saisir toute l'ampleur !

De façon naturelle, l'adolescent ne fait aucune confusion entre sa nouvelle quête de plaisir sexuel et celle qu'il poursuit traditionnellement auprès de ses parents, dans le registre affectif. Ancien enfant sans pudeur ou presque, il s'enferme dans la salle de bains et cache sa nudité. Les parents sont invités, plus que jamais, à encourager la séparation des intimités. C'est la sexualité qui pousse l'enfant hors du nid familial et l'invite à faire ses premiers pas vers l'âge adulte et l'indépendance. Les parents doivent alors doser savamment encouragements à l'aventure et recommandations de se protéger, à tout point de vue. Leur attitude pèse lourd sur les premières fois, comme sur l'avenir en général [1].

1. Marcelli D., *La Surprise, chatouille de l'âme*, Paris, Odile Jacob, 2000.

Vulnérabilité aux produits de la part de l'adolescent en quête de sensations

L'esprit d'aventure est instinctif à l'adolescence, lié au nécessaire apprentissage de l'autonomie et de la liberté, et il permettra un jour de quitter le nid familial. Mais cette quête d'expériences et de sensations rend l'adolescent plus vulnérable aux produits, ne serait-ce que parce qu'il va « tester » ceux qu'il va croiser. Autrefois, boire un verre d'alcool était considéré comme un rite de passage vers l'âge adulte et fumer une cigarette comme une initiation transgressive, les autres prises, illicites notamment, relevant de l'exception. Aujourd'hui, la loi ne fait plus autorité dans les faits, puisque le cannabis relève quasiment du geste de socialisation ordinaire : plus de 50 % des adolescents avouent l'avoir essayé [1]. Le risque d'addiction est aussi mesurable par les modalités des premières prises : goûter un produit offert parce que banalisé n'a pas le même sens qu'aller volontairement chercher un produit d'usage peu courant, surtout s'il est réputé particulièrement destructeur. Aucun rituel d'expérimentation courante n'est inquiétant s'il ne devient pas rituel de consommation, dans la mesure où certains ne condamnent pas à l'addiction. Mais...

Toute consommation répétée est à la fois plus préjudiciable et plus compromettante chez l'adolescent que chez l'adulte, quelle que soit la nature du produit. À cet âge, le cerveau est plus malléable, et la consommation va entraîner une modification durable, sinon définitive, des synapses, ces petits « boutons-pressoirs » qui relient les neurones dopaminergiques et leur permettent de communiquer. En conséquence, le seuil perçu du plaisir, de la douleur ou de l'état normal risque

1. OFDT, *Drogues et dépendances : indicateurs et tendances*, Paris, 2003.

d'être élevé. Les nombreux travaux cliniques et épidémiologiques sur les risques de dépendance montrent qu'ils sont multipliés par la précocité de la consommation et que les difficultés de sevrage sont décuplées à proportion [1].

L'éthologie vient confirmer ce que l'on pouvait redouter. On a enfermé des rats adolescents et des rats adultes dans des chambres dont l'air était « nicotiné ». Les rats adolescents devenaient dépendants, pas les rats adultes, du moins jusqu'à un certain point. La même chose a été observée avec des injections de cocaïne [2]. De surcroît, à terme, l'habituation des neurones dopaminergiques à fonctionner en surdose peut perturber les autres plaisirs, voire en détourner franchement. C'est d'ailleurs plutôt ce type de signe qui doit mettre les parents en alerte, voire en alarme !

Court-circuiter l'émotion par la sensation : la tentation du trajet solitaire

L'émergence de la dimension sexuelle et la quête de sensations interagissent, parfois, pour le pire. Les produits se révèlent en effet une « excellente » façon de court-circuiter l'émotion par la sensation brute [3]. Les sujets qui ont le plus de mal à gérer leurs émotions sont ceux qui présentent le plus de risques de devenir dépendants, risques d'autant plus sen-

1. Reynaud M., *Usage à risque – Usage nocif*, Paris, La Documentation française, 2001 ; Ledoux S., Sizaret A., Hassler C. *et al.*, « Consommation de substances psychoactives à l'adolescence. Revue des études de cohorte », *Alcoologie et addictologie*, 22 (1), 2000, pp. 19-40.

2. Cami J. et Farré M., « Drug addiction », *New England J. Med*, 349, 2003, pp. 975-986.

3. Jeammet P., « Dépendance et séparation à l'adolescence, point de vue psychodynamique », in Bailly D. et Venisse J.-L. (éd.), *Dépendance et conduites de dépendance*, Paris, Masson, 1994.

sibles à l'adolescence que les émotions sont nombreuses, nouvelles, vécues parfois comme « ingérables ». Les mauvaises expériences sentimentales ou l'absence d'expériences sont un bon facteur de risque supplémentaire d'addiction aux produits. Les cas cliniques d'adolescents comblés par l'amour qui optent pour les drogues sont rares, à moins qu'il ne s'agisse d'une addiction en couple, l'un ayant initié l'autre, mais il faut se garder de croire à la seule responsabilité du phénomène d'entraînement : on sait que les adolescents consomment en général comme leurs « pairs », amis ou petits amis, mais on oublie qu'ils choisissent leurs camarades en fonction de leur désir initial[1]. Si un adolescent se rapproche d'un fumeur de cannabis, par exemple, c'est rarement un hasard, mais plus souvent le signe qu'il souhaite essayer lui-même ou approcher un phénomène qui, au mieux, l'intrigue, au pis, l'attire. Pour des parents, savoir qui fréquente son adolescent en dit souvent plus long sur l'adolescent qu'il ne saurait le dire lui-même !

Les produits induisent divers effets pervers, en faisant croire qu'ils aident à aller vers l'Autre : l'alcool désinhibe en boîte de nuit, le cannabis berce de l'illusion du bonheur dans l'isolement total, l'ecstasy agite le leurre d'avoir soudain des milliers d'amis. Toutes les drogues modifient la perception du lien à l'Autre, communication facilitée et enthousiaste avec la cocaïne, sensation de plénitude et de comblement en solitaire avec l'héroïne. Le danger est que cet état de facilitation provisoire soit à nouveau recherché, vécu comme ce qu'il y a de meilleur, notamment parce que plus simple. De l'usage, on passera à l'usage nocif, à l'abus, puis à la dépendance, et

1. Iannotti R. J., Bush P. J. et Weinfurt K. P., « Perception of friends' use of alcohol, cigarettes, and marijuana among urban schoolchildren : a longitudinal analysis », *Addict. Behav.*, 21 (5), 1996, pp. 615-632 ; Cyrulnik B., *Les Nourritures affectives*, Paris, Odile Jacob, 1993.

les drogues viendront prendre peu à peu la place des relations aux autres, entraînant le sujet dans la spirale de l'isolement[1].

Recherche de sensation ou évitement de la souffrance : deux biais d'entrée en addiction

Le contexte socioculturel, familial, éducatif joue un rôle majeur dans la première intention de consommation, mais on relève, indépendamment de l'environnement, deux motivations principales pour le sujet : la recherche de sensations ou la quête d'apaisement.

La recherche du « bon » produit, engendrant les effets souhaités, mime la recherche amoureuse, avec une période initiatique, de rencontre, des rendez-vous parfois manqués, des expériences qui déplaisent, voire démotivent définitivement. Mais celui qui cherche bien finit toujours par trouver ! Le succès est en effet plus simple que celui d'une rencontre amoureuse, qui tient à une subtile congruence entre deux individus, à une alchimie, loin de la chimie grossière des substances psychoactives. Pas de subtilité dans le lien entre consommateur et produit : un très petit nombre de produits peuvent combler pêle-mêle des millions d'individus aux psychologies pourtant infiniment différentes. La substance agit sur le débit de dopamine avec une puissance considérable qui noie les fins mécanismes modulant naturellement le flux vital : cela fait croire que l'on vit très fort, alors même qu'on meurt un peu, au moins émotivement.

La quête d'apaisement des souffrances, avant la recherche de sensation ou en parallèle, motive plutôt les adolescents les plus marqués par un conditionnement affectif douloureux, des traumatismes, ou encore plus simplement ceux qui éprouvent

1. Olievenstein C., *Destin du toxicomane*, Paris, Fayard, 1983.

des difficultés à communiquer dans une période où le bonheur passe par là, et par l'amour plus encore. L'inquiétude devant l'inconnu, la peur de l'échec et, à l'extrême, la phobie sociale sont annulées le temps de la prise de produits, qui peut apparaître comme une aubaine si tous les freins protecteurs ne sont pas en place [1].

En écrasant littéralement les subtilités de la sensation et en annulant les nuances infinies des émotions, le produit laisse l'impression d'une pleine satisfaction. Comme en amour, les premières fois ne sont pas toujours les meilleures, mais les expériences répétées sous la pression du groupe social finissent par être appréciées. Une expérience « réussie » à cette époque de la vie est d'autant plus compromettante que l'adolescent connaît encore mal ses autres champs de plaisir, ceux qu'il aura une fois adulte, et a laissé ses joies d'enfant (le sport, les jeux, les passions enfantines...) en partie derrière lui. Le produit répond pharmacologiquement à une quête naturelle de sensations, exacerbée à l'adolescence. Le charme dangereux des drogues est qu'elles sont susceptibles de déclencher un ressenti plus fort que ce que l'adolescent a connu jusque-là, et, si c'est aussi le cas de l'amour, encore faut-il le savoir, ce qu'il ne sait pas nécessairement ! Entre les endorphines finement distillées par un jogging et la décharge massive d'un shoot d'héroïne, il n'y a évidemment pas de commune mesure, l'héroïne satisfaisant à la fois une quête de sensation, via le shoot, et une quête d'apaisement des souffrances, via l'état anesthésiant qui s'ensuit.

Si l'accrochage peut être progressif, comme en amour, la rencontre peut aussi ressembler à un véritable coup de foudre. Ceux qui deviennent toxicomanes ont le sentiment d'avoir

---

1. Marcelli D., « Conduites d'essai et conduites à risques : les consommations de produits », in Alvin et Marcelli D., *Médecine de l'adolescent*, Paris, Masson, 1999, pp. 237-247.

trouvé ce qu'il leur fallait, assorti de l'illusion de ne jamais devoir conditionner leur plaisir au bon vouloir d'autrui. La dépendance qui lie l'usager au dealer ou la dépendance financière effleurent rarement l'esprit du consommateur, tout entier pris au piège du ressenti immédiat, inconscient du risque de dépendance physiologique, ou plus ou moins motivé par la volonté de se montrer plus fort que le produit. Ce chemin est parfois perçu comme celui qui sera sans manque, avec uniquement du désir et du plaisir, contrairement au chemin amoureux, alors que c'est le besoin, rapidement, qui mènera la danse avec le manque pour dictateur.

Préférer l'amour à toute autre expérience

Les déterminants personnels font basculer ou non une consommation d'occasionnelle à problématique, font passer de l'usage à l'abus. Si l'usage cohabite avec des relations aux autres qui restent appréciées, recherchées, et demeurent la priorité, le meilleur frein est en place. Et c'est heureusement ce qu'on observe le plus souvent chez l'adolescent. Muni normalement d'un « baromètre des risques » au sortir de l'enfance, il sait s'aventurer sans pour autant se mettre en danger, expérimente tout en gardant la bonne distance avec ce qui lui a été présenté comme nuisible, aliénant, voire mortel. On devine ainsi la problématique des adolescents à qui la relation sentimentale a été présentée sous la même forme : nuisible, aliénante, voire mortelle ! Et on perçoit d'autant mieux la problématique de ceux qui ont vécu leurs premiers liens d'attachement sur le mode destructeur et les « solutions » qu'ils croient pouvoir trouver avec les produits : pourquoi aimer et chercher à être aimé quand les produits agitent le leurre d'une existence sans la souffrance du lien ?

La tentation de balayer angoisse et incertitude d'un revers de main est un bon facteur de dépendance ultérieure ; mais, heureusement, les adolescents – y compris ceux dont l'histoire personnelle a été plutôt destructrice – découvrent le plus souvent une divine source de plaisir dans les relations sociales et amoureuses. Durant un temps, la prise de drogues peut cohabiter avec les expériences amoureuses et/ou sexuelles, mais, quand vient le moment de choisir, l'amour l'emporte souvent. C'est sur l'amour, dans toutes ses dimensions – sensation, émotion, sentiment –, que s'appuient la plupart des sujets abîmés pour se reconstruire. On peut vraiment parler d'une réinitialisation du programme désirant à l'adolescence qui conditionne le futur émotionnel en imprimant une nouvelle façon d'aimer et de se laisser aimer.

3

La prise de produits, abolition promise du désir et égalisation des sexes

La différence des sexes face au désir

Si le but ultime de toute espèce vivante est de se reproduire, mâles et femelles ont des priorités différentes. Le mâle est instinctivement animé par la pulsion essentielle de disséminer ses gamètes le plus largement possible tandis que la femelle est animée par la pulsion essentielle de nidifier et recherche le partenaire qui va lui permettre de mener à bien la gestation et l'élevage des petits : telle est la vie sexuelle des animaux [1]. Les modèles culturels d'autrefois cautionnaient chez l'humain cette tendance animale : l'homme se devait d'être un père fiable qui pouvait se doubler d'un amant volage, la femme couvait son foyer et sa progéniture ; l'homme pouvait être chasseur ; la femme se devait d'être fidèle. Un certain machisme, légitimé par l'éthologie, colportait comme fatals la dévotion totale des unes et le nomadisme sexuel des autres. Depuis, de puissant bémols culturels sont venus tempérer cet état des lieux. On peut lire d'excellents signes d'humanité dans la prise de distance avec l'animalité, ainsi qu'une conception plus fine et plus juste du désir. Malgré ces possi-

1. Cyrulnik B., *Les Nourritures affectives*, *op. cit.*

bilités d'évolution culturelle, les techniques d'imagerie médicale permettent de visualiser des invariants biologiques qui définissent des caractéristiques relationnelles de base : le circuit de l'évitement est le premier stimulé chez la femme placée face à un homme, quand, chez l'homme, le premier circuit stimulé est celui de l'approche et du plaisir [1]. On a fait le même constat grâce à l'anatomo-pathologie de l'animal (découpage des cerveaux post mortem, implantation d'électrodes, etc.). Cette dimension instinctuelle dépassée, bien sûr, hommes et femmes se retrouvent dans le plaisir. Mais l'assurance de ne pas souffrir est la condition du désir féminin quand le désir masculin n'est pas – ou peu – soumis à ce « principe de précaution » [2].

La différence des sexes face au choix des produits

La différence des sexes face au choix des produits suit assez rigoureusement cette différence des sexes face au désir sexuel, ce que l'on sait par l'examen clinique des motivations conscientes ou inconscientes des dépendants : les femmes disent avoir cherché en priorité la réassurance, les hommes, la sensation ; les femmes, un apaisement, les hommes, un surcroît de plaisir.

L'histoire personnelle des femmes héroïnomanes révèle dans la majorité des cas (80 %, selon certaines études américaines) un passé de violences sexuelles, physiques ou men-

1. Vincent J.-D., *Biologie des passions*, *op. cit.*, 1986.

2. Kinsey A. C., Pomeroy W. B. et Martin C. E., *Sexual Behavior in the Human Male*, Philadelphie, W. B. Saunders, 1948, et *Le Comportement sexuel de l'homme*, Paris, Le Pavois, 1948 ; Kinsey A. C., Pomeroy W. B., Martin C. E. et Gebbard P. H., *Sexual Behavior in Human Female*, Philadelphie, W. B. Saunders, 1953, et *Le Comportement sexuel de la femme*, Paris, Amiot-Durant, 1954.

tales[1]. On estime que plus des deux tiers des femmes alcooliques ont subi un traumatisme et présentent un trouble psychique avant consommation (contre un tiers des hommes)[2]. L'alcoolisation féminine se révèle souvent être une tentative d'automédication pour remédier à l'anxiété, à la dépression et, par-dessus tout, à la souffrance de la relation. Dans le même ordre d'idées, les toxicomanies médicamenteuses aux psychotropes sont le fait des femmes dans 80 % des cas[3]. La dépendance féminine à quelque drogue que ce soit est souvent directement la conséquence de l'altération, plus ou moins tragique, du lien à autrui, le plus souvent un père – les antécédents d'inceste sont nombreux –, mais aussi un mari, et d'une façon générale un homme violent, voire un violeur[4]. Les femmes cherchent dans la prise de produit à faire taire la violence douloureuse de leurs émotions. Nombre d'entre elles s'avouent incapables d'éprouver du désir et de faire l'amour autrement que sous l'effet de la substance.

Chez les hommes qui consomment des produits, la similitude des histoires personnelles frappe moins que la récurrence d'un type de personnalité. On retrouve plus souvent chez eux des traits communs comme l'impulsivité, le besoin de satisfaction immédiate des désirs, un manque de considération pour les conséquences de leurs actes, la volonté de faire acte de bravoure avec pour rival la substance, autant dire une bravade[5], car la lutte est pour le moins inégale, et, si elle apparaît

1. Morel A., *Prévenir les toxicomanies*, Paris, Dunod, 2000.

2. Adès J. et Lejoyeux M., *Alcoolisme et psychiatrie*, Paris, Masson, 1999.

3. Reynaud M., *Les Toxicomanies médicamenteuses*, Paris, PUF, 1993.

4. Kendler K. L. *et al.*, « Childhood parental loss and adult psychopathology in women : a twin study perspective », *Arch. Gen. Psychiatry,* 41, 1984, pp. 229-237.

5. Adès J. et Lejoyeux M., *Alcoolisme et psychiatrie*, *op. cit.* ; Reynaud M., *Les Toxicomanies médicamenteuses*, *op. cit.*

d'emblée stupide aux non-consommateurs, il n'est pas rare d'entendre des patients expliquer leur toxicomanie initiale comme un défi relevé : « Je serai plus fort. Je prendrai la sensation forte sans sa contrepartie, la dépendance. » Les hommes se tournent davantage vers les drogues illicites, moins soucieux des risques encourus comme des probabilités de marginalisation. Ils sont rarement arrêtés par les freins qu'évoquent les femmes : préservation de l'intégrité corporelle, souci de dignité, volonté de ne pas tout perdre, dont, notamment, les prérogatives parentales, tous excellents moteurs pour elles lors de la prise en charge thérapeutique et du sevrage. Les hommes, enfin, sont majoritairement en couple ou ont une relation suivie avec une femme, pas nécessairement dépendante. La menace de rupture du lien sentimental est pour eux l'une des meilleures motivations de désintoxication, tandis que les femmes s'intoxiquent pour fuir ce lien et/ou, par extension, en fuir l'absence.

Le choix des produits dépend bien entendu de la nature de la quête, et la répartition selon les substances suit assez rigoureusement la différence des sexes. Les hommes se tournent en priorité vers les substances qui provoquent des sensations fortes, comme l'héroïne. Ils la « shootent », tandis que les femmes ont tendance à redouter l'injection, le geste comme la violence de l'effet produit, comparable à un orgasme. Ainsi, pour un même produit, les conduites sont également sexuées. C'est précisément la violence du shoot qui attache les hommes à l'héroïne, tandis que les femmes héroïnomanes en attendent plutôt le bénéfice secondaire, à savoir l'apaisement des souffrances. La consommation de cocaïne, très « speedante », est majoritairement masculine[1]. Les hommes alcooliques consomment jusqu'à l'ivresse tapageuse (avec débordements divers, sociaux, sexuels), les femmes plus souvent seules,

1. OFDT, *Drogues et dépendances : indicateurs et tendances*, *op. cit.*

dans le secret, voire la honte, en recherchant l'effet anesthésique plus que la connotation festive[1].

D'une façon générale, les femmes cherchent à s'ensevelir en elles-mêmes tandis que les hommes se battent... même si en l'occurrence c'est contre eux-mêmes. Autrement dit, les femmes cherchent à oublier et à étouffer la féminité par le biais de laquelle elles ont été abîmées ou trahies, tandis que les hommes cherchent à ranimer, par un mauvais biais, une virilité dont ils ne sont finalement pas si sûrs.

Fait troublant, quand il ne s'agit plus de supporter la vie mais d'y mettre fin, dans la méthodologie du suicide, on retrouve le même parallèle : aux hommes les morts violentes et plus ou moins spectaculaires par arme à feu ; aux femmes les morts par intoxication médicamenteuse, l'anéantissement. Reste que l'écart de base dans les motivations et les substances employées en conséquence va être, à terme, complètement balayé par la dépendance. Plus ou moins vite, selon la nature du produit, la notion de choix disparaît pour faire place à un impératif : la consommation, et ce sera moins l'effet qui sera recherché que le maintien d'un état sans manque. Il ne s'agit pas d'égalité des sexes, mais d'égalisation des sexes, opération nettement moins positive !

1. Adès J. et Lejoyeux M., *Alcoolisme et psychiatrie*, *op. cit.*

4

La séduction : y voir plus clair sur l'obscur objet du désir

Par définition, c'est dans l'amour que les hommes et les femmes sont le plus sexués, le plus curieux l'un de l'autre, au point qu'ils n'ont de cesse de se chercher, avant de se trouver, de trembler de se perdre, de se perdre peut-être, de trouver ailleurs, sûrement, un autre ou une autre, dont ils espéreront qu'il ne leur manquera pas, ou pas trop. Pour des raisons tant biologiques que psychologiques ou culturelles, la quête amoureuse est l'une des plus essentielles de l'existence – pour ne pas dire *la* plus essentielle. Sans amour, on n'est rien, mais avec... on se demande parfois qui l'on est !

L'envie bestiale est en fin de compte tellement humaine !

Alors qu'un désir intense émerge du fin fond de notre âme, ou plutôt de notre corps, nous disons : « Je le (la) désire *comme une bête* », avant – parfois – de considérer « avoir *joui comme des bêtes* ». Nous croyons, imaginons, ou redoutons l'émergence d'une forme de bestialité, en négligeant le fait que les animaux n'ont aucune considération pour l'objet de leur désir, aucune analyse de leur degré de plaisir, encore moins un jugement critique, et qu'ils ignorent tout à fait le bain de sentiments et d'émotions qui nous submerge le plus souvent lorsque nous faisons l'amour. Seul l'instinct les pousse à copuler.

Les humains appartiennent à la seule espèce qui fasse l'amour hors phase de reproduction. Sans aucune nécessité. Par plaisir. Et, avec un peu de chance, par amour ! Seuls les bonobos ne répugnent pas aux ébats sexuels dans le seul but de se faire mutuellement du bien, mais ce sont précisément les primates dont le patrimoine génétique est identique au nôtre à 99 %[1]. La société bonobo est dominée par les femelles. Leur assentiment « charnel » est nécessaire, tandis que chez la plupart des animaux, y compris le chimpanzé ordinaire, le mâle impose le coït à la femelle. La prime au plaisir, en particulier féminin, est un bon indicateur d'évolution de l'espèce puisqu'elle vient tempérer des rapports qui seraient régis par la force. Les sociétés humaines les plus évoluées et les plus libérales sont aussi celles où les femmes ont le droit de revendiquer le droit au plaisir, qui va avec la parole, ce qu'on a pu appeler le « droit de dire non ».

Bien au-delà du champ sexuel, la prime au plaisir a des effets positifs. On commence à apprendre pour faire plaisir à papa-maman, on en éprouve en retour du plaisir, on progresse, on crée, on vit pour faire plaisir et éprouver du plaisir. C'est quand nous n'avons plus de plaisir à rien que la vie paraît n'avoir plus de sens. Ainsi, c'est lorsque nous nous croyons en proie à un désir ou à un plaisir sexuels « insensés » que nous nous montrons précisément le plus humains : cette intensité non motivée par un impératif biologique caractérise notre humanité. Elle fera naître les sentiments.

1. Vincent J.-D., *Le Cœur des autres*, Paris, Odile Jacob, 2003.

La rançon de l'humanité désirante : séduire

La chance de pouvoir désirer sans nécessité de reproduction a un coût : celui de la séduction. Pour finir par nous unir à l'autre dans le plaisir, bon nombre de déterminants vont jouer, pour la plupart non biologiques. Chez l'animal, les choses sont assez simples. La phase d'approche est sommaire, bien qu'elle soit fascinante dans ce qu'elle présente de commun avec l'humain ! Deux sexualités existent, celle où le mâle prend la femelle, qui se passe de commentaire, et celle des espèces plus délicates qui font précéder l'acte d'une phase de séduction. Pour parvenir à ses fins, le mâle exhibe un genre de charme irrésistible, une parade chez le paon, une danse nautique chez l'épinoche ou un inoubliable carré de plumes sorti pour l'occasion chez certaines espèces d'oiseaux[1]. Subjuguée par tant de beauté ou de talent, la femelle succombe. Mais, en réalité, le principal atout du mâle est la saison : il est tombé en pleine période de reproduction ! Ses caractéristiques personnelles ne questionnent que peu la femelle et le mâle n'en prend nullement ombrage. D'ailleurs, à la saison suivante, mâles et femelles de la plupart des espèces changent de partenaire, sans état d'âme.

Chez l'humain, le succès de la séduction est moins sûr, l'ambiance moins désinvolte, comme chaque lecteur en aura fait l'expérience ! Darwin disait déjà en 1871 qu'il fallait différencier deux types de sexualités animales : l'une, fruit d'un combat, l'autre, fruit d'une entreprise de séduction, autrement dit, la « stratégie du macho » et celle « du gentleman ». Les espèces aux mœurs rustres misent tout sur la force, le déploiement d'armes (cornes des boucs, crocs félins et autres bois de cervidés), et le but numéro un est de terrasser l'adversaire.

1. Tinbergen N., in Eibl-Eibesfeldt I., *Éthologie. Biologie du comportement*, Paris, Éditions scientifiques, 1972.

Les plus délicates se donnent un peu de mal pour se gagner les faveurs de la femelle. Le problème de l'humain, c'est qu'il joue sur les deux fronts ! Chaque partenaire élit son objet d'affection, tente de le séduire, bien sûr, mais ne répugne pas, surtout l'homme, à évincer l'ennemi(e) ! Après avoir choisi notre partenaire avec le plus de soin possible, et remporté sa pleine adhésion, nous sommes un jour animés par l'ambition de ne plus en changer (et encore moins d'être échangé !). La relation est l'incarnation absolue de notre représentation du couple idéal, considération qui n'embarrasse guère les bêtes !

L'homme est un être bio-psycho-social. Un habile enchevêtrement des trois dimensions préside à tous ses comportements, mais sa part biologique n'est pas la plus déterminante dans la phase de séduction (si l'on met de côté la petite poussée de libido aux beaux jours et quelques influences hormonales). Le succès d'une rencontre va surtout dépendre de facteurs psychiques et sociaux qui, chez les animaux, sont et restent secondaires comparés à la poussée biologique. Au sein de quelques espèces seulement, dont les lapins, la notion de classe sociale existe et joue un rôle dans la copulation : les dominants s'accouplent avec les dominants, les dominés avec les dominés. La société des éléphants de mer n'est pas plus démocratique : les mâles dominants « trustent » 85 % des copulations du cheptel ! Mais, pour l'essentiel, les animaux se moquent des origines sociales de leur partenaire comme de ses références culturelles. Quant au poids des facteurs psychiques, il semble nul, car, même en admettant que la science ne sache pas encore tout, on doute énormément de l'embrasement poétique desdits lapins ou des éléphants de mer.

Toute la grandeur et tout le drame de l'humain tient dans son état permanent de séducteur potentiel et potentiellement séduit, toute l'année, même hors saison. Parfois, ça « tombe » bien, parfois non ! Il est difficile de contrôler ses rencontres, et les rencontres programmées ne sont d'ailleurs pas toujours les meilleures. Les évolutions de la société peuvent nous autoriser à nous dire éventuellement : « Ce soir, je ferai l'amour », mais en aucun cas nous ne pouvons décider : « Ce soir, je serai séduit(e). » A contrario, tomber sous le charme peut nous arriver sans prévenir, avec son corrolaire éventuel, la dépendance, et tous les ennuis qui vont avec si on ne souhaitait pas la rencontre. Certains s'estiment à l'abri de l'emballement du plaisir sexuel, à raison : passer à l'acte convoque plus ou moins la volonté. Mais l'emballement sensuel est incontrôlable : on rencontre quelqu'un, on le trouve beau et/ou intéressant, on a envie de le revoir, par plaisir, déjà ! On peut dans la plupart des cas y résister, mais... pas toujours. Toute rencontre peut entraîner une spirale aliénante.

La rencontre, suspense propre à l'humanité, ne laisse pas de nous enchanter comme de nous inquiéter. Seule espèce à connaître les angoisses de la séduction, l'homme est aussi la seule espèce à s'administrer volontairement des produits : faudrait-il n'y voir qu'un hasard ? Les temples de l'industrie de la séduction sont les premiers à regorger de produits dopants, à commencer par l'alcool, et le champagne coule dans toutes les fêtes, paradis des rencontres, pour moduler les humeurs, les angoisses ou les inhibitions. On peut rendre artificiellement un animal dépendant dans un laboratoire, mais aucun ne cherche naturellement à s'évader par le biais de drogues et pas davantage par l'amour. Libéré des chaînes propres au genre humain, l'animal n'en est pas moins le plus aliéné : échappant aux pires liens, il échappe aussi aux meilleurs. Il ne saura jamais ce qu'est « aimer comme une bête » ou « souffrir comme une bête » le jour où la séduction réciproque est telle que la mise à distance apparaît impensable. La quête d'amour est au moins aussi ancienne que la quête de drogue, mais, à la différence de cette dernière, c'est un paradis naturel et plus difficile à atteindre.

L'infini désespoir du scientifique dans ses recherches sur la séduction

Les mystères de la séduction n'ont guère été éclaircis par les progrès de la science, précisément parce que la dimension biologique y paraît assez secondaire, en l'état des connaissances actuelles du moins. Depuis toujours, l'homme aimerait bien identifier et analyser une émanation quelconque de fluide qui rendrait l'attirance certaine, avec l'arrière-pensée, bien entendu, d'érotiser ses congénères. Il y a quelques années, on envisageait l'influence déterminante des phéromones, hormones qui dégageraient un genre d'odeurs, imperceptibles consciemment. Leur sécrétion aide effectivement le bombyx du mûrier, une variété de papillon, à repérer sa femelle à deux kilomètres[1], mais les « antennes » humaines à l'origine des rencontres semblent autrement plus efficaces lorsqu'elles ont pour nom SFR ou Itinéris !

Plus sérieusement, on a mis en évidence que la sécrétion masculine d'androsténone, une phéromone humaine, tendrait à attirer les femmes. L'expérience est devenue célèbre[2]. On invite des femmes à s'asseoir dans une salle d'attente de dentiste sur la chaise qu'elles préfèrent. Certaines chaises sont « piégées à la phéromone ». Les candidates se sont dirigées plus volontiers vers la chaise la plus fortement imprégnée.

Mais les enquêtes sociologiques démentent le rôle vraiment déterminant de l'androsténone. Statistiquement, la plupart des couples se rencontrent dans le cadre de leur travail, et on ne voit pas pourquoi ce serait au coin de leur bureau que les femmes auraient humé le maximum d'androsténone ! Si le facteur hormonal était essentiel, on vivrait d'ailleurs dans une société où seuls les mâles bien pourvus dans ce domaine

1. Eibl-Eibesfeldt I., *Éthologie. Biologie du comportement*, *op. cit.*
2. Lemoine P., *Séduire*, Paris, Robert Laffont, 2004.

auraient leurs chances. Quelle injustice ! Dans la réalité, la pluralité et la priorité des facteurs psychiques et sociaux laissent sa chance à chacun, ou à peu près. On accorde un peu plus d'importance dans le désir sexuel au rôle d'une autre hormone, la testostérone, qui tend à augmenter à la fois la pulsion sexuelle des plus nantis et le désir de ceux qui leur font face, mais il s'agit là d'une tendance, pas d'un aimant infaillible !

L'influence des hormones féminines sur le désir masculin a également été étudiée. Les conditions de l'expérience valent leur pesant de cocasserie, mais guère de romantisme. On a fait humer à des hommes des nuisettes portées par des femmes à différentes périodes de leur cycle menstruel [1]. Un léger pic d'érotisme a été « flairé » au moment de l'ovulation, et une étude récente vient même de montrer une multiplication des rapports sexuels à cette période [2]. Dans la rencontre, l'humain reste affranchi de la contrainte des « saisons des amours », même s'il en reste quelque chose. Le plaisir de la relation nous meut et nous émeut bien davantage que le besoin de nous reproduire ou les aléas biologiques du moment.

Les limites des découvertes biologiques ont poussé les anthropologues à tenter leur chance. Ils ont mis en évidence quelques critères statistiques de séduction [3] : des hanches pleines, contrastant bien avec une taille fine, semblent attiser le désir masculin, tandis que le dos large, l'écart maximal entre largeur d'épaules et de bassin semblent attiser le désir féminin. Ces caractéristiques féminines symboliseraient ins-

1. Lemoine P., *Séduire*, *op. cit.*

2. Wilcox A. J., Baird D. D., Dunson D. B., McConnaughey D. R., Kesner J. S. et Weinberg C. R., « On the frequency of intercourse around ovulation : evidence for biological influences », *Hum. Reprod.*, 19 (7), 2004, pp. 1539-1543.

3. Vincent L., *Comment devient-on amoureux*, Paris, Odile Jacob, 2004.

tinctivement au regard de l'homme une garantie de maternité épanouie, tandis que les caractéristiques masculines évoqueraient pour les femmes la garantie d'une bonne protection de la couvée. Mais, si les femmes françaises d'aujourd'hui peuvent ne pas renier cette anatomie-robot de l'homme idéal, les critères actuels de la mode féminine ne corroborent pas vraiment la panacée de la hanche pleine ! Le top model est-il censé incarner le fantasme de la meilleure maternité possible ? Il est permis de se le demander.

Un jour, pourtant, la science a remporté un grand succès en déterminant un élément biologique universel de séduction. C'est en 1963 que l'éthologue britannique Desmond Morris[1] a découvert l'érotisme insoupçonnable de la pupille dilatée ! Il a présenté à un large panel d'hommes deux reproductions du visage d'une jolie blonde aux yeux bleus. Sur l'une des photos, la jeune femme avait les pupilles dilatées, pas sur l'autre. 80 % des hommes ont choisi, sans noter consciemment à quoi tenait leur préférence, la jeune femme aux pupilles dilatées. Restait à comprendre pourquoi...

En réalité, la dilatation des pupilles, ou mydriase, est un phénomène qui accompagne la montée du désir féminin. Tous les professionnels du sentiment et du désir (psychologues et psychanalystes, thérapeutes du couple, sexologues, etc.) s'accordent à dire que le désir de l'autre est effectivement le meilleur des aphrodisiaques. D'ailleurs, les hommes qui s'avouaient volontiers don Juan ou séducteurs se montraient attirés par les femmes aux pupilles les moins dilatées, tout simplement parce que la conquête s'annonçait plus difficile et la bataille épineuse ! L'expérience inverse a été tentée[2] : que pensent les femmes d'une dilatation pupillaire masculine ?

1. Morris D., *Le Singe nu*, Paris, Grasset, 1968, p. 277
2. Lemoine P., *Séduire*, *op. cit.*

Rien ! Rien, parce que, chez l'homme, le désir sexuel n'entraîne pas de mydriase. En effet, le désir masculin ne sollicite pas tout à fait les mêmes circuits que le désir féminin. Ce qui provoque la mydriase est la stimulation du circuit de l'évitement, qui se trouve en alerte chez la femme quand elle croise le « mâle », menace physique possible, mais pas chez l'homme, qui, lorsqu'il croise une femme, n'est absolument pas alarmé du danger imminent (il le regrettera parfois, plus tard) ! Ainsi, quand on découvre un peu de biologie dans la séduction, on découvre un élément de l'ordre du symptôme, le signal externe d'un fonctionnement interne, et non un élément déterminant de la rencontre.

Une tricherie de bonne guerre n'a pas échappé aux femmes des temps jadis qui avaient instinctivement saisi tout l'intérêt de la mydriase : utiliser l'effet visible en guise de... trompe-l'œil ! Elles n'hésitaient pas à avoir recours à la belladone, plante qui a pour vertu essentielle de provoquer la fameuse mydriase – un usage qui a d'ailleurs légué son nom, *belladonna* voulant dire « belle dame » en italien. La belladone a des effets secondaires dignes de l'intoxication amoureuse : palpitations, tremblements, les mêmes signes que le coup de foudre, parce qu'elle agit sur la sécrétion d'acétylcholine et stimule la voie de l'évitement. Aujourd'hui, la délivrance de médicaments contenant cette substance, toxique à hautes doses, est rigoureusement réglementée, et ce ne sont pas ses vertus esthétiques qui intéressent la médecine. Seul un ophtalmologiste effectuant un fond d'œil est désormais susceptible de délivrer les gouttes « mydriatiques » ! Mais, en dehors de la déontologie interdisant de conseiller le détournement d'un usage thérapeutique à des fins séductrices, il faut également savoir que la mydriase rend la vision trouble, un sérieux handicap pour la candidate à une rencontre réussie ! Les femmes, même non biologistes, ont toujours bien saisi l'impact de leurs yeux, qu'elles maquillent en priorité, et la pupille continue à faire l'objet des soins des plus perfectionnistes. Désormais privées de belladone, certaines ont recours à l'eau de bleuet, commercialisée sous le nom de « gouttes Innoxa ». Elles blanchissent le blanc de l'œil, ce qui contribue à donner l'impression de pupilles plus larges. Une façon moderne de se conformer aux observations de Desmond Morris !

Les recherches du sociologue couronnées de succès

Les biologistes peinent, tandis que les sociologues ne se lassent pas de pointer avec succès nos déterminants socioculturels. Car, avant de se plaire, il faut se trouver, et quand on rencontre quelqu'un c'est quelque part : cette lapalissade a des implications lourdes de conséquences sur la liberté absolue dont nous rêvons pour présider à nos amours. En effet, même les rencontres dites de « hasard » sont teintées par notre vernis socioculturel[1]. Se rencontrer dans la file d'attente du cinéma, en route pour le même film, dans la même ville, et le même quartier, en dit déjà long sur nous : on a les mêmes goûts, probablement les mêmes valeurs, probablement le même cadre de vie, etc. Et même quand on pense échapper à ce déterminisme impliqué par le lieu de rencontre en croyant naviguer dans un univers sans marques socioculturelles, comme Internet ou la petite annonce, on y revient ! Le surfer du web tombe nécessairement sur une surfeuse du web, quelqu'un, donc, qui a du goût pour l'écrit, possède un ordinateur, etc. ; et les lecteurs du *Nouvel Observateur* ne présentent pas le même profil que ceux du *Chasseur français*. Même si nous sommes la seule espèce à nous reproduire « hors territoire », reste qu'il faut bien se croiser !

1. Kaufmann J.-C., *Sociologie du couple*, Paris, PUF, coll. « Que sais-je ? », n° 2787, 1993, rééd. 2003.

Dans une large majorité des cas, on épouse un membre de sa classe socioculturelle[1], rencontré le plus souvent dans le contexte professionnel – un contribuable se situant dans la même tranche d'impôts ! –, et surtout quelqu'un appartenant à la même tranche de quotient intellectuel[2]. Nous n'cn sommes plus, sauf exception, à l'époque des rencontres arrangées pour sauver l'héritage familial, mais cette dernière notion inclut de multiples déterminants auxquels on n'échappe que rarement. La liberté apparente qui nous est laissée dans le choix de nos partenaires nous mène spontanément vers ceux qui partagent le même système de références, ne serait-ce que sur des points aussi fondamentaux que la place de la femme, au sein de la maison comme dans la société[3]. Un antagonisme violent à ce sujet rend l'union peu probable, tandis qu'au contraire des points communs jouent comme autant de facteurs de séduction et d'attachement. Chaque partenaire s'applique lors d'une rencontre à chercher ce qui peut l'unir à l'autre, l'en rapprocher, et se réjouit de trouver en lui des références familières : être allé dans la même école, avoir lu les mêmes livres, pratiquer les mêmes sports. Le partage de valeurs ou d'activités est aussi rassurant pour l'esprit, inquiet de nature lors d'une rencontre nouvelle, que prometteur de plaisirs communs, facteur d'union comme de longévité pour le couple.

Nous sommes aussi les héritiers d'un certain nombre de mythes familiaux et de fantasmes archaïques, tout droit sortis de notre enfance, bercée de contes universels ou de légendes intrafamiliales. Chaque milieu imprime à sa progéniture des schémas différents de l'être idéal, mais se plaire impliquera

1. Girard A., *Le Choix du conjoint*, Paris, PUF, 1988.
2. Mascie-Taylor C. G., « Spouse similarity for IQ and personality and convergence », *Behavior Genetics*, 19, 1989, pp. 223-227.
3. Girard A., *Le Choix du conjoint*, *op. cit.*

de s'être retrouvés sur une imagerie globalement commune de l'amour, ou de la sexualité, s'il n'est pas question d'amour.

Ceux qui échappent, parfois avec violence, à leur classe sociale ne font qu'afficher la force du marquage initial par leur profonde opposition. Se construire à l'inverse, c'est encore se construire « par rapport à ». Le choix se fait en miroir, par antagonisme : l'autre ne nous rappelle rien ou si peu, et c'est tant mieux ! Afficher la... couleur d'une vraie rébellion en ramenant quelqu'un d'une tout autre culture dans un milieu psychorigide, c'est aussi faire l'aveu d'une forte imprégnation, souvent reniée avec une force proportionnelle au degré d'intransigeance familiale.

Le désir, il est vrai, naît en partie dans la différence. C'est notre curiosité qui, aiguisée, nous pousse à aller vers l'autre. Quand on dit de quelqu'un qu'on a l'impression de le connaître « comme son frère » (ou sa sœur), il (elle) a toutes les chances de le rester ! Un peu de familiarité rapproche les partenaires, mais trop de familiarité inhibe le désir. Cet état de fait ne sera pas sans poser problème dans la prolongation de la vie de couple, une fois celui-ci formé... Des chercheurs [1] ont mené une expérience sur le degré d'attirance provoqué par l'odeur de tee-shirts ayant été portés par des inconnus et celle de tee-shirts portés par des parents, test réalisé à l'aveugle évidemment. Les tee-shirts portés par les parents étaient jugés les plus malodorants. Instinctivement, nous fuyons ceux dont le patrimoine génétique est le plus semblable au nôtre et nous nous rapprochons de ceux dont le système immunitaire est le plus éloigné. L'explication tient aux effluves de notre sueur, qui traduisent en odeur notre

1. Schaefer M. G., Yamazaki K., Osada K., Restrep D. et Beauchamp G. K., « Olfactory fingerprints for major histocompatibility complex-determined body odors », *Journal of the Neurological Sciences*, 22, 2002, pp. 9513-9521.

système HLA[1] (Human Leucocyt Antigenes), le système immunitaire qui exprime notre patrimoine génétique. Notoirement, la consanguinité affaiblit l'espèce tandis que l'exogamie la renforce. La nature, comme dit la morale populaire, est bien faite ! Tenu naturellement à l'écart des êtres de notre sang, mais attiré par ccux de notre culture ou milieu, en général, le profil du partenaire idéal pourrait se résumer par un : « ni tout à fait nous-même, ni tout à fait un autre ». Subtil !

À première vue..., l'homme y regarde de plus près !

Des cinq sens, c'est la vision qui est le sens le plus développé chez les humains. C'est elle qui met en route la biologie sexuelle, celle de l'homme plus particulièrement, initialement programmé pour conquérir (il repère le danger loin à la ronde, ainsi que la proie à chasser pour se nourrir), tandis que la femme l'est pour protéger (elle veille aux alentours immédiats, repère les détails menaçants, pour elle-même comme pour les siens)[2]. Les modalités de la séduction suivent assez bien cette tendance instinctive : l'homme globalise, la femme analyse. Dans la soirée la plus banale, on voit volontiers les hommes balayer l'assistance du regard, prêts à migrer vers la créature gracieuse identifiée dans leur vision panoramique ; les femmes, elles, tendent une oreille attentive à leur voisin

---

1. Ober C., Weitkamp L. R., Cox N., Dytch H., Kostyu D. et Elias S., « HLA and mate choice in humans », *American Journal of Human Genetics*, 61, 1997, pp. 497-504. Jacob S., McClintock M. K., Zelano B. et Ober C., « Paternally inherited HLA alleles are associated with women's choice of male odor », *Nature Genetics*, 30, 2002, pp. 75-179.

2. Schaefer M. G., Yamazaki K., Osada K., Restrep D. et Beauchamp G. K., « Olfactory fingerprints for major histocompatibility complex-determined body odors », *art. cité*.

et interlocuteur du moment, quitte à l'abandonner là pour le suivant si elles le trouvent vraiment ennuyeux (même s'il n'est pas dangereux !). On a ainsi pu mettre en évidence que l'homme, prédateur, a une sexualité spatiale, capable de repérer l'élue à des mètres à la ronde. On peut dire, en vis-à-vis, que la femme a une sexualité temporelle : elle dissèque à toute vitesse les éventuelles conséquences et suites possibles d'un éventuel passage à l'acte, entièrement tournée vers le temps à venir. Elle se montre plus soucieuse du futur, celui, plus ou moins immédiat et envisagé, de l'union physique, comme celui, hypothétique, d'une union plus durable. Même les femmes qui ont l'intention de quitter leur rencontre d'un soir dès le petit déjeuner du lendemain s'assurent au préalable qu'elles ne jettent pas leur dévolu sur une brute, et choisissent de préférence un homme sécurisant, voire sentimentalement bien disposé à leur égard, qui les laissera séduites et « abandonnantes », mais pas abandonnées ! Un homme avoue fréquemment avoir été séduit « au premier regard », tandis que les femmes évoquent souvent « la première fois qu'il m'a parlé ». Pour caricaturer, les hommes croient ce qu'ils voient et les femmes ce qu'elles entendent, même si tous les facteurs se conjuguent pour mener ou non à une issue concrète.

Même si de plus purs esprits affirment donner la primauté, voire l'exclusivité, à l'intelligence, c'est à la vue de l'autre que le cœur battra. On télescope ainsi facilement l'image et le sentiment, jugeant « beau » le physique ingrat dont la conversation enchante, ou finalement laid le physique de rêve dont la conversation nous plonge dans l'ennui. L'image de l'autre est la première part de lui qui vient à notre rencontre, mais aussi la dernière à partir, quand, après la rupture, nous ne parvenons pas à la chasser.

Dans la parade traditionnelle, les femmes montrent, les hommes démontrent

La parade humaine existe, avec un déploiement classique d'atouts féminins destinés à déclencher le choc visuel, tandis que les hommes cherchent à se montrer rassurants[1]. Les femmes se parent plus volontiers de bijoux et de vêtements, les hommes... paradant avec voiture ou costume épaulé, la classique répartition des dépenses d'apparat suivant bien le sens de la nature biologique !

Certains éléments de séduction féminins ont une connotation érotique dans toutes les cultures. Les cheveux sont diabolisés dans toutes les religions ; rappelons à cette occasion que la religion catholique recommande de se couvrir la tête, ce que l'on voit encore chez les traditionalistes. Longue, la chevelure évoque les lianes captivantes et dangereuses de la féminité. On estime souvent qu'une femme qui se coupe les cheveux lance un message de mauvais augure à son partenaire. La coupe courte est ainsi la tradition des veuves, des femmes actives, mariées, âgées, toutes jugées moins disponibles pour les hommes. Changer radicalement de coiffure est censé être le signe d'un bouleversement intérieur profond. La femme, pour séduire, en appelle à l'art de l'effeuillage, mais aussi du « refeuillage », couvrant ce sein que l'autre ne saurait voir, s'il ne lui plaît pas. Les hommes s'attachent davantage à véhiculer un cortège d'images, à traduire le monde rassurant où ils évoluent (sport, finance, intelligentsia, etc.), et, le plus souvent, ils continuent à faire le premier pas : l'homme propose, la femme dispose.

---

1. Lemoine P., *Séduire*, *op. cit.*

Premiers émois : le « je-ne-sais-quoi qui fait presque tout »

« Un rien » peut annuler la séduction, et c'est aussi « un rien » qui en fait le principal. La genèse des histoires d'amour révèle qu'un déclic, d'une teneur hermétique à la science, est apparu lors des premières rencontres, un détonateur pas nécessairement physique. Un mot, une pensée, ou un souvenir évoqué par l'Autre peuvent suffire à dérouler le film d'une histoire d'amour, détail parfois du domaine de l'inconscient, voir la madeleine de Proust.

L'éthologue Niko Tinbergen [1] a montré que les comportements d'attachement chez l'animal sont déclenchés par des éléments précis hérités des premiers temps de la vie : une tache rouge sur le bec du parent d'une espèce de goéland invite le bébé, une fois devenu adulte, à observer des comportements d'attachement avec les oiseaux dont le bec comporte une tache rouge. On a essayé avec du bleu, cela ne fonctionne pas ! Mais, avec un leurre de bec peint en rouge, le goéland s'y trompe ! La tache rouge perçue par le bébé goéland reste un aimant pour l'adulte, à tout jamais !

Le fétichisme chez l'humain consiste à faire du détail une obsession, et même une condition du désir. On reste le plus souvent incapable de nommer tel « je-ne-sais-quoi qui fait presque tout ». Et on se trompe la plupart du temps sur ce qui va provoquer le déclic chez l'autre : notre plus vilain défaut peut le « ferrer » plus sûrement que notre mise préférée.

Depuis Niko Tinbergen, en 1985, Fillion et Blass [2], deux chercheurs américains, ont parfumé l'utérus et les mamelles

1. Tinbergen N., *L'Univers du goéland argenté*, Bruxelles, Elsevier.
2. Fillion T. J. et Blass E. M., « Infantile experience with suckling odors determined adult sexual behaviour males rates », *Science*, 231, 1985, pp. 729-731.

d'une maman rate au géranium et mis en évidence que le rat mâle de sa descendance devenu adulte, placé face à un groupe dont une seule femelle était parfumée, se dirigeait en priorité vers la « dame au géranium » avec qui il... éjaculait plus vite ! Le détail n'initie donc pas simplement le désir, mais il nous accule à l'absence de contrôle... ou à la violence du plaisir !

Chez les humains, la fixation des images d'attachement se fait en deux temps : le premier durant les premières heures de la vie lorsque la mère et le bébé vivent en fusion, le second jusqu'à quatre, cinq ans, lors de l'alimentation quotidienne. Nous n'échappons pas à la fixation de l'image maternelle, mère réelle ou étrangère biologique faisant office de mère. La fixation de l'image paternelle existe aussi, mais elle est ultérieure. Le père est celui qui empêche la toute-puissance du couple mère-bébé, en ne laissant pas subsister l'illusion d'une éternelle fusion. Il instille ce message chez le petit garçon : « Tu n'es pas tout pour maman, donc, elle ne doit pas être tout pour toi », ce qui amorce la future autonomie et dessine un canevas pour l'avenir : pour intéresser la mère, le petit garçon entend qu'il faut ressembler au père[1]. Le père remplit d'autant mieux ce rôle qu'il désire la mère, qui normalement répond à ce désir. Chez la petite fille, le modèle du tandem parental autour du désir l'invite à aller chercher son propre objet de désir à l'extérieur de la maison. La dimension protectrice du père est fixée par l'intermédiaire d'éléments comme le timbre de la voix, la carrure, la démarche, l'odeur d'un cigare ou même l'odeur de... boules de naphtaline qui imprègne ses pulls (observation rapportée !). En matière de détail, tout est permis. Pour la mère, on retiendra plutôt une couleur d'yeux, un parfum (réel ou de poudre de riz, original, mais rapporté également), une façon de se vêtir

1. Freud S., *Trois Essais sur la sexualité*, Paris, Gallimard, 1995, p. 211.

ou de tourner la cuillère dans sa tasse de thé. La libre association est laissée au lecteur.

Le coup de foudre, qui « zappe » la phase de séduction et la lente approche pour conduire directement à la phase passionnelle, a souvent pour explication un élément en rapport avec cette empreinte de l'imago parentale. On ne comprend pas ce qui nous arrive, ce qui nous attache si fortement... Chaque histoire avoue d'ailleurs sa petite dimension foudroyante, en lien avec le passé, que l'on reconnaît souvent dans le « j'ai l'impression qu'on se connaissait déjà ».

Dans les yeux, la réponse !

Le regard joue un rôle essentiel, initiant le désir, le décourageant ou le redoublant. Là encore, cela remonte à nos premières années. Les bébés captent instinctivement l'attention des adultes grâce à la taille de leurs yeux, disproportionnée par rapport à celle de leur visage. Des expériences les montrent aimantés et rassurés par les yeux grands ouverts de leur mère, angoissés quand on les prive de son regard, et carrément en pleurs quand on leur présente des photos de leur maman sans yeux. C'est par les yeux que passe une partie essentielle de la relation mère-bébé [1]. Or elle est notre premier modèle affectif. Plus tard, codes sociaux et culturels viennent instaurer le mode de dialogue entre hommes et femmes. Certains peuples invitent les femmes à baisser les yeux, même et surtout consentantes, quand sous d'autres tropiques un

1. Cohn J. C. et Tronick E. Z., « Communication rules and sequential structure of infant behaviour during normal and depressed interaction », in E. Z. Tronick (éd.), *Social Interinchange in Infancy : Affect, Cognition and Communication,* Baltimore, M. D. University Park Press, 1982 ; Kendon A., « Some functions of the face in a kissing round », *Semiotica,* 15, 4, 1975, pp. 299-334.

regard féminin franc et soutenu ne traduit pas particulièrement une volonté d'en venir aux ébats sensuels mais un simple intérêt. Le jeu des regards est toutefois souvent en miroir de la physiologie sexuelle : l'homme pénètre, la femme reçoit. C'est schématique, bien entendu, et nombre d'histoires particulières peuvent faire mentir l'observation générale. Quoi qu'il en soit, une séduction réussie est la congruence entre deux séductions. L'étymologie dit cette réciprocité, du latin *se-ducere*, un verbe qui signifie aussi bien « partir » qu'« emmener ». Quand vient le moment où l'on ne sait plus qui emmène l'autre, le jeu des regards cesse d'être interactif comme une partie de ping-pong pour devenir fusionnel : on se noie dans les yeux l'un de l'autre.

Les modalités de la rencontre organisent celles du couple

La période de séduction conditionne l'avenir, celui de la couche commune, car là finissent les choses si tout se passe bien, mais aussi celui, plus lointain, de la relation, car là commencent les choses si tout se passe mieux encore. La parade nuptiale pose les bases du futur rapport des conjoints, de la même façon que le premier matin conditionne les modalités de la relation, comme l'a très bien montré le sociologue Jean-Claude Kaufmann[1]. Selon l'identité de celui qui prépare le petit déjeuner, se rend le premier à la salle de bains, va chercher les croissants, le couple sera régi différemment. Bien sûr, tout peut s'inverser ou se discuter avec le temps, mais des rôles se dessinent dès la phase de séduction : qui a approché l'autre le premier ? Qu'est-ce qui nous a séduit en premier lieu chez lui ? Dans quel lieu la rencontre s'est-elle déroulée ? Lequel était davantage en position de force ?

---

1. Kaufmann J.-C., *Premier Matin*, Paris, Armand Colin, 2003.

Était-il libre ou pas ? Que nous a t-il dévoilé – donc, fait déjà porter – de son passé, voire de son couple s'il est en couple ? Est-ce que « ça » s'est passé le premier soir ou non ? etc. Les premières intuitions nous trompent rarement, et, si elles nous trompent, on aura bien du mal à s'en défaire. On dit souvent en psychiatrie que l'essentiel du diagnostic est posé dans les dix premières minutes. En amour, ce n'est pas loin d'être la même chose.

On tire notamment – hâtivement – des conclusions sur le temps qui s'est écoulé entre le premier regard et le premier acte sexuel. Ovide [1] disait déjà ce qu'il pensait de l'amour le premier soir... La hâte du plaisir peut rendre impatient, mais savoir se contenir est parfois préférable si l'on souhaite une relation durable (si l'on envisage ce premier soir comme aussi le dernier, inutile de différer !). Indépendamment du jugement moral, hommes et femmes ont tôt fait de conclure que c'est une habitude, ou du moins de se laisser gagner par un vilain doute : « Et s'il (ou elle) était coutumier du fait ? » L'histoire s'amorce avec la nécessité d'éradiquer une inquiétude, et ce n'est pas la configuration optimale. On tombe plus volontiers amoureux de celui ou de celle dont on pense qu'il (ou elle) est capable de se tenir à nos côtés le plus longtemps possible, sans nous être (trop) infidèle, et la nature potentiellement pulsionnelle n'est pas pour nous rassurer. C'est la peur, loin de la morale, qui peut dissuader de voir une suite à des débuts si fougueux.

Une rencontre peut venir bouleverser nos certitudes morales comme nos habitudes comportementales : « On ne se serait jamais cru capable de... » L'instinctif(ve) se surprend à languir des mois, le (la) prude ou la timide à succomber illico. Le bonheur de rencontrer l'Autre est aussi de bousculer tout ce que nous tenions pour des principes intangibles. Nous

1. Ovide, *L'Art d'aimer*, Paris, Les Belles Lettres, 1929.

restons, quoi qu'on en dise, très conditionnés culturellement, psychologiquement et socialement, quant au délai estimé raisonnable entre rencontre et étreinte. Ce qui semblera normal chez les uns sera la preuve d'une légèreté chez les autres. Mais il n'est pas inutile de « calculer » quel peut être l'effet produit plutôt que de céder à ses éventuelles pulsions.

Différer pour mieux jouir

L'attente est érogène, tel est son bénéfice secondaire ! Différer le plaisir s'avère biologiquement excellent puisque l'anticipation du plaisir augmente le débit de dopamine dans le *nucleus accumbens* [1], ce noyau archaïque dans les noyaux gris centraux qui sert d'interrupteur du plaisir chez tous les animaux, et dans tout le circuit méso-cortico-limbique. Attendre multiplie l'intensité des émotions, des sentiments, comme des sensations ! L'expérience du chien de Pavlov, répétée sur le rat et le singe, a montré que l'animal, conditionné à recevoir la nourriture dont il raffole, « crache » deux fois plus de dopamine pendant comme avant son repas quand on le fait le languir un peu. Il n'y a pas besoin d'avoir, mais de savoir qu'on va avoir pour que le débit de dopamine s'élève, procurant déjà une sensation de plaisir [2] (*cf.* cahier photos). En revanche, trop de manque ou d'attente fait souffrir en déclenchant l'hypodopaminergie quand la récompense attendue ne vient pas : trop d'envie tue l'envie [3] !

---

1. Di Chiara G. et Imperato A., « Drugs abused by humans preferentially increase synaptic dopamine concentrations in the mesolimbic system of freely moving rats », *Proc. Nat. Acad. Sci.*, 85 (14), 1988, pp. 5274-5278.

2. Koob G. F. et Le Moal M., « Drug addiction, dysregulation of reward and allostasis », *Neuropsychopharmacology*, 24 (2), 2001, pp. 97-129.

3. Volkow N. D., Wang G. J. *et al.*, « Expertise enhances the regional

Ce que l'on sait désormais pour le plaisir sexuel est bien ancré dans les esprits pour la sensation de faim. Devant la promesse d'un festin, on se prive un peu pour manger d'un meilleur appétit. Écouter la montée du désir est une façon de jouir déjà un peu pour jouir davantage plus tard. Biologiquement comme psychologiquement, le septième ciel peut attendre, le septième ciel *devrait* attendre. C'est dans notre intérêt !

La bonne préface à une lune de miel

Avec l'âge, on apprend à lire quelques signes de la relation à venir dans la façon de se comporter les premiers temps. On perçoit plus ou moins dès le départ – ou on devrait percevoir – si l'autre va nous faire du mal ou du bien, ou du moins peut nous faire du mal ou du bien, nous rendre heureux ou pas, nous donner du plaisir ou pas. Or, plus la phase d'approche est longue, plus la latitude est grande pour lire l'avenir comme dans l'autre, raison supplémentaire de différer.

Décoder, au moins un peu, s'apprend, et certains repères traditionnels nous ramènent à la vie de nos fameuses bêtes ! Ainsi, la phase de nourrissage, traduite chez les humains en invitations au restaurant, imite bien celle des oiseaux qui se rapportent petits vers et brindilles (pour faire plaisir et en vue de l'édification du futur nid, car ils vont vite en besogne !) [1]. Le cadeau n'est pas l'apanage des humains, pas même celui, classique, du parfum. Une variété de poisson est munie d'un « pschitt » parfumé au bout de la queue, qui, activé au bon moment, en dit long sur son désir à sa poissonne. L'homme

brain metabolic and the reinforcing effects of stimulants in cocaïne abusers », *J. Neurosci*, 23, 2003, pp. 11461-11468.

1. Cyrulnik B., *Sous le signe du lien*, *op. cit.*

invite à dîner et, à défaut de carcasse animale dans notre civilisation, rapporte au foyer des boissons festives, des fleurs, des livres, offre des voyages, toujours dans son rôle de protecteur et de guide propre à assurer matériellement l'avenir d'une « nichée ».

Les femmes ont d'autres atouts qui ne se résument pas à une apparence particulièrement soignée mais passent aussi par le déploiement de qualités affectives propres à rassurer l'élu sur le sort qui lui est réservé : repas « maison », temps ménagé, y compris de la part des businesswomen, cadeaux, également, depuis les bouleversements culturels. L'essentiel, pour chacun, est de transmettre à l'autre un message en forme de promesse : « Je vais savoir te rendre heureux. » C'est du moins l'attitude qui paraît la plus souhaitable, et il ne semble pas stupide de se fier aux soins que l'on nous porte pour augurer de l'avenir !

Préface à une lune de... fiel !

Certaines histoires commencent autrement, parce que... Il y a mille raisons en forme d'excuses, mais nous ne saurions trop conseiller de ne pas faire de quartier avec la lune de miel ! On peut facilement décrypter des signes annonciateurs de la catastrophe, ou de la désillusion, avec une certitude plus grande qu'en matière de bonheur, donc profitons-en : « il (elle) ne me voit pas parce qu'il (elle) a trop de travail » ; « il (elle) ne me fait aucun cadeau ou ne m'invite pas à dîner parce qu'il (elle) n'a pas d'argent », etc. De nombreux faux départs viennent d'un manque d'interprétation des signes d'indisponibilité. Dans toutes les vies, on trouve cinq minutes pour se voir, cinq euros pour faire des pâtes ou en apporter, etc. À l'effort de l'autre, mesurons l'amour qu'il nous porte ! La maxime du bonheur potentiel d'une relation peut s'énoncer ainsi : « Je dois pouvoir me dire que je vais être la personne la plus importante dans la vie de la personne la plus importante dans ma vie. » La formule mériterait d'être inscrite au fronton des maisons d'âmes en peine. Seulement notre cerveau intellectuel, qui devrait si bien analyser la situation, peut se trouver submergé par l'activité de notre cerveau émotionnel...

Écouter l'autre : fragments d'un discours amoureux inhabituel

Quand faits et gestes démentent les mots, il est bon de se tenir sur ses gardes. Entendre « je t'aime » et subir le comportement d'un(e) goujat(e), entendre « je suis malheureux dans mon couple mais je ne peux pas le briser » sont autant de distorsions qui devraient faire réfléchir. Car « qui ne peut pas ne veut pas », du moins le plus souvent ! De même les « je t'aime mais je ne peux pas t'aimer », ou « je n'ai que toi mais j'en ai un(e) autre » doivent inviter à s'interroger, et on peut prendre au pied de la lettre les « je vais te faire souffrir » ou « je suis un infidèle chronique », car, si nul ne peut prédire l'avenir, la relation se conforme souvent au désir profond du devin ! On peut toujours se réfugier dans sa foi en l'amour mais c'est un pari dangereux, quand il n'est pas suicidaire. Porter son choix sur un pervers qui détruit la tête, le cœur et l'estime de soi est aussi dangereux que jeter son dévolu sur une brute violente, la différence de registre tenant beaucoup au seul niveau social. On ne croit pas assez à la force des coups psychologiques. On s'estime souvent plus solide qu'on ne l'est, quand ce n'est pas notre capacité d'analyse logique qui s'étiole sous le poids de l'inconscient.

Les choix biaisés

Les névroses induisent certains dysfonctionnements soit dans la demande, soit dans l'offre, et on peut éviter les situations qui frôlent la caricature. L'offre du don Juan, par exemple, est motivée par les circonstances plus que par l'individu. Puisant son plaisir dans l'affrontement à la Loi et dans le bafouement de l'interdit, il cherche à séduire la femme d'un autre, se lance dans la quête d'une femme impossible à « avoir », l'abandonne sitôt son forfait accompli. Les Casanova, eux, tombent éperdument amoureux... mais de façon successive, avant d'être frappés d'amnésie dès qu'ils aiment ailleurs. Certains séducteurs feignent une certaine indifférence après avoir bien compris le premier impératif : ne pas faire peur pour pouvoir approcher. Quelques victimes racontent : « Je ne sais pas comment je me suis retrouvée dans son lit mais... » Quant au prototype féminin de la figure trompeuse, c'est celui que la terminologie psychanalytique classique définit comme « hystérique ». Elle fait croire, en se moulant dans le désir de l'autre, qu'elle saura y répondre, toute de séduction et de promesses d'amour vêtue, avant de se retirer subitement de la partie.

Le surjeu de la séduction des hommes donjuanesques ou des femmes hystériques se repère facilement à distance, agaçant les membres du même sexe, qui jugent et savent la concurrence déloyale. Ils rient trop fort, racontent trop fort, exhibent trop fort, s'émeuvent trop fort, avec une propension visible à épouser parfaitement les états d'âme de leur proie, ce qui la flatte. La manœuvre peut porter ses fruits, mais pas durablement si ladite proie est avertie : on peut se laisser griser sans pour autant se laisser prendre. L'éphémère union fait alors du coupable une victime. Ces surjoueurs élisent pour proie de préférence les plus faciles à berner. D'autres types de séducteurs ne cachent rien de leur cruauté, séduisant alors les masochistes, qui perçoivent plus ou moins consciemment la promesse de souffrance. Citons pêle-mêle également la « femme fatale », fourbissant ses armes sans tricher, ou l'« affreux macho », dégainant son assurance et sa fatuité : ils peuvent trouver preneurs, car on peut voir d'emblée les désagréments à venir et « y aller quand même » !

Il existe mille raisons de s'engager dans une histoire qui commence comme une bataille perdue d'avance, depuis le « je serai plus fort(e) » au « il faut bien vivre », en passant par le « faisons confiance », ou tout simplement en refusant d'analyser les informations perçues. Malheureusement, comme on le verra dans la biologie du plaisir, dès qu'il y a acte sexuel, l'attachement menace ! Si l'autre sait jouer du désir et donner du plaisir, l'engrenage se met en route, et on ne maîtrise alors plus rien.

Les distorsions de la demande existent aussi ! Certains font en sorte que rien ne commence jamais, tel le narcissique, qui ne trouve jamais personne « assez bien » pour lui, ou celui qui a une perception si négative de lui-même qu'il prend la fuite systématiquement devant le « trop bien » pour lui. Citons enfin ceux qui font en sorte que tout commence toujours, avant de réaliser que ça ne peut pas fonctionner, abandonnant le dindon à sa farce.

Il y a la foule de ceux, enfin, qui « cherchent l'embrouille », si l'on peut dire, estimant tous les partenaires qui pourraient leur convenir trop sages, trop sérieux, trop convenables, etc. Plutôt à la recherche du terrain propice au développement de leur petit grain de folie, ce n'est pas l'autre qui les trompe, mais eux-mêmes qu'ils prennent plaisir à égarer. La promesse d'une relation difficile a beau être présente dès le départ, on peut refuser d'évaluer le prix à payer... C'est tout le problème du névrosé ordinaire, qu'on appelle aujourd'hui plus volontiers « sujet atteint de troubles de la personnalité ». Il ne peut se prendre qu'à une relation « tordue », avant d'en émerger endolori, et ce indéfiniment, à moins de trouver l'apaisement en changeant de fonctionnement, après un travail thérapeutique ou, pourquoi pas, à l'occasion d'une rédemptrice rencontre... Car ça existe aussi ! Si l'amour peut rendre « fou », il peut aussi guérir !

Les pathologies graves de la séduction

Il n'y a pas de commune mesure entre ces névroses banales et les relations pathologiques, dont certaines sont réprimées pénalement. Dans le désir se trouve habituellement la composante du plaisir promis et consenti réciproquement. Maintenir son désir quand l'autre n'en a pas, ou vouloir du plaisir quand l'autre n'en veut pas, peut être considéré comme une pathologie, plus ou moins grave, de la relation.

L'érotomanie, plutôt féminine, ou le harcèlement, plutôt masculin, consistent à croire que l'autre est amoureux mais ne l'avoue pas, ou à poursuivre de son désir quelqu'un qui le fuit clairement[1]. Un degré plus haut, l'érotomane peut devenir harceleuse, puis dangereuse, et le harceleur devenir violeur. L'érotomanie prend généralement pour cible des vedettes, des puissants, des inaccessibles, et le harcèlement des subordonnées hiérarchiques. Schématiquement, le choix féminin se porte sur l'incarnation du Prince charmant, tandis que l'homme élit les proies auxquelles il estime pouvoir imposer le plus facilement sa volonté sexuelle. Les déchaînements de violence en une des faits divers ont souvent pour origine ces fixations pathologiques.

On appelle plus spécialement perversions les cas extrêmes où le plaisir est fondé sur la négation de l'autre – c'est le cas du viol – ou sur son incompréhension de la situation – c'est le cas de la pédophilie. Au lieu d'un renforcement du désir

1. Aulagnier-Spairani P., Clavreul J., Perrier F., Rosolato G. et Valabrega J.-P., *Le Désir et la perversion*, Le Seuil, 1967.

de l'un par le désir de l'autre, propre à la séduction, le désir de l'un écrase le désir de l'autre, qui est un non-désir[1]. On pourrait parler, concernant l'homme – car c'est en général lui le coupable –, d'une « pathologie de la conquête », bien que l'expression sonne un peu trop aimablement pour recouvrir le crime. Alors que l'homme est instinctivement programmé pour gagner les faveurs d'une femme après une phase d'approche plus ou moins subtile, le violeur compte posséder sans conquérir. Tout le danger de la consommation pornographique boulimique de certains adolescents tient dans le fait qu'elle induit l'idée d'une femme d'emblée hyperdésirante, sans montrer que pour en arriver à de tels ébats, si tant est qu'ils soient conformes à la réalité, une longue et nécessaire phase de séduction préalable est nécessaire. Aussi fulgurante que soit la montée du désir, elle s'accompagne toujours d'une phase de séduction réciproque, dût-elle tenir à... un cheveu !

Le jour où l'autre m'a touché(e) et embrassé(e)

On se souvient toute la vie du premier geste, la main serrée, les doigts croisés, le bras tenu, le pied frôlé, avec l'émoi et l'inquiétude qui répondent à la première sensation : est-ce volontaire ? Dois-je répondre ? Or il y a des distorsions du premier geste, comme il y a des distorsions de la relation, des spécialistes de la méprise : ils croient que..., et, en fait, pas du tout, ou bien ils voient une erreur dans le geste intentionnel. Les femmes attendent, en général, le second signe pour s'avancer à leur tour, tandis que les hommes s'engouffrent le plus souvent dans la brèche, si l'on peut dire. Le

1. Coutanceau R., « Agir sexuels pervers : emprise et déni d'altérité », *L'Évolution psychiatrique*, 61, 1, 1996, pp. 113-124.

baiser signe le succès, après la noyade dans les yeux l'un de l'autre qui rappelle fort la symbiose initiatique mère-bébé – une contemplation qui semble devoir ne jamais finir. Pourtant, on ferme les yeux en s'embrassant, parce qu'on fait confiance (les yeux fermés !), mais aussi parce que c'est instinctif. Les noyaux de commande des muscles du visage et des yeux sont proches du circuit du plaisir. Sous un premier rayon de soleil aussi on ferme les yeux, et il est probable que chez les Papous comme chez nous on s'embrasse en fermant les yeux[1] ! Des expériences de rencontres filmées ont montré une foule de signes universels indiquant que les gens se plaisent au point de s'embrasser. Ils s'humectent les lèvres, inclinent légèrement la tête, et un certain nombre de manifestations inconscientes les gagnent, variables selon les individus : rougeurs sur le torse, poils qui se hérissent légèrement, palpitations bien entendu, d'autant plus que le ballet des langues mime assez bien le ballet des corps à venir, entre pénétration, effleurement et emballements multiples. Ce qui permet d'obtenir le premier baiser reste de l'ordre de la magie aux yeux du scientifique, mais ce qui suit est biologiquement infiniment plus décryptable.

1. Eibl-Eibesfeldt I., *The Ethology of Man*, New York, Holt, Rinehart and Winston, 1975.

5

Biologie du désir

Tous « dopaminés » pour le meilleur

La phase de séduction met en route notre biologie sexuelle, mais avant le désir sexuel, pour vivre, on a besoin du désir en général, de cet « allant » que l'on pourrait nommer *conatus*, à la suite de Spinoza, un terme popularisé par le neurobiologiste Antonio Damasio[1].

Rien ne correspond mieux à la définition du désir que ce participe passé du latin *conor*, verbe qui signifie « tendre vers » ou encore « commencer d'aller vers ». Le mot s'emploie aussi bien pour caractériser la pulsion qui nous pousse à aller vers autrui que celle qui nous fait tendre vers une chose ou une activité, état nécessaire pour atteindre notre but, physiquement comme psychiquement. Le *conatus* est en quelque sorte l'érection du cerveau ! Freud englobait sous le concept de « libido »[2] cet élan vital en général dont on n'a retenu que l'acception sexuelle, mais qui recouvre en réalité toutes les appétences de la vie.

Il y a un rapport direct entre l'état dopaminergique et le désir sexuel. Quand le débit de dopamine est élevé, on a plus

1. Damasio A. R., *Spinoza avait raison*, Paris, Odile Jacob, 2003.
2. Freud S., *Introduction à la psychanalyse*, Payot, Paris, 1961.

envie de faire l'amour car on a davantage envie de tout d'une façon générale. Privé de *conatus*, on ne va pas plus au cinéma qu'on ne fait l'amour (on irait en fait plus volontiers au cinéma). L'état dépressif, provisoire ou prolongé, est une maladie du *conatus*, une impuissance de l'âme naturellement encline à désirer. Le sujet est frappé d'immobilité, n'a plus goût à rien, plus d'envie d'aller nulle part ni vers quiconque. L'état d'« érection cérébrale » est directement lié au débit de dopamine. En hypodopaminergie, on ne désire plus agir et, n'agissant plus, on n'a plus de plaisir, ce qui renforce l'hypodopaminergie : un cercle vicieux. Les hommes castrés pour raisons médicales voient leur libido faiblir puisqu'ils ne fabriquent plus de testostérone, mais, par la même occasion, ils se plaignent d'un manque général de dynamisme. Les hommes âgés à qui on injecte de la testostérone se réjouissent, en revanche, de retrouver leurs « vingt ans », et ils ne parlent pas seulement de leur vie sexuelle mais aussi de leur joyeuse humeur.

L'érection, proprement sexuelle et non uniquement cérébrale, de la verge ou du clitoris nécessite une sécrétion de testostérone qui vient s'allier à l'hypersécrétion de dopamine. Administrée chez les sujets fortement inhibés ou dépressifs, la testostérone reste sans effet sur l'appétit sexuel. On ne peut donc ni la considérer ni la prescrire comme aphrodisiaque universel, d'autant plus qu'elle déclenche une virilisation externe (une pilosité malvenue chez les femmes), augmente le risque cardiaque et s'avère difficile à doser. Elle est, en revanche, liée à l'esprit de conquête, notamment de conquête sociale. On le sait chez les singes : les mâles dominants sont mieux pourvus en testostérone[1]. De là à en conclure quoi que

1. Bernstein I. S., Rose R. M. et Gordon T. P., « Behavioral and environmental events influencing primate testosterone levels », *J. Human Evol.*, 3, 1974, pp. 517-525.

ce soit sur nos hommes politiques ou les femmes de pouvoir, il y a un pas que nous ne franchirons pas.

Après avoir cru que la testostérone pouvait tout expliquer du désir, la communauté scientifique s'est penchée sur l'idée de stimuler directement le débit de dopamine. Deux médicaments conçus à cette fin ont reçu l'autorisation de mise sur le marché (AMM), il y a deux ans, après des résultats probants chez l'animal, ensuite chez le volontaire sain, puis sur de petits groupes de malades, avant de grands groupes. Si l'innocuité était certaine, seul le recul a permis de dégager une subtilité : ces médicaments à l'origine destinés aux hommes, et encore prescrits à eux seuls, fonctionneraient mieux chez les femmes, comme l'affirment certains cliniciens. On peut se demander pourquoi ils ne leur étaient pas destinés à l'origine, et aussi pourquoi cette plus grande efficacité chez les femmes...

Femmes sous dopamine et hommes sous... érection

Dans une société où le plaisir, notamment sexuel, tournerait presque à la dictature, les pannes de désir ont fini par passer pour une maladie à laquelle il fallait trouver un remède, et la recherche s'est d'abord préoccupée des hommes. Leurs difficultés érectiles entraînent souvent souffrance et humiliation, conduisant à l'impossibilité pure et simple de l'acte, quand la femme, elle, regrettons-le et compatissons, peut jusqu'à un certain point aménager la situation. La panne de désir masculin se manifestant – cruellement – par un problème mécanique, c'est la solution mécanique que les pharmacologues ont tout d'abord cherchée et trouvée, avec la découverte du Viagra, suivie du succès commercial que l'on sait. Deux autres médicaments à l'action comparable sont venus rejoindre le Viagra sur le marché : Cialys et Nuviva. Tous trois agissent semblablement et principalement grâce à une molécule, le sildénafil, qui empêche la dégradation de l'enzyme qui fait tenir l'érection, bloquant ainsi le sang dans les corps caverneux une fois qu'il y est entré. Le mode d'action dit bien les limites du sildénafil : sans érection, pas d'érection ! Maintenir la manifestation visible du désir, ce n'est pas l'inventer ! La commercialisation de ces trois médicaments a donné satisfaction à la plupart des hommes parce qu'ils éprouvaient bien du désir. Une première panne avait engendré l'anxiété et inhibé le désir, entraînant les pannes qui s'ensuivaient. Le simple fait de retrouver une érection fiable a renforcé le désir et remis en marche le processus érectile, naturel cette fois, sans sildénafil. Le Viagra, testé chez les femmes, marche également puisqu'il augmente la pression sanguine dans les organes génitaux, ainsi que l'irrigation et la lubrification, et multiplie donc le plaisir. Ce sont les faits. Seulement le Viagra ne donne pas des résultats satisfaisants chez les femmes tout simplement parce que l'intensité de leurs sensations ou la sensation de leur puissance sexuelle ne commandent aucunement, ou rarement, leur désir.

Le vrai désir, celui de la tête, qui envahit le corps est directement lié au débit de dopamine, d'où les deux dernières fameuses pilules du désir, Ixense et Uprima. Elles sont à base d'apomorphine, molécule qui stimule les récepteurs dopaminergiques. Les résultats sont satisfaisants chez ceux qui souffrent d'une dépression passagère ou d'un manque de *conatus* général. Le réveil dopaminergique redynamise le désir sexuel, qui émerge à nouveau au même titre que les autres désirs. Là est l'écueil... La dopamine est une véritable pompe à désirs en tout genre ! Si le produit était administré à hautes doses, on pourrait imaginer qu'il donne aussi bien envie d'acheter une voiture que de partir au travail ou de faire l'amour, ce qui pourrait être fâcheux ! Le remède miracle contre la panne de désir sexuel n'est pas encore celui-là mais on constate que ces produits à visée psychique fonctionnent mieux sur les femmes, tandis que ceux à visée mécanique fonctionnent mieux sur les hommes, toujours sensibles à la manifestation visible du désir. Ces observations pharmacologiques sont conformes aux données biologiques : la condition du désir féminin est de débrancher le circuit de l'évitement, tandis que l'homme doit se voir conforté dans sa capacité de conquête, ce qu'un petit schéma des circuits cérébraux du désir permet de comprendre.

Homme et femme se désirent depuis leur versant de l'hypothalamus

Les désirs sexuels de l'homme et de la femme ne passent pas par le même versant de l'hypothalamus. Chez la femme, le désir passe plutôt – plutôt, car tout est toujours question de nuance – par l'hypothalamus médian, point de départ du système sympathique, proche du circuit de l'évitement/souffrance ; chez l'homme, plutôt par le latéral, point de départ du système parasympathique, proche du circuit de plaisir/récompense. Autrement dit, comme nous l'avons souligné plus haut, une femme qui rencontre un homme est d'abord sur ses gardes, même très inconsciemment, s'assurant qu'il ne lui fera pas de mal, tandis qu'un homme ignore cette prudence, tout entier tourné vers un plaisir éventuel. Ces considérations se vérifient grâce à l'imagerie cérébrale. Les manifestations secondaires du désir confirment la nature du système stimulé en priorité : chez les hommes, fermeture des pupilles, programmée pour faciliter le repérage de la « proie », et salivation ; chez les femmes, dilatation des pupilles, vasodilatation (d'où les rougeurs subites), hypertension, puisque c'est le système de l'alerte qui est stimulé. Avec l'augmentation du débit de dopamine, elles se découvrent plus d'allant, voire d'audace. Chez les animaux, on perçoit mieux que chez les humains la différence d'approche : le mâle en rut jugé indésirable est rejeté par la femelle qui le mord, le griffe, se défend pour le remettre à distance...

Le désir et le plaisir féminins sont conditionnés par l'assurance de la sécurité, symbolisée traditionnellement par un certain confort. Rares sont les femmes adeptes le premier jour des rendez-vous à grand frisson, des étreintes entre deux portes ou des amours sans lendemain, plus rares que les hommes en tout cas, tout simplement parce qu'elles s'assurent en premier lieu de la fiabilité de leur partenaire. Une fois en confiance, on trouve chez les deux sexes des adeptes des plaisirs dans des lieux incongrus ou des situations comportant un petit risque ou un suspense mineur : baisers volés, amour dans un bureau, sur un parking, etc., et on ne saurait y lire aucune perversité, l'intérêt de ce type de situation étant biologiquement avéré.

En effet, une peur modérée et artificielle stimule l'axe corticotrope qui déverse ses corticoïdes, qui eux-mêmes déclenchent une sécrétion de noradrénaline [1], un accélérateur du débit de dopamine. Si un danger réel et vital inhibe bien entendu le désir, les fantasmes comme celui d'être surpris le décuplent. Reste qu'une femme inquiète se laisse rarement gagner par le désir et aller au plaisir, tandis qu'un homme peut se laisser gagner par les deux, quitte à... s'inquiéter après !

Le temps de montée du désir diffère physiologiquement selon les sexes. D'une manière générale, la mise en route des organes sexuels est plus lente chez les femmes que chez les hommes. L'érection masculine est susceptible de se déclencher et d'atteindre son apogée en une petite poignée de

1. Chrousos G. P. et Gold Ph. W., « The concepts of stress system disorders », *JAMA*, 267, 9, 1992, pp. 1244-1252, trad. française résumée in *JAMA H*, 4, 34, 1992, pp. 440-445.

minutes, voire de secondes, délai qui peut s'allonger avec l'âge, tandis que les sexologues estiment l'état désirant optimal féminin atteint après dix à vingt minutes[1]. Chez les femmes aussi, le gonflement du clitoris, longtemps méconnu anatomiquement, la partie externe n'étant que la partie émergée de l'organe, tient un rôle primordial dans la suite des événements, le plaisir. La modification des organes sexuels chez les femmes est moins visible mais aussi spectaculaire que chez les hommes. Un afflux de sang innerve et gonfle également les petites et les grandes lèvres ; les parois du vagin, sèches et fripées au « repos », deviennent lisses et humides ; le vagin lui-même s'allonge, passant de ses sept centimètres initiaux environ à douze centimètres en moyenne, bien au-delà si besoin est. Il se dilate en largeur selon le même principe, adaptable à la demande[2]. Ce vilain vocabulaire de l'anatomie sexuelle cache le bonheur qu'on sait.

La lulibérine, plus sûre alliée du désir

Quand s'enclenche l'acte sexuel, grâce à un subtil dosage de dopamine et de testostérone, la sécrétion d'une autre hormone se met en route : la lulibérine. Elle n'est pas sécrétée en l'absence de stimuli, contrairement à la testostérone, dont la production est continue. La lulibérine, plus ou moins présente selon les situations et les individus, est l'ingrédient propre au désir sexuel, d'où l'idée de la prescrire... Mais, en l'état actuel des connaissances, on ne peut l'administrer qu'en injection dans le cerveau ! Ce mode d'administration étant inimaginable au quotidien, il faudra attendre un peu pour se

1. Mimoun A., *Sexe et sentiments, version femme*, *op. cit.*
2. Brenot P., *Le Sexe et l'amour*, *op. cit.*

trouver irradié de désir sur commande. Reste à savoir si ce progrès est... désirable.

La lulibérine et la testostérone sont fabriquées par une glande, l'hypophyse, elle-même directement connectée à l'hypothalamus, lequel est truffé de facteurs inhibiteurs ou facilitateurs de la sécrétion d'hormones. Le taux d'hormones dépend à la fois d'éléments génétiques, d'éléments acquis lors des formatages précoces et des événements actuels ou des situations en cours. L'hypothalamus interagit avec le lobe limbique, cerveau des émotions, et ce que captent nos sens ou nos douces pensées. Dans la chaleur de l'été, la vue des corps dénudés entraîne une légère augmentation du taux de testostérone, d'où un pic des naissances en mars-avril de l'année suivante ! Mais ce n'est pas assez flagrant pour parler de saison des amours. L'ensoleillement favorise également le désir sexuel, augmentant la dopaminergie générale, d'où la mode des diverses luminothérapies. Mais les meilleurs déclencheurs du désir restent l'imagination et les fantasmes, qui font courir sur l'échine des humains un frisson plus subtil, plus durable et plus fiable !

On a pu imager le désir sexuel en comparant des groupes de sujets en panne de désir avec des sujets désirants. Chez les sujets désirants, on constate une désactivation du cortex orbito-frontal au profit d'une suractivité du cingulum, zone du lobe limbique particulièrement impliquée dans les émotions, et du lobe préfrontal[1] (*cf.* cahier photos). L'orbito-frontal, pour schématiser, ce sont les ennuis, les soucis matériels du moment, les considérations fâcheuses sur la périphérie de l'histoire, les inhibitions, etc. – on les met de côté ! tandis que le lobe préfrontal, qui programme les opérations intelligentes du futur proche, est bien actif : il va falloir planifier l'action !

1. Arnow B. A., Desmond J. E., Banner L. L., Glover G. H., Solomon A., Polan M. L., Lue T. F. et Atlas S. W., « Brain activation and sexual

Produits exogènes et désir sexuel : en finir avec le mythe

Un mélange de testostérone, de dopamine et de lulibérine, impossible à doser et à administrer pour le moment, serait sans doute la formule chimique la plus apte à provoquer du désir. Hors ces substances, point de salut, si l'on excepte l'effet placebo des poudres de perlimpinpin dites aphrodisiaques. Il semble (encore) nécessaire de faire le point sur les vertus prétendues des drogues exogènes classiques : aucune n'invente le désir !

Certaines facilitent le passage à l'acte en levant les inhibitions psychiques, tels l'alcool et le cannabis. Mais « être d'accord » ôte de nombreuses dimensions au désir et n'en est pas synonyme ! L'héroïne et autres opiacés plongent directement dans une satisfaction généralisée qui court-circuite toute notion de désir sexuel, favorisant l'égotisme plus que le doux échange amoureux. L'ecstasy décuple les sensations (sans doute par son action sur la sérotonine, qui stimule le débit de dopamine), mais n'invente pas davantage le désir que les autres produits. Le GHB (Gamma-Hydroxy-Butyrate), dit « drogue de l'amour », porte fort mal son nom : utilisé en général à l'insu du consommateur (plus souvent -trice) par des abuseurs, violeurs déguisés, il ne fait qu'anesthésier la victime. Quant à la cocaïne, c'est la seule drogue identifiée

---

arousal in healthy, heterosexual males », *Brain*, 125 (Pt 5), 2002, pp. 1014-1023 ; Karama S., Lecours A .R., Leroux J. M., Bourgouin P., Beaudoin G., Joubert S. et Beauregard M., « Areas of brain activation in males and females during viewing of erotic film excerpts », *Hum. Brain Mapp.*, 16 (1), 2002, pp. 1-13 ; Stoleru S., Gregoire M. C., Gérard D., Decety J., Lafarge E., Cinotti L., Lavenne F., Le Bars D., Vernet-Maury E., Rada H. *et al.*, « Neuroanatomical correlates of visually evoked sexual arousal in human males », *Arch. Sex. Behav.*, 28 (1), 1999, pp. 1-21.

dont les effets dopants sur la sexualité sont avérés, mais elle déclenche aussi une ardeur générale. Elle stimule directement le réseau dopaminergique, sans passer par des récepteurs et des neurones intermédiaires, et renforce la motivation pour accomplir une tâche donnée : un dossier à boucler, une « charrette » d'architecte ou de journaliste, par exemple, mais aussi l'élan vers autrui, qui sera sexuel si les circonstances s'y prêtent.

Deuxième partie

LE PLAISIR

1

Géographie du plaisir

Une escalade sans fin

Avant toute traduction sur le mode sentimental (je t'aime, etc.), le plaisir est d'abord une vague de sensations et d'émotions. Qu'il soit ou non accompagné ou suivi d'attachement, il est soumis à d'infinies modulations dans son intensité, ainsi qu'à la propre histoire du plaisir du partenaire. Le plaisir est une invention perpétuelle, un jeu à deux dont on ne connaît pas davantage les règles que celles de la séduction, même si on peut croire le contraire. Il s'invente à deux, il résulte d'une subtile alchimie et d'une relative connaissance mutuelle des corps. Dans cette mesure, les premières fois sont rarement les plus intenses. Ce sont celles où l'on cherche à apaiser son désir de l'autre, faisant et refaisant l'amour. Par la suite, le couple partira en quête des secrets de son plaisir maximal. L'idée de l'escalade est bouleversante quand c'est dès le départ, déjà, « tellement bon... ».

Les humains puisent dans le plaisir une grande confiance en eux, pas seulement bercés par l'idée qu'ils plaisent, mais aussi animés par la force d'un souffle vital, ce *conatus* qui dépasse de loin la question sexuelle. Cependant, cet élan nouveau ne va pas parfois sans une certaine inquiétude : où donc cela va-t-il – ou peut-il – s'arrêter ? Le seuil extrême du plaisir n'étant pas défini par des critères objectifs, il semble possible de le reculer jusqu'à l'infini, et l'humain a toujours été hanté – et happé – par l'idée de mourir de plaisir, à force de se sentir vivre si fort. Divine idée ! Reste que derrière cette charmante angoisse les humains savent intuitivement qu'en entrant dans le plaisir ils entrent dans un engrenage et flirtent avec la dépendance qui guette. L'idée chrétienne et plus généralement religieuse de la punition promise à proportion de la jouissance a une réalité biologique : plus on jouit, plus on a envie de jouir, et plus on peut souffrir du manque. Pour s'assurer de n'être jamais submergé par le plaisir, mieux vaudrait ne jamais flirter avec lui, mais loin de moi ce conseil, on y perdrait aussi le sens de la vie.

La plupart des individus apprivoisent l'idée du plaisir et ne se privent pas de cette chance proprement humaine de ne pas borner leurs relations sexuelles à la nécessité de la reproduction. On s'habitue très vite à ne pas redouter la jouissance – ou pas trop – et surtout à ne jamais savoir de quoi l'acte sera fait puisque les façons de faire l'amour sont bien plus nombreuses que les positions de n'importe quel Kama-sutra, et que deux étreintes ne se ressemblent jamais, y compris avec le même partenaire. On peut pourtant dessiner les grandes lignes du plaisir sexuel, avec des récurrences à peu près partagées par tous les peuples du monde, et quelques fantaisies variables selon les cultures et l'éducation [1].

---

1. Mossuz-Lavau J., *La Vie sexuelle en France*, Paris, La Martinière, 2002 ; Masters W. et Johnson V., *Les Réactions sexuelles*, Paris, Robert Laffont, 1968.

Des baisers, toutes sortes de baisers

Le plaisir commence avec le baiser et la stimulation des lèvres. Lesquels renvoient au plaisir archaïque de la succion. C'est en stimulant les zones de plaisir que l'on crée leur fonctionnalité dans le cerveau, mais celles de la bouche en particulier sont fonctionnelles par définition, et ce dès la naissance[1]. De multiples capteurs de plaisir sont situés dans la bouche, sur les lèvres et la langue. Mais on en retrouve aussi sur tout le corps, d'où les variantes du baiser, avec des susceptibilités individuelles, mais assurément des plaisirs répandus, comme le cunnilingus et la fellation. Les femmes sont mieux pourvues en zones érogènes, et la promenade de la langue peut prendre d'infinis détours. On « goûte » l'autre, au sens strict du terme. On dit bien avoir faim de lui, référence à notre premier chemin désir-plaisir-manque, et si les envies cannibales varient selon les individus, avec une « envie de te manger », tout droit sortie de nos contes d'enfants, les délicieuses séances buccales ouvrent souvent l'« appétit sexuel », toujours selon la métaphore gustative.

Voyage au cœur des zones sexuelles primaires, secondaires, et non moins jouissives

Les organes sexuels échappent difficilement à la caresse, quoique toute initiative hors des sentiers battus soit permise. Chez l'humain, le pénis, normalement devenu tumescent, est caressé, avec les mains et/ou la bouche, le vagin féminin effleuré ou pénétré, comme ceci ou comme cela, et le clitoris sera d'autant plus l'objet d'attentions que l'on aura pris

1. Brenot P., *Le Sexe et l'amour*, *op. cit.*

connaissance des dernières recherches sur cet organe qui a été mal connu, donc mal aimé, des siècles durant.

Son apparition dans les dictionnaires médicaux date seulement du siècle dernier, et on ne connaît son rôle dans le plaisir que depuis quelques années. On estime aujourd'hui en effet que la distinction entre jouissance clitoridienne et vaginale est non avenue, le clitoris étant en grande partie à l'origine des jouissances vaginales. La face émergée de ce que nous appellerons, tout à fait à contresens, l'iceberg n'est en effet qu'une petite partie de l'organe qui se prolonge à l'intérieur du corps d'environ quatre centimètres, le long de la face antérieure du vagin, là précisément où on localise habituellement le point G. La jouissance vaginale pourrait, selon les dernières découvertes, venir de la stimulation interne du clitoris par le sexe masculin. On a, en tout cas, acquis d'expérience la certitude que l'excitation clitoridienne décuple le plaisir vaginal (d'où la barbare excision pour rendre les femmes moins appétentes, voire frigides, et les tenir ainsi au foyer).

Les spécialistes de la sexualité conseillent d'attendre dix à vingt minutes avant de passer à l'acte, pour que le désir féminin puisse atteindre son apogée, même si l'on sait ce que valent les statistiques. Les choses peuvent aller beaucoup plus vite, et aussi plus lentement, jusqu'à quelques heures pour les plus patients ou les plus raffinés. Le moment idéal est variable selon les individus comme selon les circonstances, et, au sein d'un couple, il est rare qu'on fasse toujours l'amour selon les mêmes modalités – c'est du moins le charme que la plupart des amoureux trouvent à l'« opération ».

Chez les femmes, de nombreuses zones érogènes participent au plaisir, qui est, chez les hommes, bien plus centré autour de la verge. Aussi les caresses du corps masculin tournent-elles autour, avec les cuisses, le ventre, les testicules, le scrotum, par exemple, tandis que le corps féminin est tout entier convoqué pour initier et multiplier le plaisir, notamment les seins, immédiatement érogènes. Fréquemment, les mains des amants se croisent, s'étreignent ou se caressent, symbole du premier emboîtement des corps et référence encore à un signe archaïque d'attachement : petits déjà, on tenait la main de nos parents, en signe de confiance, par besoin de sécurité, et par amour tout court.

Symptômes ordinaires de l'état désirant

L'érection masculine est la plus visible manifestation du désir, et la sensation de puissance éprouvée aide, comme le Viagra le prouve, à soutenir le désir. Bander rend physiologiquement pénétrant, mais aussi psychologiquement – le problème étant que la tête peut, inversement, faire débander ! Accaparé par d'autres préoccupations parce qu'il n'est pas assez concentré, ou au contraire trop concentré sur l'objet d'amour, l'homme peut perdre ses moyens. Il semble que pour ceux qui souffrent de dysfonction érectile le juste milieu entre « débranchage » (des soucis) et concentration nécessaire (sur le sujet) soit difficile à tenir. La volonté de faire jouir l'autre entretient un suspense... « indéflorable » jusqu'à l'issue. Or, si c'est ce qui excite le plus, c'est aussi ce qui paralyse le plus. Le mystère féminin, paroxystique au début de la relation, peut intriguer autant qu'inquiéter. L'homme l'envie, envie ses richesses dont il est conscient (et conscient d'être privé), et, même si chacun des deux partenaires a pour objectif de faire jouir l'autre, c'est sans doute plus vrai encore chez les hommes que chez les femmes.

Trop d'envie (ou d'ambition !) tue l'envie ; pas assez angoisse. La seule recette valable est de désacraliser l'impératif d'érection en cas de baisse passagère de désir et de suspendre l'étreinte sans en faire une affaire d'honneur : on peut en profiter pour y glisser des mots ou des caresses bienvenus. Mais l'on sait aussi que certaines femmes interprètent la panne générale d'érection comme un manque de désir, à leur endroit en particulier. D'aucunes s'égarent même à voir un manque d'amour là où se pose, la plupart du temps, une question mécanique. Mais il est vrai que les hommes s'égarent aussi, quelque peu piteux devant une femme non désirante.

Le meilleur aphrodisiaque est mixte, c'est en effet le désir de l'autre. Les deux sexes aiment en voir ou en percevoir la manifestation extérieure, qui décuple leur propre désir. Les hommes s'enivrent de la lubrification féminine comme les femmes s'enivrent de l'érection masculine, témoins du désir et promesses du plaisir à la fois. Les corps deviennent hypersensibles et les pensées vibrent à l'unisson de la pénétration imminente qui promet d'être – si tout va bien – inoubliable.

Le moment maximal de désir n'est guère repérable, mais l'envie instinctive du matin, des hommes comme des femmes, est probablement à lier avec la neutralisation du système d'alerte/évitement : au saut de nos rêves, on ne redoute rien, et le plaisir certainement moins que la journée à venir !

Jeu sur le fil... de l'apothéose

Au moment de la pénétration, les digues de l'émotion semblent sauter pour laisser place à un déferlement de sensations qui submergent le corps. La pénétration des corps peut prendre tant de chemins que nous ne la détaillerons pas ici, entre les multiples positions, les suspensions de pénétration qui induisent du manque au sein même du plaisir, et confinent au supplice, les pénétrations plus ou moins accompagnées de caresses, notamment du clitoris ou des seins, les originalités de pénétration, comme la sodomie. La classique étreinte est anatomiquement programmée pour que le plaisir soit pour le mieux dans le meilleur des mondes possibles : les parois du vagin s'adaptent naturellement à l'anatomie de la verge masculine, venant se coller à elle.

La montée du plaisir s'accompagne de manifestations secondaires, telles que rougeurs, palpitations, sudation et manifestations sonores du plaisir. Les mots prononcés sont d'un nombre, d'une teneur et d'une élaboration variables selon les couples, du commentaire continu aux demandes impérieuses ou exclamations soudaines [1]. Les sons varient du soupir discret au gémissement convaincu, jusqu'au hurlement continu, qui ne concerne pas que les femmes, contrairement à ce que l'on croit. Un lexique intime prend tournure au fil des étreintes : baptême des organes sexuels, des noms classiques du dictionnaire aux appellations les plus fantaisistes, noms de code pour qualifier des positions ou la jouissance. C'est à la véritable création d'un langage que les amants participent ensemble : ils seront seuls à le comprendre et ne le réutiliseront jamais avec un autre partenaire, sauf goujaterie ou perversion caractérisées ! Le vocabulaire conjugal contribue à un sentiment profond de complicité : le couple est « fait monde ».

Dieu aussi, traditionnellement, crée Son monde avec des mots...

L'apothéose orgasmique : rencontrer l'infini

Comme chacun sait, l'apo-théose est la montée vers Dieu. Jouir, c'est pour ainsi dire Le rejoindre ! L'orgasme est un embrasement général, une sensation d'infini qui s'empare soudain du corps. Les mille et une façons d'y parvenir n'empêchent pas de considérer qu'en général, et un peu prosaïquement, ce qui finit par faire jouir, c'est « vite et fort ». Le séisme n'est pas qu'illusion puisque l'utérus se contracte

1. Brenot P., *Les Mots du sexe*, Paris, L'Esprit du temps, 1992.

à raison d'une contraction par seconde[1]. De la même façon, le clitoris est animé de contractions spasmodiques durant l'orgasme, alors qu'il a pu se rétracter en phase d'excitation maximale, donnant l'impression de disparaître, ce qui peut surprendre. L'éjaculation se produit également en saccades, avec un spasme par seconde. Si le plaisir féminin est généralement irradiant, un peu comme la lave coule sur les flancs d'un volcan, le plaisir masculin est surtout concentré sur son épicentre, le cratère du volcan, à savoir le sexe. Le cœur bat à tout rompre, un afflux sanguin inonde toutes les parties du corps, comme si la vie se signalait en nous par ses manifestations symboliques premières. L'orgasme, à proprement parler, c'est la libération d'un corps gorgé de sève (du grec *orgao*, être plein de sève), et, si la manifestation éjaculatoire est indéniable chez l'homme, on note aussi chez la femme une hypersécrétion vaginale, voire une éjaculation réelle et tout aussi spectaculaire chez les femmes. Les recherches à ce sujet sont encore balbutiantes, mais le phénomène a déjà fait baptiser ces femmes du nom de « femmes fontaines ».

On apprend avec l'âge, mais finalement assez vite, qu'en jouant sur le fil du plaisir on multiplie d'autant le plaisir à venir, et que c'est après un certain nombre d'allers-retours – nous voulons dire dans la modulation du plaisir – que l'orgasme sera le plus intense. Les hommes apprennent avec l'expérience à différer leur plaisir et à retenir leur éjaculation jusqu'à ce que leur partenaire semble également prête à jouir, voire l'ait déjà fait, une fois ou plusieurs. Lorsqu'ils sont moins expérimentés, ils connaissent des éjaculations rapides, voire précoces, mais l'inconvénient est compensé par la brièveté du temps de latence entre deux érections, une façon naturelle de se consoler, comme de consoler l'autre. Plus tard, avec l'âge, la jouissance est naturellement plus longue à venir,

1. Masters W. et Johnson V., *Les Réactions sexuelles*, *op. cit.*

ce qui peut être apprécié par la partenaire, mais le temps de récupération entre deux érections s'allonge. On peut rarement tout avoir ! Cela étant, le degré de plaisir n'est pas nécessairement proportionnel à la durée du rapport sexuel, du moins quand la complicité s'est installée : il peut être à la fois très court et très bon ! Avec l'expérience, les femmes, de leur côté, savent de mieux en mieux flirter avec les frontières de leur plaisir et celles présumées de leur partenaire. Les deux amants jouent, dans les configurations raffinées, sur le fil de leur future apothéose commune, avec un art de funambule qui confine au vertige quand il s'agit de régler les jouissances de chacun l'une sur l'autre.

Après avoir fait l'amour, les partenaires tombent – normalement – éperdus de reconnaissance dans les bras l'un de l'autre, yeux dans les yeux, et parfois dans le sommeil. Le rat, lui aussi, s'endort aussi sec après l'orgasme [1] ! Aucune goujaterie là-dedans, rien que de la biologie et un afflux d'endorphines. Entre-temps, les amants comblés trouvent ordinairement le temps d'échanger promesses et mots doux, commentaires et compliments, une façon d'alimenter le désir à venir et de transmettre le vœu de retrouver le plaisir. D'ici à la fois suivante, pourtant, ils traversent une phase d'apaisement absolu, sans désir ni manque, l'humain étant heureusement programmé pour s'adonner à d'autres occupations et survivre entre deux orgasmes ! Cependant, la divine plénitude de l'amour cache bien soigneusement ses enjeux. L'orgasme n'est pas seulement une partie de plaisir, mais aussi un excellent facteur d'addiction, via le bain de fluides dans lequel il nous plonge.

1. Vincent J.-D., *Le Cœur des autres*, *op. cit.*

2

La mécanique des fluides

La lulibérine, l'hormone coquine

Pendant la phase désirante, le taux de dopamine ne cesse de s'élever, et ce d'autant plus que le désir a été précédé de manque et d'attente. Dès les premières sensations de plaisir, le baiser, et même la moindre main étreinte, se met en route la sécrétion de la fameuse lulibérine, hormone du désir. Son rôle est de susciter le désir avant l'acte, puis de le maintenir. Et il se trouve qu'accessoirement – si l'on peut dire ! – la lulibérine multiplie les effets de la dopamine, notre flux de bonne humeur. Plus on a de désir, plus on a de plaisir et plus on a de plaisir, plus on a de désir : cela explique... tout ce qui se complique !

Parallèlement, le taux de testostérone, dont la sécrétion est continue dans l'organisme, se trouve « surmotivé » par le désir et l'acte sexuel[1].

Faire l'amour plonge dans un tel bain d'hormones sexuelles qu'il n'y a rien d'étonnant à ce qu'une activité sexuelle épanouie, plus encore accompagnée d'amour, donne à ce point le sentiment d'érotiser toute la vie. L'interaction des hor-

---

1. Mimoun S., *Traité de gynécologie obstétrique psychosomatique*, Flammarion, coll. « Médecine-sciences », 1999.

mones et du débit de dopamine explique l'emballement de la « machine » dans la phase passionnelle, au début d'une histoire d'amour, ponctuée d'ébats inlassables et répétés qui ne s'arrêtent que pour permettre aux partenaires de ne penser qu'à une chose, ou à peu près : recommencer ! L'appétit qu'on a alors l'un de l'autre semble ne devoir jamais s'apaiser, et le plaisir s'ensuit à proportion, motivant encore le désir.

Cette chimie endogène explique aussi le phénomène d'addiction sexuelle, boulimie de sexe hors contingence sentimentale, histoires d'« amour » sans paroles, ou encore la libido dévorante des périodes de vie où les partenaires sont multiples, le plaisir éprouvé avec l'un renforçant le désir éprouvé pour le suivant, donc le plaisir, et ainsi de suite.

La production de lulibérine chute avec la fin des ébats, mais elle aura donné tellement d'ampleur au plaisir qu'elle aura largement contribué à motiver l'envie dévorante de recommencer.

L'ocytocine : jouir n'est pas aimer mais... cela aide !

Jouir n'est pas aimer. Intellectuellement, il est bon de le savoir ; mais, biologiquement, jouir aide à aimer. Nous produisons pendant l'acte amoureux de l'ocytocine. Elle est libérée plus fortement au moment de l'orgasme, dans une décharge qui suit le rythme des saccades éjaculatoires masculines ou des contractions utérines féminines. Or cette hormone est redoutable : elle crée l'attachement, le désir de revenir vers ce partenaire-ci et pas un autre. On a pu mesurer la redoutable efficacité de l'ocytocine, perfide, et le caractère coquin de la lulibérine lors d'expériences éthologiques saisissantes sur des rats d'espèces et de mœurs différentes : les uns étaient répertoriés fidèles, les autres coureurs.

Les rats fidèles, auxquels on avait injecté de la lulibérine, sont devenus coureurs ; les rats coureurs, auxquels on avait injecté de l'ocytocine, sont devenus fidèles. La différence de production d'ocytocine, variable selon les individus, pourrait peut-être expliquer la différence des tempéraments humains dans le domaine de la fidélité. Mais, afin de court-circuiter tout fantasme d'apprenti sorcier, précisons que l'ocytocine, comme la lulibérine, ne se pratique qu'en injection dans le cerveau. Son usage reste donc inaccessible au commun des mortels.

Biologiquement, il faut le savoir : plus on jouit fort, plus on produit d'ocytocine, et plus on produit d'ocytocine, plus on risque de s'attacher. Les poètes ne s'y sont pas trompés : le philtre d'amour, c'est ce cocktail explosif et jouissif absorbé lors de l'acte charnel, dont nous pouvons délivrer la recette : trois doigts de lulibérine (initiée par le désir immédiat), un trait de testostérone (la capacité à désirer, une sécrétion continue), quatre doigts de dopamine (sensation de désir et de plaisir), une pincée d'endorphines (le bain de bien-être *post coïtum*), et un peu de sirop d'ocytocine (hormone de l'orgasme). L'humain, toutefois, garde des ressources de tous ordres pour contrer ses tendances biologiques : pas condamné, juste menacé !

L'amour est l'opium du peuple...

... car il anesthésie très efficacement. La montée de l'orgasme entraîne la production d'endorphines, nos morphines endogènes, en stimulant les réseaux de neurones émetteurs-récepteurs d'opioïdes[1], qui eux-mêmes stimulent le débit de dopamine[2]. Comme si on avait besoin de cette nou-

1. Pfaff D. W., « Neurobiological mechanisms of sexual motivation », in D. W. Pfaff (éd.), *The Physiological Mechanisms of Motivation*, New York, Springer-Verlag, 1982.

2. Olds J. et Milner P., « Positive reinforcement produced by elec-

velle pédale d'appel ! Les réseaux de neurones émetteurs-récepteurs s'autostimulent, comme leur nom l'indique, quand ils sont mis en route, ce qui accentue encore l'élévation du taux de dopamine.

Les endorphines sont naturellement sécrétées par le corps lors de l'effort, ou encore dans la douleur, pour nous rendre capables de faire face vaillamment. On perçoit alors très bien l'effet apaisant, « cotonneux », dans lequel elles nous plongent, une sensation que les joggeurs et autres sportifs de fond connaissent fort bien et surnomment « deuxième souffle ». Leur apparition pendant l'amour explique que l'on se sente, le temps de l'acte, déjà, très très bien – un aperçu seulement de ce qui reste à venir.

Le circuit du plaisir est tellement stimulé que celui de douleur/évitement est réduit au silence, ce que l'on perçoit à la fois psychiquement et physiologiquement. Le plaisir venant, la plupart des timidités et des pudeurs s'envolent, tout comme un certain nombre de considérations désagréables, d'ordre matériel ou affectif. C'est le court-circuit de l'évidence de la sensation : « Comme c'est bon ! » L'autre effet de la stimulation du circuit du plaisir est l'action apaisante sur le corps : toutes les douleurs deviennent imperceptibles. On ne sent plus la petite blessure, le mal de dos ou de ventre qui tracassaient encore quelques minutes plus tôt. Biologiquement, toute migraine devrait donc constituer un motif supplémentaire de faire l'amour !

L'orgasme, lui, correspond à une décharge massive et brutale d'endorphines, qui explique l'état de plénitude succédant à l'acte sexuel. Il est teinté d'un peu d'euphorie ou de vague à l'âme selon les circonstances, avec des réactions extrêmes possibles dues au bouleversement émotionnel : fou rire, crise

---

trical stimulation of septal area and other regions of the brain », *Journal of Comparative Physiology and Psychology*, 47, 1954, pp. 419-429.

de larmes, mais aussi « mauvais trip », et « l'animal est triste ». Bien entendu, son désagrément n'est qu'une pâle image de la « sale descente » rencontrée par les toxicomanes – et heureusement –, mais on peut connaître de la même façon le passage d'un cortège d'idées noires ou d'angoisse : quand va-t-on « pouvoir en reprendre » ? Pourquoi faut-il se quitter ? À quoi rime tant de bonheur pour que finalement ça s'arrête ? etc. Enfin, le plus souvent, on s'endort, de la légère somnolence au sommeil de plomb. *Post coïtum*, animal somnole !

Baignés d'un peu d'opium, il n'est pas rare que les partenaires oublient la notion du temps, voire éprouvent en se relevant une légère sensation de vertige. Ils sont, en général, incapables de savoir combien de temps l'acte a duré, et combien de temps la somnolence. Tous, un jour, ont sauté du lit en lisant l'heure sur la montre et se sont écriés : « Déjà ? Mais ce n'est pas possible ! » Ce sont ces mêmes endorphines qui inhibent la production de lulibérine et font qu'après l'amour l'humain jouit d'un certain répit et n'a plus envie. Ce sont aussi celles qui, appuyant très fort sur le circuit de plaisir, donnent l'envie de recommencer, et peuvent entraîner la dépendance.

Atterrissage en douceur : l'amour reste une drogue douce (en général !)

La paix des sens postcoïtale montre que l'amour reste, le plus souvent, une drogue douce. Immédiatement après l'amour s'ensuit une phase de satiété que nous garantit, un temps durant, l'interaction des substances naturelles[1]. Notre corps amoureux est programmé pour un retour à la norme qui nous

1. Pfaff D. W., « Neurobiological mechanisms of sexual motivation », *art. cit.*

permet, durant quelques minutes, mais aussi quelques heures ou quelques jours, de supporter sans trop de souffrance l'éloignement du partenaire. Même si notre mémoire travaille à raviver le souvenir ou se laisse submerger par lui, même si notre esprit vit tout entier tourné vers la prochaine fois, on admet et on tolère que le plaisir sexuel ait une fin. C'est ce qui fait toute la différence avec les addictions aux substances exogènes.

Quand on rend un rat toxicomane, si on lui permet de s'administrer de la drogue en appuyant sur une pédale, il ne cesse de s'autoadministrer le produit. Il appuie sans cesse, incapable d'envisager la trêve, et ce... jusqu'à la mort[1]. La drogue, comme la stimulation électrique directe des cellules du circuit de plaisir, enclenche en même temps désir, plaisir et satiété, tandis que la sexualité nous promène sur ses pentes douces, une montée, une phase de plateau, une redescente en douceur. L'humain ne fait jamais l'amour jusqu'à ce que mort s'ensuive. Encore qu'il en soit parfois tenté...

Je jouis, donc je t'aime : des déclarations stupéfiantes !

Pendant et juste après l'amour, tel le pauvre hère sous l'emprise de stupéfiants hallucinogènes de fabrication toute personnelle, l'un des partenaires (ou les deux) se prend parfois à dire n'importe quoi, ou à oser des révélations que diverses inhibitions interdisent à jeun. Il existe un « je t'aime », après et dans le plaisir, qui vient au bord des lèvres sans avoir exactement le même sens qu'hors de ce contexte particulier. Le mot échappe parfois à son auteur bien malgré lui, comme issu d'une instance tout à fait indépendante de

1. Olds J. et Milner P., « Positive reinforcement produced by electrical stimulation of septal area and other regions of the brain », *art. cit.*

l'analyse logique. Son sens n'en est pas moins riche, mais... il est spécialement axé sur le déroulement récent de la relation et peut conduire à égarer l'autre, sans vouloir le tromper, tout simplement parce qu'on est trompé soi-même : l'illusion mentale d'une fusion des esprits est entretenue par la réalité palpable et le ressenti envahissant de la fusion des corps. « Je t'aime » signifie alors aussi bien : « J'aime le plaisir que tu me donnes, j'aimerais que tu me donnes à nouveau du plaisir, j'aime celui que je te donne, j'aimerais que tu l'aimes et en veuilles à nouveau, j'aime ton désir et veux que tu me désires, j'aime le désir que tu fais naître et voudrais que tu recommences toujours, fais-moi jouir, jouis, etc., etc. » Le point culminant de la confusion mentale est atteint dans l'orgasme. On dit parfois « je t'aime » quand on voudrait dire « je jouis ». C'en est, autant pour soi que pour l'autre, stupéfiant !

La liberté relative du recommencement

Ce sont les facteurs psychologiques, familiaux, sociaux et culturels qui donnent l'envie de poursuivre ou non la relation, mais, hors tout lien sentimental ou toute volonté de donner suite, une sensation de manque peut pourtant pousser à d'incessantes retrouvailles. Sans parler d'addiction sexuelle pathologique, découplée de l'identité du partenaire, on assiste parfois à un véritable emballement du plaisir avec un partenaire précis. Il se tisse alors des histoires qui ne relèvent ni du sentiment profond ni de la perversion sexuelle, mais qui ne nous arrangent pas. Les dimensions légères du plaisir masquent bien son inquiétant pouvoir biologique, l'attachement, qui s'enracine dans l'étreinte. C'est sous une pluie battante de fluides biologiques que notre cerveau travaille, ou du moins essaie.

3

Cartographie cérébrale du plaisir : Mémoire et fantasmes ou comment le plaisir se divise ou se multiplie

Le paysage cérébral

Notre cerveau, vu par la science, ressemble à la terre vue du ciel – et au milieu coule une rivière : il se découpe en zones interactives qui ont chacune leurs attributions et sont traversées par le flux de dopamine qui « coule » dans le circuit méso-cortico-limbique [1] (*cf.* cahier photos). Les deux circuits plaisir/récompense et évitement/souffrance traversent le lobe limbique.

L'archéocortex (méso-) est à l'origine de nos perceptions : c'est notre cerveau reptilien, le plus ancien, celui que l'on a en commun avec le plus vulgaire crapaud. Mais n'ayons pas de mépris : c'est lui qui délivre les sensations !

Le paléocortex, assez ancien, est le fameux lobe limbique, cerveau des émotions, que l'on a en commun avec le chien, mais qui fait défaut au crapaud. Le chien a des émotions : il s'émeut du départ de son maître et se réjouit de son retour.

Le néocortex, plus récent, comme son nom l'indique, inclut

1. Houdé O., Mazoyer B. et Tzourio-Mazoyer N., *Cerveau et psychologie*, Paris, PUF, 2002.

notre cerveau préfrontal, celui qui effectue les opérations intelligentes et planifie l'attitude à tenir. Le chien en possède un peu : en attendant son maître, il se couche devant la porte et remue la queue lorsqu'il entend sa voiture [1].

Notre privilège absolu, c'est le cortex frontal qui élabore concepts, sentiments et langage [2] : le chien, pas davantage que le crapaud, ne se dit : « Je vais écrire une lettre à mon bien-aimé » ou : « Je vais demander ma compagne en mariage. » Ils ne disent pas non plus : « Je t'aime. » Tous les sentiments qui renforcent nos émotions, émotions qui elles-mêmes ont renforcé nos sensations, leur échappent. Bien moins élaborés dans le plaisir car moins bien nantis dans le cerveau, ils échappent aussi par la même occasion à un certain nombre d'âneries regrettables chez l'humain. Néanmoins, leur constitution ne fait pas rêver : ils y perdent beaucoup !

Nos trois instances cérébrales sont en lien avec l'hippocampe, notre centrale de mise en mémoire. Le plaisir imprime la mémoire et la mémoire est d'autant plus imprimable qu'il y a du plaisir : on se souvient mieux d'une main venue se poser sur la nôtre que d'avoir bu une menthe à l'eau. La dopamine et la mémoire interagissent pour le meilleur. La dopamine est un peu l'encre du tampon-souvenir, qui va aller se plaquer plus ou moins éternellement sur le papier des archives de l'hippocampe. Quand on éprouvera à nouveau du plaisir et qu'on percevra comme par transparence le plaisir passé, le plaisir actuel s'en trouvera décuplé, du moins jusqu'à

1. Bush G., Vogt B. A., Holmes J., Dale A. M., Greve D., Jenike M. A. et Rosen B. R., « Dorsal anterior cingulate cortex : a role in reward-based decision making », *Proceedings of the National Academy of Sciences of the United States of America*, 99, 2002, pp. 523-528 ; Bechara A., Damasio H. et Damasio A. R., « Emotion, decision making and the orbitofrontal cortex », *Cerebral Cortex*, 2000, pp. 295-307.

2. Fisher H. E., Aron A., Mashek D., LI, H. et Brown L. L., « Defining the brain systems of lust, romantic attraction, and attachment », *Archives of Sexual Behavior*, 31, 2002, pp. 413-419.

un certain point. Si l'autre nous a fait du mal et qu'on s'en souvient, un bon plaisir est toujours susceptible d'effacer un mauvais souvenir : on commence à entrevoir là bien des ennuis !

Les degrés de notre plaisir s'expliquent en partie par notre paysage cérébral. Prenons l'exemple de l'être cher qui nous caresse. L'archéocortex perçoit la sensation de la main : « C'est agréable, une main qui vous caresse. » Le paléocortex éprouve l'émotion de la main d'Héloïse en particulier (ou d'Abélard) : « C'est agréable la main de quelqu'un que j'aime bien » et : « Je me souviens que je l'aime bien », me dit mon hippocampe. Le néocortex surenchérit : « C'est la main d'Héloïse (ou d'Abélard) que j'aime tellement et avec qui j'ai dîné aux chandelles la semaine dernière. » Il peut même ajouter : « Dommage qu'elle (il) en ait déjà un(e) autre dans sa vie, mais ce n'est pas grave, notre amour sera plus fort. » Car l'intelligence a ses limites, qui sont en réalité une capacité à aller divaguer au-delà des limites. L'hypothalamus, qui analyse nos états intérieurs en tenant compte de tous les paramètres, extrêmement stimulé par la configuration de la scène, envoie des ordres à l'hypophyse, notre réservoir à hormones, qui se met à fonctionner à plein régime. Grande joie, effusion, plaisir fou, orgasme, recommencement : telle est la suite fabuleuse... si tout fonctionne bien.

Pour jouir très fort, il ne faut pas s'en empêcher

Il y a des catalyseurs du plaisir et ils ne tiennent pas tous à une mécanique biologique des fluides. Le plaisir ne se borne pas à une somme de sensations qui s'additionneraient mathématiquement. La dépendance serait certainement moindre s'il ne s'agissait, si l'on peut dire, que de cela. La mémoire du plaisir passé, les fantasmes, la configuration de l'histoire font varier le plaisir du tout au presque rien, en augmentant (ou en diminuant) son potentiel qui s'origine dans la puissance du désir. Or on ne peut désirer très fort qu'en s'autorisant la grande aventure du plaisir.

Avant que le plaisir ne commence (car ensuite c'est plus difficile), on peut se défendre du plaisir. Mille peurs hantent communément les partenaires : la peur de l'intimité, d'être nu sous le regard de l'autre, d'être jugé sur son physique, sur ses prouesses sexuelles, ou plutôt sur leur absence, d'être dominé, trahi, rejeté, abandonné, humilié, etc. L'image que l'on a de soi prend une importance considérable au seuil du lit, pour transformer ceux qui ont une relative confiance en eux en amants passionnés et les autres en amants inquiets et maladroits. Même sans avoir été abîmé par le passé, on sait d'expérience que la mise à nu dans l'amour n'est pas seulement physique. On peut lire symboliquement dans une étreinte les qualités morales de l'autre, son égoïsme, sa générosité, son inertie ou sa fougue, son tempérament directif ou passif. Dans son regard, et pour ainsi dire dans les veines de tout son corps et non seulement de sa main, on peut lire des messages, entrevoir qui nous sommes pour lui ou elle, qui nous serons ou, pis, qui nous avons été. On peut craindre, tout bêtement, de méconnaître le corps de l'autre et de ne pas lui donner tout le plaisir voulu. On peut aussi redouter le plaisir parce qu'on imagine la dépendance possible et qu'on ne souhaite pas s'attacher. Finalement, toutes ces peurs ne sont pas illégitimes et sont parfois même fondées. Mais la jouissance, c'est la peur maîtrisée, « rangée » dans la « bonne case », une préoccupation naturelle qu'on ne doit pas laisser occuper le devant de la scène qui invite au plaisir.

Les terrifiés du plaisir existent, et cette hantise peut conditionner une vie : on peut volontairement se tenir à l'abri du plaisir, sans pour autant avoir été traumatisé. Certaines femmes rapportent très clairement redouter le bon amant par peur de perdre la tête ; des hommes racontent fuir la bonne maîtresse par peur d'y laisser leur peau. Pour ceux-là, de façon très paradoxale, le plaisir peut être facteur de détachement et de méfiance. Certains schémas classiques restent ainsi en cours : la femme craintive fait un mariage bourgeois mais prend un amant ; l'homme épouse une « sainte » mais prend une maîtresse experte, avec cette idée confuse que la jouissance extrême doit se cantonner dans le domaine de l'extraconjugal. Les pesanteurs de certaines cultures, mais aussi, et peut-être surtout, les liens noués avec la mère et la représentation de l'amour entre nos parents mènent aux clivages traditionnels entre la « maman » et la « putain » ou à la dissociation des rôles de « mari sécurisant » et d'« amant enflammé ». Le refus de jouir est plus fréquent chez les femmes, longtemps culpabilisées sur leur plaisir. L'épouse désirante a longtemps agité le fantôme de la traîtrise aux yeux de son propre époux, quand, finalement, il aurait pu s'estimer heureux. La difficulté de jouir, voire l'impossibilité, vient d'une mauvaise organisation du paysage cérébral : pour « tomber dans l'Autre », il faut sortir de soi.

Savoir débrancher

Nous avons beau avoir pour cerveau une belle mécanique nous rendant capables d'infinies intensités de plaisir, les rouages ne sont ni statiques ni maîtrisables : ce sont les souvenirs, les émotions, les sentiments. Ils enrichissent le plaisir à condition que le cerveau ait su faire un tri.

Le fonctionnement cérébral se modifie dès l'enclenchement de l'acte sexuel[1] – un changement nécessaire.

Quand deux partenaires commencent à faire l'amour, cer-

---

1. Phillips A. G., Blaha C. O. et Fibiger N. C., « Dopamine release in the nucleus accumbens and sexual behavior in male rats », in *Behavioral Pharmacological Clinical Neurosciences*, Londres, Academic Press, 1989.

taines zones du cerveau se désactivent au profit d'autres qui s'activent[1] (*cf.* cahier photos). Le cortex préfrontal qui correspond à la coordination et à l'organisation de l'action n'est pas débranché. C'est lui qui permet de calculer qu'il va falloir se déshabiller et aller dans la chambre avant de faire l'amour si l'on ne veut pas se donner en spectacle aux voisins dans le jardin. Nous ne devenons donc pas subitement désarmés cérébralement... mais un peu tout de même, car c'est nécessaire. Ainsi, les aires associatives qui correspondent aux pensées annexes (la banque, le plombier, les angoisses) se débranchent.

Grâce aux techniques d'imagerie médicale, on a pu visualiser, chez des hommes en proie au désir, une désactivation des zones correspondant aux préoccupations du quotidien ou du psychisme, tandis que les hommes qui avaient peu de désir avaient les aires associatives toujours branchées, autrement dit, ils continuaient à penser[2]. C'est normalement l'entrée dans le plaisir qui provoque ce *switch*, un genre d'interrupteur qui illumine soudain l'organisme de plaisir et de désir, et parallèlement laisse dans le noir les pensées parasites.

Le *switch*, tombé à propos, va permettre d'aller plus loin, si l'on peut dire, car l'humain ne chemine alors plus sur sa pente la plus conceptuelle, mais sur la plus érogène. Cas d'école : on commence à s'embrasser dans le jardin. Vient un moment dans le désir du plaisir où il est beaucoup trop tard pour regagner la chambre : on poursuit tout habillé en s'en remettant à sa bonne étoile pour que les voisins ne pas-

1. Bancroft J., « Central inhibition of sexual response in the male : a theorical perspective », *Neuroscience and Biobehavioral Reviews*, 23, 1999, pp. 763-784.

2. Stoleru S., Redoute J., Costes N., Lavenne F., Le Bars D., Dechaud H., Forest M. G., Cinotti L. et Pujol J. F., « Brain processing of visual sexual stimuli in men with hypoactive sexual desire disorder », *Psychiatry Research : Neuroimaging*, 124, 2003, pp. 67-86.

sent pas par là. On a beau trouver cela stupide, l'analyse logique a perdu le pouvoir d'interrompre l'élan. Il existe une lancée du plaisir, un seuil d'envahissement des sensations à partir duquel on ne peut plus envisager de retourner en arrière, de suspendre l'acte, et de ne pas, à court terme, parvenir à l'orgasme. Ce seuil est précédé d'une poignée de secondes d'affolement (relatif !) où l'humain, encore lucide, perçoit clairement qu'il perd le contrôle. Et adore ça. Les zones d'analyse sont aussi celles de la vigilance, et c'est dans ces états d'ivresse naturelle que nous devenons les plus vulnérables, tels les animaux qui ne sont jamais de meilleures proies pour leurs prédateurs que surpris en pleins ébats. Sans cet abandon pourtant, pas de plaisir, ou un plaisir difficile.

Zones sinistrées du cerveau : la difficulté de jouir

Une pensée parasite dans le néocortex, une mauvaise image de soi, une représentation de la sexualité comme sale, du plaisir comme tabou, un « déstockage » d'informations désagréables par la mémoire, et le plaisir ne vient pas ou, pis, le désir s'enfuit.

La difficulté à atteindre l'orgasme est mortifiante pour les deux sexes. Les hommes sont rarement concernés parce que leur orgasme est plus mécanique – « plus » ne veut pas dire « tout à fait » – et ils se plaignent plus volontiers d'éjaculation précoce que tardive, autrement dit, d'un trop-plein de désir et de plaisir. Les inhibitions qui rendent la jouissance difficile sont plus souvent le fléau des femmes, et c'est d'une insuffisance de désir et, par extension, de l'absence de plaisir qu'elles se plaignent.

Les contrariétés des uns et des autres viennent en miroir du circuit prioritairement activé selon les sexes : l'évitement pour les unes, le plaisir pour les autres. Le partenaire masculin s'émeut de cette « peine à jouir » féminine, alors qu'à l'inverse les femmes peuvent trouver leur compte dans l'éjaculation masculine tardive, du moment qu'il y a érection. Pourtant, ces difficultés féminines peuvent être liées à une programmation culturelle précoce qui ne facilite pas l'expression de leur désir, à des expériences malheureuses et maladroites d'anciens partenaires, ou encore, plus tragiquement, à des antécédents de viol, d'inceste, et plus couramment d'incidents de l'ordre de l'agression qui peuvent porter à conséquence (gestes déplacés, baisers volés, etc.). Avec un peu de chance, celles et ceux qui ont vraiment été abîmés par le passé vont rencontrer la main de celui ou de celle qui saura les guider et ne pas leur imposer des relations humiliantes, aussi bien parce qu'il (elle) saura porter sur eux un regard tendre et confiant, que parce qu'il (elle) saura les réconcilier avec le plaisir, qui est, normalement, source d'une joie réciproque et consentie.

Petites fantaisies ou grands fantasmes : les zones sexuelles tertiaires

Un fantasme, du grec *phantasmos*, est, étymologiquement, une « vision, un songe, une image offerte à l'esprit, un spectre, un fantôme ». Selon l'acception tout ambiguë du mot, on fait du fantasme ce que l'on veut. Certains entendent et tiennent à garder l'acception de fantôme, affirmant qu'un fantasme est fait pour rester de l'ordre du rêve. D'autres y voient une représentation imaginaire à laquelle nous sommes libres de donner une réalité. Nous ne trancherons pas cet éternel débat. Peu importe. Ce qui est certain, c'est que tous les humains possèdent une zone sexuelle tertiaire, un réservoir à excitation supplémentaire. Cette boîte à désir, alimentée depuis notre naissance et en continu jusqu'à notre mort, contient des images et des pensées qui se révèlent au moins aussi efficaces pour nous faire désirer et jouir que les caresses, si ce n'est davantage.

Cette faculté que nous avons de voyager avec notre imagination est le propre de l'humain : le chien n'a pas de fantasmes. Certains humains affirment ne pas en avoir non plus ; il faudrait être en eux pour valider une déclaration aussi surprenante, mais diverses inhibitions peuvent, il est vrai, inciter à chasser les fantasmes de l'esprit. Il ne faut pas non plus négliger la proportion de ceux qui marquent une coupure volontaire entre le fantasme et le partenaire habituel. L'image de la Mère perçue comme immaculée ou de l'Épouse statufiée dans la respectabilité pousse certains hommes à rechercher leur plaisir ailleurs – ou, du moins, cette dimension du plaisir avec laquelle ils se sentent mal à l'aise.

Une partie de l'humanité, enfin, qui n'en est pas moins épanouie pour autant, vibre pour d'autres champs de plaisir aussi infinis, animée par le fantasme de faire une grande découverte mathématique ou de réaliser une œuvre éternelle. Ces fantasmes intellectuels peuvent toutefois s'accorder fort bien avec la conception de fantasmes sexuels dans un élan tentaculaire et universel. C'est ce qu'on appelle avoir beaucoup de *conatus* !

La fonction universelle du fantasme est de conférer à l'autre une part supplémentaire de mystère en révélant son altérité, une part de lui inconnue jusqu'alors : on n'aurait jamais imaginé qu'il « en rêvait », « le faisait », « le pensait », « aimerait le faire aussi ». Le fantasme, même non réalisé et réduit au silence, invite à envisager mille facettes inconnues de l'autre qui sont autant d'encouragements à explorer de nouveaux champs de plaisir. On y va plus ou moins volontiers, mais rares sont les partenaires au long cours qui s'en tiennent à l'*hic et nunc* sans jamais chercher. C'est le fantasme – toutes ces images et ces pensées que l'on projette sur l'autre – qui nous pousse à le noyer de plaisir, pour nous rendre unique à ses yeux[1]. Car notre premier fantasme, et comment échapper à ce désir, c'est de devenir le fantasme de l'autre.

Réciproquement, le fantasme qui nous habite le plus est élémentaire : revoir pour la énième fois la poitrine de l'autre ou poser sa tête pour la énième fois sur son torse velu, faire avec lui ce que nous avons déjà fait ensemble, et autres « banalités » qui tiennent à notre insatiabilité de lui. Que l'autre reste un fantasme, ce qu'il est par définition puisqu'on ne le possédera jamais totalement, c'est le destin que l'on peut souhaiter à tous les couples ! C'est autant la volonté de donner – ou de prêter – à l'autre l'extrême du plaisir que de l'éprouver nous-même qui nourrit les fantasmes.

Certains fantasmes sont assez communément partagés, au point d'être passés dans le domaine de la pratique courante, notamment ceux simplement liés à la constitution du corps, probablement à l'œuvre dans tous les peuples du monde. Les délicieux stimuli comme la fellation, le cunnilingus ou la masturbation réciproque, pour ne citer que les évidences, sont probablement des facteurs d'excitation universels si les inhibitions n'interdisent pas d'y prendre du plaisir. C'est l'image aperçue ou imaginée, autant que le plaisir perçu, qui décuple le plaisir lors de la fellation ou du cunnilingus. De même dans la position dite de la « levrette », où l'homme voit mieux que jamais son sexe pénétrer celui de la femme. On peut encore évoquer la vue des corps emboîtés qui excite les deux partenaires, et plus encore depuis l'invention du miroir, l'un regardant l'autre le regarder, etc.[2].

Certains fantasmes sont de nature socioculturelle, faire l'amour en porte-jarretelles par exemple. Il est probable que le succès d'une lingerie fine serait relatif chez les Papous !

---

1. Alberoni F., *L'Érotisme*, Paris, Ramsay, 1987, p. 233.
2. Spira A., *Les Comportements sexuels en France*, Paris, La Documentation française, 1993.

Certains ont leur origine dans l'enfance, comme cet appétit particulièrement masculin de vouloir voir ce qu'il est défendu de voir (« enfant déjà, il regardait sous les jupes des filles »), d'où une extrême sensibilité aux décolletés et autres jeux de clair-obscur. Mais les deux sexes s'accordent sur l'intérêt d'une délicate indécence, au départ pas vraiment programmée, telle cette fameuse folie qui consiste à faire l'amour dans le jardin. C'est parce que nous ne sommes pas des animaux, parce que nous gardons conscience de conventions socioculturelles, que le « grand frisson » peut multiplier nos émois, l'équivalent en noradrénaline de la pincée de cannelle dans un breuvage déjà enivrant de dopamine-lulibérine-ocytocine-opioïdes. Le néocortex étant bien débranché, on peut varier indéfiniment les sources d'excitation : nous jouissons avec d'autant plus de variantes que nous ne sommes pas des bêtes...

Tout ce qui peut inhiber le plaisir chez certains, ou dans certaines circonstances, peut venir l'enrichir chez d'autres, et certaines pratiques sexuelles suscitent des réactions qui vont de la franche excitation au franc dégoût. La sodomie passe aux yeux de ceux qui ne rejettent pas cette pratique pour être la possession la plus intime qui soit, appréciée pour la sensation et/ou les images qu'elle véhicule : la confiance amoureuse absolue qu'elle suppose chez l'un, du moins en général, et à laquelle l'autre ne se trompe pas. Certains fantasmes jouent sur un mélange d'envie et de curiosité teinté de jalousie, la masturbation sous les yeux du partenaire par exemple. Elle rappelle, s'il était besoin, que l'autre peut prendre du plaisir sans nous, et cette inquiétante liberté de jouissance ne fait que rendre sa présence près de nous plus précieuse.

Beaucoup de pensées sont convoquées dans l'acte sexuel pour maintenir le désir, et certains flirtent avec les limites de notre morale ou de notre confort psychique : on imagine l'autre faire l'amour avec un(e) autre, en faire jouir un(e) autre, etc. Dans cette dernière configuration, le fantasme n'est pas en nécessaire correspondance avec la réalité et l'irruption d'une tromperie réelle peut plus vraisemblablement produire l'effet inverse (quoique... nous y reviendrons !). La quantité de fantasmes et la capacité que nous avons à les entendre ou non sont très liées à notre apprentissage infantile de la sexualité, selon ce que l'on nous a autorisé à penser du corps, à vivre avec notre corps. Ils sont aussi liés à ce que nous en avons appris, entendu ou expérimenté depuis. Tout acte sexuel mobilise notre imaginaire comme notre mémoire, au point que la représentation cérébrale du corps et du sexe donne aussi la possibilité de jouir par la seule mobilisation du cerveau (expériences tantriques, jouissance des grands mystiques).

Tordus mais pas pervers : nuance !

Il nous arrive, à certains d'entre nous du moins, de nous demander si nous ne serions pas un peu tordus. La réponse est... oui – tordus, certes, mais pas pervers ! Et tordus car humains. Des configurations fantasmatiques nous troublent parfois plus que d'autres et nous font entrer dans des recoins de notre esprit que nous considérons comme plus ou moins maudits. Imaginer – et peu importe encore qu'on passe à l'acte ou non – l'autre avec un autre, faire l'amour à trois, ou davantage, se sentir excité par des scènes sexuelles à la télévision, apprécier les films pornographiques, seul ou à deux, rêver du coup de foudre sexuel dans un parking, d'attacher les poignets de l'autre et de lui bander les yeux, d'avoir recours à des godemichés, aimer un léger exhibitionnisme (le jardin avec le voisin !), ou un léger voyeurisme (être excité en entendant les voisins) : sentir monter en nous cette excitation jugée « pas normale », cela peut nous agacer ou nous choquer.

Ces pensées « anormales » sont précisément celles que l'on retrouve dans les enquêtes sur la vie sexuelle des Français[1] ou dans le passage aux aveux plus ou moins poussifs de nos amis – ce qui finit déjà par dessiner une norme ! Le partage possible de fantasmes avec un autre individu pleinement consentant implique qu'il ne s'agit pas d'un désir pervers. Nous concevons ce facteur d'excitation comme la cerise sur le gâteau, mais personne n'irait jusqu'à tuer pour le réaliser, et nous sommes capables de passer une vie sans.

Même ceux qui disent ne nourrir aucun fantasme perçoivent instinctivement, pour prendre l'exemple le plus courant, ce qu'il y a de bestial dans l'acte sexuel (une pénétration n'est pas anodine), et plus encore lors de l'emballement du plaisir. Un homme peut se sentir troublé par sa propre envie de laisser sa violence se déchaîner, non *contre*, mais *avec* sa partenaire. On a appris aux hommes, heureusement, à réprimer leur violence, mais on l'a fait suffisamment mal pour qu'ils s'en sentent, à tort, coupables dans certaines circonstances. Or, au moment où un désir de violence effleure un homme, de quoi rêve la femme de son côté ? Le plus souvent de la même chose ! Car il est vraisemblable que si le partenaire masculin en est arrivé là le rythme de l'étreinte n'était pas à la lenteur. Si les inhibitions ne freinent pas les deux partenaires, on peut en arriver à des dialogues aussi choquants à froid que « défonce-moi/je vais te défoncer » – ce qui ne fait pas honneur au cortex mais souvent aux corps des deux partenaires ! Les aires associatives sont bien débranchées : c'est l'heure de la polarisation sur le plaisir, découplé du jugement intellectuel. La preuve de la normalité de cet état d'excitation intense est que jamais ou presque l'un n'éprouve l'envie de le faire et/ou de le dire si l'autre n'est pas sur la même longueur

1. Spira A., *Les Comportements sexuels en France*, *op. cit.*

d'onde. Quand il y a communion des esprits, pensées, mots, actes tordus ou pas, on peut considérer que l'on se tient dans la norme, même si chacun a la sienne et qu'il est rare de débattre entre amis de ces multiples et merveilleux délits dont nous nous rendons... innocents.

4

Hypersexualité de l'addict ou sexualité du pervers : deux extrêmes

Qu'est-ce qui sépare l'homme éternellement infidèle, une femme qui accumule les rencontres d'une nuit ou un couple qui fait l'amour dix fois par jour des hypersexuels addicts ou des pervers ? Tout ! À savoir l'Autre !

L'addiction sexuelle : une hypersexualité aveugle

Dès 1886, Richard von Krafft-Ebing, un médecin allemand, décrivait l'hypersexualité, appelée aussi « hyperesthésie sexuelle »[1]. En 1983, Patrick Carnes[2], un chercheur américain, allait plus loin : il en définissait le caractère parfois proprement addictif en reprenant les critères couramment utilisés pour repérer les dépendances. Certains cas d'hypersexualité entraînent, à terme, les mêmes conséquences que toute addiction : le sacrifice du travail, du couple, de la sécurité matérielle, voire une mauvaise adaptation du sujet à la société. On

1. Krafft-Ebing R. von, *Psychopathia sexualis*, Paris, Pocket, 3 vol., 1999.
2. Adès J., « L'addiction sexuelle est-elle un mythe ? », *Dépendances*, 4,2,1, 1992.

peut repérer l'addiction sexuelle à partir du moment où les mécanismes de retour à l'état normal dans le domaine du plaisir ne fonctionnent plus. En conséquence, le manque est permanent.

L'addict sexuel est sans cesse traversé par des pensées sexuelles envahissantes, animé d'un besoin impérieux de les réaliser. Son seuil de satisfaction est impossible à atteindre, voire recule de plus en plus. Non seulement il est avide de nouveauté et d'expériences incessantes, mais, en plus, cette envie a un caractère impérieux, au point de rendre difficiles les liens d'attachement. Le phénomène entraîne une souffrance telle qu'elle a motivé l'ouverture de cliniques de soins aux États-Unis, connues grâce aux aveux courageux de certaines personnalités, comme Michael Douglas, qui y a séjourné.

Comme tous les dépendants, l'addict sexuel souffre d'une forme d'aliénation mentale, dont les causes sont exceptionnellement physiologiques (excès de testostérone). Pour la plupart, il s'agit de sujets décrits comme des « états limite ». L'hypersexualité représente pour eux un moyen de gérer l'angoisse, ce qui est paradoxal seulement en apparence. On a ainsi mis en évidence chez le bonobo une hypersexualité après le stress lié à la perte d'un petit [1], mais on a également noté cette tendance chez l'humain dans des périodes de deuil. Il s'agit alors d'une sexualité tendre, rassurante, sans joie et même souvent teintée d'une infinie tristesse. La stimulation intense du circuit de plaisir permet en effet d'apaiser la charge affective.

La codépendance est fréquente dans l'addiction sexuelle, le produit consommé dépendant souvent du milieu d'origine : traditionnellement l'alcool pour les écrivains, la cocaïne pour

1. Vincent J.-D., *Le Cœur des autres*, *op. cit.*

les stars du show-business, les poppers relayés par l'ecstasy pour les gays.

L'emballement sexuel que l'on a tous connu reste toujours couplé à l'objet d'amour ou de désir. Cette hypersexualité, le plus souvent provisoire, est un renforcement normal du plaisir par le plaisir. L'hypersexualité aveugle est au contraire un emballement du plaisir dont l'objet est indifférent[1] : la masturbation compulsive passé l'adolescence, la recherche à tout prix de plusieurs partenaires, la répétition d'actes sexuels détachés de toute réelle relation à l'autre, la sexualité payante. Le fantasme de la prostituée étant répandu, quoique actuellement moins prégnant chez les jeunes, il est bon d'en dire un mot.

Sans porter un jugement moral sur un phénomène vieux comme le monde, et qui fait débat depuis un demi-siècle, force est de constater que le postulat de départ du client est de nier la relation : le plus souvent, celui-ci se préoccupe assez peu des états d'âme de sa partenaire et des raisons qui l'ont poussée à vendre son corps. Les arguments sont purement et simplement balayés. Si elle aimait « ça », argument machiste étayé par le fantasme de la femme nymphomane, il ne s'agirait plus de service, mais de plaisir, et ce serait gratuit. Le besoin d'argent qui encourage la prostituée à en arriver à de telles extrémités donne à quelques clients l'illusion de rendre service, voire de faire œuvre sociale, mais il entérine aussi la fatalité de la misère sociale, de la drogue, de l'immigration clandestine et des filières de souteneurs en provenance d'Europe de l'Est notamment. Il faut aussi se souvenir, et c'est ce qui devrait perturber, que la condition préalable à la prostitution est que 90 % des femmes qui la pratiquent ont

1. Villemeyre-Plane M. et Reynaud M., « L'addiction sexuelle : diagnostic déguisé des perversions ? », *Synapse* 177, 2001, pp. 17-24 ; Goodman A., « Sexual addiction : designation and treatment », *J. Sex Marital Ther.* 18, 4, 1992, pp. 303-14.

été violées ou victimes d'abus sexuels dans leur enfance, dont 74 % par un membre de leur famille [1]. Le client fait ainsi son lit, c'est le cas de le dire, sur un traumatisme dont il n'a cure, tout entier tourné vers son propre plaisir qui jugule ses propres douleurs ou ses soucis. Ce type de comportement, sans lien avec l'émotion et essentiellement masculin, est souvent le fait de sujets qui reprennent le contrôle par le biais de la maîtrise sexuelle et trouvent dans la négation de l'autre une réparation narcissique.

L'hypersexualité peut aussi avoir des bases pour ainsi dire « culturelles », ainsi celle d'une petite frange du milieu homosexuel, dans les années 1980 notamment, où le caractère débridé des relations de *backrooms* a été perçu comme une revanche sur la liberté brimée des décennies passées. Mais le rêve de rencontrer l'âme sœur qui mettra fin aux errances continue souvent à habiter ceux qui mènent une sexualité hyperactive et libérée.

L'hypersexualité peut d'ailleurs s'accommoder d'une relation sentimentale. C'est le cas chez quelques stars du porno [2], d'écrivains comme Simenon ou des couples échangistes qui mènent de front vie conjugale suivie et sexualité parallèle occasionnelle. Ces comportements particuliers se différencient toutefois de l'addiction sexuelle à proprement parler, qui se caractérise par l'impossibilité de se passer de sexe, malgré les conséquences néfastes sur la vie quotidienne, conjugale, voire sociale.

---

1. Giobbe E., Harrigan M., Ryan J. et Gamache D., *Prostitution : A Matter of Violence against Women*, Whisper, Minneapolis, 1990. Karli P., *Les Racines de la violence, réflexions d'un neurobiologiste*, Odile Jacob, 2002.
2. Ceray A., *Du lit au divan*, Paris, La Table ronde.

Le sadomasochisme : une déviation particulière du plaisir

Le sadomasochisme avec passage à l'acte, habituel, au-delà des petits jeux conjugaux, ne peut être classé dans les fantasmes ordinaires, puisqu'il ne fait pas partie de ceux de la majorité de la population et qu'il est parfois assorti d'addiction sexuelle [1]. Certains adeptes n'envisagent l'acte sexuel que dans ce cadre, à l'exclusion de tout autre. Pourtant, il est souvent vécu avec un partenaire particulier, dans une relation « maître-esclave » soumise à des règles et à des codes qui reposent sur des accords réciproques très liés à l'identité de chaque partenaire, et souvent assortis d'une forte notion d'exclusivité ou de fidélité sexuelles. Si, socialement, ce plaisir n'est guère « homologué », on peut en faire une approche biologique.

Le circuit du plaisir et celui de la souffrance interagissent comme des vases communicants. Selon le principe des processus opposants, le plaisir succède à la douleur à proportion, comme l'ont mis en évidence plusieurs expériences [2]. On a ainsi décrit le comportement troublant du chien pendu cruellement par les pattes avant d'être relâché. La pendaison lui fait fabriquer des endorphines pour se défendre de la douleur. Lorsqu'on le détache, le soulagement entraîne une hypersécrétion d'endorphines telle que le chien manifeste son plaisir [3]. Chez la plupart des gens, la souffrance est refusée et rejetée, aussi bien instinctivement que par apprentissage culturel, social, familial. Mais on a très bien repéré que chez certains

1. McDougall J., « De la sexualité addictive », *Psychiatrie française*, n° spéc. 1991, pp. 29-51.

2. Vincent J.-D., *La Chair et le diable*, Paris, Odile Jacob.

3. Solomon R. L., « The opponent-process theory of acquired motivation : the coast of pleasure and the benefits of pain », *American Psychologist*, 35, 1980, pp. 691-712.

sujets dont l'enfance a été massacrée, ou encore chez certains toxicomanes, la seule sensation susceptible de provoquer un apaisement est la sensation douloureuse, ce qui explique que les comportements d'automutilation ne sont pas rares. La souffrance, biologiquement, peut faire jouir, même si l'idée est à tous égards dérangeante. Le sadomasochisme érigé en pratique sexuelle a bien sûr d'autres soubassements, d'ordre intellectuel notamment, avec une recherche discutable sur les limites de la liberté humaine, ou d'ordre sentimental. Sacher-Masoch lui-même aimait beaucoup sa femme ; c'est même par des jeux conjugaux que tout a commencé ! Catherine Robbe-Grillet, écrivain et épouse d'Alain Robbe-Grillet, s'est longuement expliquée sur l'intérêt qu'elle porte aux univers sadomasochistes et ne s'est jamais cachée d'être une adepte convaincue des soirées s.m.

La perversion sexuelle

La plupart des comportements d'hypersexualité ou d'addiction ne tiennent pas compte de l'identité du partenaire, mais ne visent pas pour autant à sa destruction. Ce qui caractérise la perversion, au contraire, est une relation à autrui où prédomine la volonté destructrice, condition absolue du plaisir [1]. Le plaisir n'est pourtant pas le moteur principal des pervers, et quelques-uns d'entre eux se signalent même par une sexualité infantile, voire inexistante en dehors de leurs actes criminels (c'est le cas, par exemple, de Francis Heaulme, le tueur en série français, pratiquement impuissant). L'excitation des violeurs ou des pédophiles tient à la transformation de l'autre en objet manipulable, au point que le pédophile

1. Négrier-Dormont L. et Nossintchouk R., *Tueurs en série*, Paris, Flammarion, coll. « Dominos », 2001.

jouit du fait que cet autre ne comprend pas, à la toute-puissance qu'il en tire et à la terreur qu'il inspire[1]. On retrouve dans tout comportement pervers la triade « déni-défi-délit[2] » : déni de l'altérité et de la différence (des sexes, des âges, etc.) ; défi d'être plus fort que les imagos paternelle et maternelle ; délit dans l'acte sexuel. Le père incarne naturellement la Loi, bafouée dans l'acte, la mère la fonction protectrice, bafouée également. L'histoire familiale des pervers révèle souvent des origines où ni l'un ni l'autre des rôles n'a été rempli, ou, plus tragiquement, où ils l'ont été à contresens. La plupart des pervers ont été sadisés et reprennent la maîtrise de leur souffrance en la faisant subir à d'autres, dépassant leur statut d'anciennes victimes dans le fait de devenir à leur tour bourreaux. Chez beaucoup, le scénario est monomorphe, toujours le même, avec rituel d'enlèvement, actes de barbarie ou mises en scène macabres. On constate le plus souvent des dates de passage à l'acte qui tendent à se rapprocher de plus en plus au fil du temps, ce qui traduit vraisemblablement l'emballement du circuit de plaisir et explique que leurs auteurs finissent, dans la majorité des cas, par se faire prendre. Pierre Karli[3], un physiologiste français, est l'un des rares chercheurs à avoir pris en compte la grande proximité chez l'homme du désir de conquête et de celui d'agression. Il a notamment mis en évidence que sexualité et violence avaient une tendance naturelle à emprunter les mêmes voies neurologiques, ce qui explique certains comportements sexuels délictueux proprement masculins.

---

1. Zagury D., « Entre psychose et perversion narcissique. Une clinique de l'horreur : les tueurs en série », *L'Évolution psychiatrique*, 61, I, 1996, pp. 87-112.

2. Villemeyre-Plane M. et Reynaud M., « L'addiction sexuelle : diagnostic déguisé des perversions ? », *art. cité*.

3. Karli P., *Les Racines de la violence, réflexions d'un neurobiologiste, op. cit.*

Troisième partie

LA PHASE PASSIONNELLE

1

Le corps en otage... et la vie aussi

Le philtre d'amour : biologie de la passion

La phase passionnelle est celle où l'on fait l'amour sans arrêt, en absorbant ainsi incessamment le philtre d'amour dont nous rappelons la recette : trois doigts de lulibérine (le désir immédiat), un trait de testostérone (hormone du désir sexuel), quatre doigts de dopamine (sensation de désir et de plaisir), une pincée d'endorphines (le bain de bien-être *post coïtum*), et un peu de sirop d'ocytocine (hormone de l'orgasme). Si tout le monde n'a pas, semble-t-il, connu cette période d'emballement sexuel, qu'il reste sans suite ou serve de prélude à un attachement plus durable, les données scientifiques semblent montrer que nous sommes tous programmés pour cela.

La biologie n'est pas seule à nous bouleverser, car, dans la passion, tous les circuits sont entraînés vers la jouissance, le cortex préfrontal lui-même étant suractivé, comme le révèle l'imagerie médicale du bonheur. On voit la même excitation de cette aire cérébrale que dans la dépendance aux produits [1].

1. Goldstein R. Z. et Volkow N. D., « Drug addiction and its underlying neurobiological basis : neuroimaging evidence for the involvement of frontal cortex », *Am J. Psychiatry*, 24 (2), 2002, pp. 97-129.

Penser à l'autre embrase. Manquer de l'autre fait « crever d'envie de lui », une expression populaire judicieuse si l'on se réfère au mot anglais qui qualifie l'envie irrépressible de consommer de la drogue : le *craving*. Retrouver l'autre inonde de plaisir, « comme jamais », à proportion du manque qui a précédé. Satisfaction. Nouveau manque. Retrouvailles. Et ainsi de suite.

Freud, dont l'esprit frondeur défiait le balbutiement scientifique de l'époque en matière de biologie amoureuse, écrivait clairement dans une lettre à Karl Abraham : « Le philtre de Soma [*un breuvage amoureux*] soutient certainement l'intuition la plus importante, à savoir que tous nos breuvages enivrants et nos alcaloïdes excitants ne sont que le substitut de la toxine unique, encore à rechercher, de ce que l'ivresse de l'amour produit. » Dès 1908, Freud envisageait donc, sans le savoir, l'existence du débit de dopamine, lui qui fut précisément consommateur de cocaïne, la substance qui stimule directement le débit de dopamine sans passer par des récepteurs spécifiques. Il entretenait par ailleurs avec ses patientes et ses disciples des relations marquées par la séduction et savait stimuler son énergie dopaminergique par ses travaux intellectuels incessants, ce qui prouve qu'il ne dédaignait pas les stimulations naturelles et (à peu près) inoffensives propres au genre humain.

Nous avons tous un terrain plus ou moins propice à l'épanouissement des germes de la passion. Certains aiment à la folie dix fois dans leur vie, d'autres une seule, et d'autres encore ne voient pas très bien de quel phénomène il peut s'agir. On peut soupçonner toutefois la mauvaise foi, un goût prononcé du secret, ou que la dernière catégorie ne recouvre qu'une minorité. Les recherches anthropologiques disent assez à quel point le phénomène est naturel, plus que culturel, et répandu sur toute la surface du globe.

Helen Fisher[1] écrit : « Même les populations qui nient posséder le concept [...] d'énamourement n'agissent pas autrement. Les Mangaians de la Polynésie n'attachent pas grande importance à ceux qui sont leurs partenaires sexuels, mais il arrive qu'un garçon à qui on ne permet pas d'épouser la fille qu'il aime se suicide par désespoir. [...] Histoires d'amour, mythes, légendes, poésie, chansons, manuels, philtres d'amour, amulettes, querelles d'amoureux, rendez-vous, fuites et suicides font partie de la vie dans les sociétés traditionnelles du monde entier. »

Dans une recherche menée sur cent soixante-huit cultures, les anthropologues William Jankoviak et Edward Fisher[2] réussirent à découvrir des preuves directes de la passion amoureuse dans 87 % de populations extrêmement diverses.

Description de la phase d'exaltation amoureuse

Voici donc, pour ceux qui ne l'auraient pas vécue ou imaginée, la description d'un sujet ordinaire en phase passionnelle, que celle-ci débouche sur un retour à l'homéostasie, c'est-à-dire à un attachement plus posé avec le même partenaire, ou sur une rupture tragique par overdose ou bien choisie par sagesse. L'issue dramatique n'est pas inéluctable : la phase passionnelle peut être le prélude à la plus belle et à la plus sage des histoires d'amour[3].

Comme chez le dépendant au produit, rien ni personne ne peut arrêter le partenaire passionnel dans sa course vers

1. Fisher H., *Anatomy of Love*, Touchstone, New York, Londres, 1992.

2. Jankoviak W. et Fisher E., « A cross cultural perspective on romantic love », *Ethnology*, 31 (2), 1992, pp. 149-155.

3. Alberoni F., *Le Choc amoureux : recherches sur l'état naissant de l'amour*, Paris, Ramsay, 1981.

l'autre, et l'emballement des plaisirs de tous ordres l'entraîne dans un épisode d'exaltation assez semblable à celui que l'on peut étiqueter parfois comme maniaque chez certains sujets atteints de troubles psychiatriques.

L'exacerbation des émotions et des sentiments suit en général de près l'exacerbation des sensations, l'accompagne et la renforce. C'est avec le plaisir sexuel que débute en général la folie amoureuse. Perçu comme exceptionnel, le plaisir devient un centre d'intérêt primordial et la répétition des actes sexuels entretient biologiquement un regain d'énergie physique, mais aussi psychique, d'où une sensation de toute-puissance. Le sentiment d'allégresse et d'euphorie va de pair avec l'érection masculine, qui aide l'homme à se sentir triomphant, et avec l'orgasme féminin, qui aide la femme à s'éprouver comme irrésistible objet de désir. La violence du désir enclenche une forme sexuelle athlétique et, en conséquence, un plaisir exceptionnel, qui laisse la sensation d'un « jamais vu-jamais connu ».

C'est l'époque où l'on se sent beau, et où, d'ailleurs, on embellit. Transfiguré par le regard et le désir de l'autre, on prend soin de son apparence, on change radicalement de coupe de cheveux ou de style vestimentaire ; parfois, pour s'assortir à son partenaire, on perd dix kilos, à la fois animé par la volonté d'être impitoyable avec son image et par une inquiétude permanente qui noue l'estomac. Léger(e) comme la vie qui nous apparaît soudain, on éprouve l'impression de marcher sur l'eau, de vivre sous hypnose [1], de traverser les jours et les soucis comme par enchantement. D'ailleurs, dès qu'une ombre se profile au tableau nouvellement rose de l'existence, on la chasse : on saura tout résoudre, pense-t-on, tout empreint d'insouciance juvénile, comme dans un retour

1. Freud S., « État amoureux et hypnose » et « Psychologie collective et analyse du moi », in *Essais de psychanalyse*, Paris, Payot, 1970.

à l'adolescence. Quiconque menace de se dresser en travers de la route du passionnel est évacué sans pitié, au détriment des principes les mieux ancrés : on fait garder les enfants, on envoie un coursier à la pharmacie pour sa mère malade. La conscience professionnelle est émaillée de dérogations, remise du travail à plus tard, course contre la montre, retards, absences et, plus significatif, ces entorses sont assumées, même si l'on prétend culpabiliser. On se trouve de bonnes excuses : « ça n'arrive qu'une fois », « ça n'arrive jamais », « ça faisait si longtemps », etc. Car l'Autre est placé sous le signe de l'Unique : l'histoire qu'on vit avec lui, comme ses qualités et le bonheur qu'il nous donne. Aucun champ de l'existence n'échappe à l'irruption de l'aimé(e) qui teinte tout de son empreinte. Animé(e) d'une force herculéenne, on se lance dans des travaux du même ordre au mépris de son hygiène de vie, on refait sa maison, on ne dort plus, on travaille la nuit pour gagner une demi-journée avec l'autre. L'autre mérite ce qu'il y a de meilleur, de plus fort, de plus beau. On passe sa vie au restaurant, on fréquente les palaces, en cette époque de générosité universelle, qui ne se borne pas à l'aimé(e) mais s'étend à l'humanité, on laisse des pourboires inconsidérés, la monnaie au marchand de journaux, on donne un billet aux mendiants, on aide l'aveugle à traverser la rue. On devient même parfois infiniment plus gentil(le) avec nos proches ! La réalité est transfigurée : il pleut des cordes, mais on se promène tête nue (c'est *Singing in the rain* !), il fait froid à pierre fendre mais on vit en tee-shirt, on se baigne dans l'eau glacée, irradié par un soleil intérieur, celui de l'autre, évidemment. On perd ses plus élémentaires repères, physiologiques comme psychiques, la pudeur disparaît (on s'arrête en pleine rue pour s'embrasser à pleine bouche, on fait l'amour dans la voiture), on développe une forte tendance au mensonge (à ses collègues, à ses amis, voire à sa femme ou à son mari, comme, adolescent, on a menti à ses parents, avec une haine farouche de l'interdicteur s'il nous découvre ou nous empêche). Entre deux rencontres, on se téléphone quatre heures ; on retrouve le goût de l'écriture pour submerger l'autre de lettres ; et, d'une façon générale, on se découvre des habitudes nouvelles, des aptitudes nouvelles ; on s'inonde de textos tendres et coquins, on se maile des kilomètres de lignes qui disent à l'autre tout ce qu'on éprouve pour lui, alors qu'on n'ouvrait jamais son ordinateur auparavant ; et, sans cesse, on fait des projets qui se résument à peu de chose : voyager (au bout du monde ou en week-end), acheter (un cadeau, une maison, des vêtements), organiser (cinéma, concerts, retrouvailles au restaurant), autrement dit, une vie de rentier milliardaire complètement irréelle. Jamais il n'est question de celui qui ira acheter le pain ! Comme tout est organisé dans le sens du merveilleux, sans égard pour aucune réalité, surtout si elle est matérielle, la vie est bien sûr merveilleuse, et le plaisir décuplé. On jouit TRÈS fort. On est TRÈS heureux. Plus dure sera la chute, disent la morale populaire et la biologie. Elle n'est pourtant pas nécessaire.

La phase passionnelle induit des conditions favorables pour servir les plus belles ambitions humaines. L'intensité du sentiment amoureux, la sensation d'avoir le cœur qui éclate sous la pression des émotions que l'autre suscite, la gaieté irraisonnée qui nous envahit à sa pensée, le sentiment de promener un corps réjoui et comme ressuscité sous les mains de l'autre, rajeuni, rendu éternel, même, toutes ces démesures nous encouragent à tout vouloir et à tout pouvoir, intellectuellement, socialement, physiquement. Adolescent ou jeune adulte, ce ne sont que l'espoir, la promesse ou la présence du grand amour qui nous ont fait quitter le nid familial et nous élancer dans la vie. La passion remet l'élan au goût du jour, nous aide à oser construire, y compris l'impossible ou le difficile. Pour faire des enfants, édifier une maison ou partager le même appartement, il faut à proprement parler avoir été fou. Les statistiques dissuadent, les romans promettent le pire, la vie peut nous l'avoir déjà montré. Dans un état cérébral normal, ou homéostatique, jamais nous ne prendrions de tels risques !

Les volontaires occasionnels de la passion

La plupart d'entre nous ne cherchent pas à tout prix et ne fuient pas davantage à toutes jambes la passion, se tenant dans un juste milieu, relativement dans de bonnes dispositions à l'égard de l'amour. Encore faut-il savoir apprécier les sensations et ne pas inhiber ses émotions, science très liée à notre genèse affective. Il peut y avoir une programmation familiale du passionné, et elle a pu s'ancrer en prenant des détours. Le modèle d'amour parental peut être classique, et le don d'exaltation avoir été transmis à travers l'engouement parental pour la musique, le travail ou le jardinage. Ceux qui aiment à la folie sur le plan sentimental se montrent en général capables d'aimer à la folie d'autres objets tout aussi captivants : leur travail, leur discipline sportive, le cinéma ou la littérature. On se montre d'ailleurs d'autant plus capable de vivre une phase passionnelle que le reste de la vie va bien ou pas trop mal et qu'une assise intellectuelle, professionnelle, et paradoxalement familiale pour certains, aide à prendre des risques sans avoir (trop) peur. Un sujet fragilisé par la vie, sans travail, sans amis, sans domicile fixe et tout à fait démuni va chercher des attaches basiques sécurisantes avant d'envisager l'amour tout court, et plus encore les folies passionnelles. C'est tout le problème : pour être très heureux, il faut l'être déjà un peu ! Et se sentir capable de survivre à l'éventuelle phase dépressive qui peut s'ensuivre, à proportion...

Les hermétiques à la passion

Le délire affectif, émotionnel et sexuel peut arriver tout de suite, ou après quelques semaines, mais, chez certains, il n'arrive jamais. Ceux-là ont été éduqués à réprimer ou à fuir l'excès, forts de cet adage sage et plein de vérité : qui jouit très fort peut souffrir très fort. Par ailleurs, la vie a pu forger la même réaction : quand on a beaucoup souffert, sans réparation, on se méfie de la passion.

L'humain dispose d'une capacité relative à ne pas céder à ses désirs ou à les enfouir, à prévenir la résistance nécessaire en fuyant tout simplement le risque. Chacun sent, par intuition, celui ou celle qui peut l'emmener dans la passion et peut choisir de ne pas aller vers ceux qui sont susceptibles de le rendre « fou », y compris fou d'amour. C'est parfois le choix de la maturité, quand on a connu le prix à payer pour la passion – même si, et c'est heureux, la rechute guette ceux qui y ont déjà goûté –, comme si les circuits du plaisir avaient été forcés, les neurones sensibilisés, la mémoire imprimée. On connaît bien cette sensibilisation du terrain après une dépendance aux produits. Une rencontre soudaine peut alors déclencher l'envie irrésistible de retourner à son ancien mode de fonctionnement : « Je m'étais pourtant juré qu'on ne m'y reprendrait pas ! » Il reste cependant probable que certains sujets qui n'ont jamais aimé à la folie n'aimeront jamais à la folie. On peut les envier. Comme les plaindre...

Les volontaristes de la passion

On peut accepter la passion si d'aventure elle se présente, se tenir en retrait, mais aussi s'en faire le fidèle abonné, avec des crues et des décrues qui se succèdent : l'exaltation subite, sorte de coup de foudre, n'a d'égale que la chute, une désillusion brutale et douloureuse. On ne connaissait pas l'autre, et, une fois connu, il nous a déplu. Comme ce qui fait jouir est la puissance du désir, les abonnés à la passion ne font finalement que jouir d'eux-mêmes, avec une considération toute provisoire pour l'autre. L'irruption des particularités de l'objet aimé, qui sont autant de points d'accroche pour l'amoureux ordinaire, met fin au roman. On se montre plus ou moins dupe de l'inanité de ces fougues passagères, et parfois pas dupe du tout.

On peut aussi chercher délibérément les histoires renforcées par la perspective d'une séparation certaine, d'un manque irrémédiable et définitif convenu de part et d'autre. C'est la configuration des passions de vacances, des week-ends volés, des adultères entre deux portes, où les actes sexuels s'enchaînent au mépris de l'heure des repas et du sommeil, et de la vie en général. L'enchaînement désir-plaisir-manque est alors si rapide que le manque est quasiment éradiqué, sans rechute envisagée, la rupture étant prévue par contrat plus ou moins tacite. Le retour à l'homéostasie se fait avec plus ou moins de facilité, mais il reste dans la mémoire un « bon souvenir », ni moins... ni plus.

Les femmes, culturellement programmées pour vivre la passion, éduquées dans l'attente du Prince charmant, sont parfois si impatientes de le rencontrer qu'on peut les qualifier de « prince-charmantomanes ». Il ne faut toutefois pas négliger une petite proportion d'hommes « cendrillonomanes » ! Les unes rêvent d'échapper à un destin perçu comme commun, ou pas assez exceptionnel ; les autres de sauver la fragile créature de dangers ou de misères plutôt imaginaires. Plus ou moins fréquemment, à proportion de la peur du vide qui signe les addicts en général et leur fait préférer prendre quelque chose plutôt que rien, un partenaire vient incarner l'image précoce de l'être idéal. La valorisation sociale de la passion et de l'amour, du couple éternel né d'un regard ou d'un baiser, délivrance du vilain sortilège et assurance d'un avenir rose, se poursuit largement au-delà de l'âge de l'imaginaire enfantin. Et parfois toute la vie. Mais la peur d'une conversion du conte de fées en film d'horreur dissuade certains de s'attacher, en sorte que, passé le stade des premiers regards et des premiers baisers, les histoires prennent fin systématiquement. Dans cette configuration de sujets qui sont avant tout les otages de leur passé, de leur mémoire ou de leurs angoisses, le corps ne devient jamais profondément l'otage de l'autre, comme dans une phase passionnelle ordinaire : le ravisseur n'est jamais jugé à la hauteur ou digne de confiance. Ce qui signe la vraie phase passionnelle est que le ravisseur (ou la ravisseuse) est jugé(e) « parfait(e) », au-delà des critères connus jusque-là. Il devient inimaginable d'échapper à cet amour-là, de celui (celle)-là !

Le coup de foudre : l'empreinte de la moitié d'orange

Le coup de foudre fait entrer directement dans la phase passionnelle, sans qu'on l'ait cherchée ou envisagée. Il court-circuite les phases préliminaires de séduction et d'approche progressive pour emmener directement dans le plaisir, après un désir aussi bref qu'incontournable, impossible à tempérer [1]. On éprouve la sensation immédiate d'avoir découvert l'unique, sa moitié d'orange, exactement prémodelée pour soi, avec, très vite, la même sensation sexuelle : le sexe de l'autre semble s'adapter parfaitement au nôtre (ce qui, rappelons-le, est parfaitement physiologique). L'impression n'est pas tout à fait un leurre puisque, de fait, l'emboîtement immédiat des corps implique un désir absolument réciproque et tout aussi terrassant. Si l'on peut discuter le modelage physiologique du

1. Stendhal, *De l'amour*, Paris, Cluny, 1947.

plaisir, celui, mental, du désir est une réalité. Le coup de foudre n'est pas qu'une folie.

La découverte par Konrad Lorenz[1] de ce qu'il a appelé « empreinte » rend le coup de foudre plus compréhensible : les oies, une fois devenues adultes, se collent à l'être vivant qui ressemble le plus à celui qu'elles ont aperçu dans leurs premières heures de vie. Elles se montrent ainsi capables de s'attacher à un être humain plus sûrement qu'à une oie, si la première image fixée est celle d'un humain. De la même manière, le pigeon choisit un partenaire sexuel de même couleur que ses parents. L'empreinte oriente le choix de l'objet sexuel, et il est probable que le coup de foudre soit la reviviscence d'un marquage précoce inconscient[2]. Au contraire de l'oie, pour qui l'empreinte se fait en quelques heures, chez l'humain, l'empreinte se fait en deux étapes, assez différenciables : durant les premiers jours de la vie[3], puis dans la période un-cinq ans[4]. La seconde étape joue profondément dans les liens d'attachement durable, mais le coup de foudre nous invite à lire la trace de l'empreinte primaire. Rien ne dit que le coup de foudre ne sera pas suivi de liens d'attachement, mais, dans un premier temps, le brusque retour du primordial nous pousse à nous jeter dans les bras de l'autre comme si on ne connaissait que lui, alors même qu'il nous est tout à fait inconnu.

---

1. Lorenz K., *L'Année de l'oie cendrée*, Stock, 1978.
2. Horn G., « Visual imprinting and the neural mechanisms of recognition memory », *Trends in Neurosciences*, 21, 1998, pp. 300-305.
3. Klauss M. H., Jerauld R., Kreger N. C., McAlpine W., Steffa M. et Kennel J. H., « Maternal attachment : importance of the first post partum days », *New England Journal of Medicine*, 286, 1972, pp. 460-463.
4. *Ibid.* et Brazelton T. B., *La Dynamique du nourrisson*, Paris, E.S.F., 1982.

Le coup de foudre n'arrive pas n'importe quand. Il y a une mise à disposition, une prédisposition au coup de foudre : il fait en général irruption dans des phases de vide ou d'expectative, dans des périodes où l'on ne va ni trop mal ni trop bien, deux états qui rendraient l'accroche impossible. L'état de plénitude ou les affres de l'angoisse rendent en effet impossible l'émergence soudaine et bouleversante de sentiments pour un tiers. Le coup de foudre tonne comme un éclair dans le ciel de l'ennui.

Les corps dépendants à leur corps défendant : la jouissance inoubliable

L'accroche amoureuse est proportionnelle à la vitesse avec laquelle le plaisir monte, de la même façon que les produits les plus addictifs sont ceux dont l'effet est le plus fulgurant. Le whisky fait courir plus de risques de dépendance que la bière dans la mesure où il déclenche un flash dans le cerveau, même s'il reste entendu qu'il vaut mieux boire un whisky par jour pendant trois mois que dix bières par jour pendant dix ans ! Si l'héroïne est la plus addictive des substances, et plus addictive en intraveineuse que par voie nasale, c'est à cause de la brutalité de l'envahissement du plaisir. On s'accroche plus facilement à ceux qui nous « shootent » amoureusement. La violence de la sensation est l'aube de la dépendance, en matière de produits comme d'amour. Longtemps, les dépendants aux produits ne disaient pas un mot de leur plaisir lors des consultations, partagés entre la honte et la peur, mobilisés dans le « c'est mal ce que j'ai fait », rationnellement convenable mais pas suffisant. Ils en fuyaient le souvenir, spontanément ou même sur l'injonction de thérapeutes peu clairvoyants : « Oubliez, ce n'était pas si bon que ça. » Or on s'est aperçu que, faute de prendre en considération cette dimension de jouissance longtemps tenue taboue, il était impossible d'entendre leur volonté de passer à autre chose et de pouvoir les y aider.

En revanche, les anciens passionnels qui sont passés à l'attachement cultivent le souvenir de leur lune de miel : en faisant reconnaître leur jouissance, aux autres comme entre eux, ils en éprouvent encore quelque chose et en entretiennent la marque. La nostalgie de la violence du plaisir cimente, mais son décryptage aide aussi à en décrocher si cela s'avère nécessaire. Ainsi, en pleine période de drame passionnel, suite possible de l'épisode d'exaltation, parler de son amour à ses amis, par exemple, aide à dénouer les liens qu'on entretenait avec lui. On peut rester troublé du fait que les patients dépressifs arrivés en psychothérapie ou en analyse après une rupture ne soient pas entendus au même titre que les dépendants aux produits, avec une considération profonde pour l'identité du partenaire perdu. La dépendance à autrui est pourtant infiniment plus subtile que la dépendance à une drogue.

Dans la prise de produits, le rapport est binaire : le sujet se situe « avec ou sans » sa substance ; dans l'addiction amoureuse, c'est plus compliqué : l'autre peut être absent et envahir tout de même. La palette du plaisir et du manque offre des nuances infinies. Le passionné ne se sent jamais réellement sans l'autre, au point qu'il éprouve parfois un sentiment de dépersonnalisation : il ne se reconnaît plus ! Le caractère extatique d'une rencontre peut pousser, dès la fusion des corps, à éprouver psychiquement la sensation inédite d'une dissolution de soi-même. Le bouleversement va jusqu'à concerner la perception de l'identité sexuelle. Le corps masculin et le corps féminin oublient leurs individualités pour ne plus former qu'un seul corps, hermaphrodite : le corps amoureux, seul désormais à pouvoir vivre. Héphaïstos, dieu du feu, dans le *Banquet* de Platon [1], fait parler les amants, outils propres à la fusion en main : « Que demanderaient-ils de mieux qu'être fondus l'un dans l'autre ? » L'autre comble au point de donner la sensation de pouvoir ne faire plus qu'un avec nous, effet hallucinatoire supplémentaire de la passion amoureuse.

1. Platon, *Œuvres complètes*, vol. I, Paris, Gallimard, coll. « Bibliothèque de la Pléiade », 1940-1942.

2

Le cœur captivé

L'émotion prismatique

De l'exacerbation des sensations par le biais du plaisir à l'exacerbation des émotions par le biais des épisodes de la période d'exaltation, il n'y a qu'un pas pour initier l'exacerbation des sentiments. Là entrent en jeu, en général, les paramètres socioculturels. Il suffit, pour que l'envahissement des pensées soit total et s'assortisse de certitudes sentimentales, qu'on se souhaite la même vie, qu'on ait les mêmes envies, qu'on ait lu les mêmes livres et qu'on envisage de partager tous ces plaisirs identiques. Cette conjoncture favorable est si aléatoire et d'une ampleur si considérable qu'on ne tombe pas passionnément amoureux tous les jours, et quand cela arrive...

L'autre est perçu comme unique, celui que l'on attendait depuis toujours, seul à pouvoir nous combler dans toutes nos dimensions : le bébé (nourrissage et caresses), l'adolescent(e) (jeu, toute-puissance, appétit de nouvelles expériences), l'adulte (avancer, main dans la main toujours ! pour construire, être rassuré). La courbe de la satisfaction est d'ailleurs en asymptote : plus l'autre nous connaît, plus il se conforme à nos attentes, et réciproquement, ce qui corrobore l'impression initiale et intuitive du « moulage ». Le processus passionnel s'arrête, *ipso facto*, si l'on n'est pas deux. Certaines névroses, voire psychoses, peuvent induire une passion unilatérale, mais, faute d'emballement du plaisir, puisqu'il n'y a pas d'acte, les choses finissent un jour ou l'autre par en rester là. D'éminents psychanalystes n'hésitent pas à affirmer que l'amour véritable est toujours réciproque, la certitude d'aimer l'autre très réellement prouvant en soi que l'autre nous aime [1]. C'est en imaginant que l'autre nous aime autant qu'on l'aime lui-même que l'on peut à proprement parler devenir tout à fait « addict ».

La façon qu'a l'autre de nous remplir s'étend à des champs grandissants de l'existence : on change d'habitudes, chacun pliant sa vie en quatre pour aller l'inscrire dans les plis de celle de l'autre. On voudrait s'imbriquer dans l'autre au point de ne plus jamais le quitter, toujours avec ce fantasme de ne faire qu'un, ce qui explique à la fois la boulimie sexuelle et la relative autarcie où vivent bien des couples naissants. On s'endort emboîtés, avec des mots emboîtés et des pensées qui voudraient s'emboîter, au point que l'on se prend à croire à la télépathie. Malgré toutes les tentatives de fusion, dès que la vie reprend ses droits – le peu qu'on lui en laisse, du moins –, le manque revient, proportionnel au degré de plaisir éprouvé ensemble. On a l'impression de ne jamais avoir vu l'autre, ou si peu. Paré de toutes les qualités, l'être merveilleux s'éloigne et l'on ressasse son exception (et il n'a toujours pas été question de savoir s'il ramenait le pain !).

1. Winter J.-P., *Parler l'amour*, La Lettre volée, coll. « Essais », Bruxelles, 2002.

L'hypermnésie de l'amnésique

Amnésique, on l'est à bien des égards : on n'a pas assez vu l'autre, on n'a pas eu assez de temps pour lui parler, on ne lui a pas donné assez de plaisir, on n'a pas vu ses défauts du tout ! En réalité, si l'on se sent vide de l'autre en phase de manque, les phases de comblement et de jouissance sont des moments d'hypermémoire. Les sensations et les émotions viennent forcer les cellules dopaminergiques en sorte de nous marquer biologiquement de façon indélébile, à l'image du marquage du PTSD (Post-Traumatic Stress Disorder, ou syndrome de stress posttraumatique), que l'on peut décrire en psychiatrie à la suite d'accidents, de viols, d'attentats et autres catastrophes, mais aussi d'émotions fortes. Le PTSD imprime si violemment la mémoire par l'émotion, et par la sensation, en cas d'atteinte corporelle, qu'il ressort de façon non maîtrisée en échappant à toute volonté d'effacement dans des cauchemars qui font revivre la scène à l'identique, dans des sursauts d'angoisse lors de stress ordinaires au cours de la journée (bruit soudain, par exemple), ou dans des retours de mémoire douloureux que l'on retrouve également dans les passions déchirantes et les ruptures.

Le marquage de la mémoire n'est pas toujours négatif, puisque le plaisir sexuel, les émotions, les moments forts, comme pleurer de bonheur ou vivre ensemble des instants de grande solennité, forcent tout autant la mémoire. Le lien passionnel, forme de stress *post coïtum*, est plus difficile à éradiquer de la mémoire qu'une histoire de tendresse. Or c'est lui qui sera le plus susceptible de générer de la souffrance.

On perçoit dès le départ, dans les aléas des retrouvailles, toute la souffrance du manque s'il venait à être définitif. L'empêchement, le retard, l'annulation d'un rendez-vous provoquent des états proches de ceux repérés chez les dépendants aux produits victimes d'un contretemps : colère, frustration, dépit, abattement, au choix ou ensemble, dans l'ordre que l'on veut. Toute notre grandeur et notre misère reposent entre les mains de l'autre, des états bien décrits par Roland Barthes dans *Fragments d'un discours amoureux*[1]. C'est l'époque où l'activité de l'inconscient est particulièrement riche : on rêve beaucoup, en phase d'éveil, mais pas seulement. La phase de sommeil paradoxal devient plus longue[2], elle qui, justement, favorise l'ancrage du vécu dans la mémoire. L'image de l'autre nous poursuit jusque dans nos nuits : on rêve de ce qu'on a vécu, de ce qu'on vit, de ce qu'on vivra. La phase d'exaltation est aussi celle de l'acte manqué – expression inconsciente de notre peur du bonheur ? On ne compte pas les « bavures », les méprises, les informations mal comprises ou mal perçues, toutes choses qui rendent fou : message pas entendu, lieu mal compris, train manqué, horaire changé et, pis, pensée ou mot mal interprétés (« il (elle) s'en fiche, ne m'aime pas, plus, m'oublie, ne veut pas de moi, etc. »), et ces égarements divers sont, en général, aussi partagés que le reste. À croire que chacun fait des efforts pour rendre l'autre fou. Fou amoureux.

La théorie de l'esprit : toute la différence avec les addictions aux produits

Devant ce portrait grandiose, si l'on a lu Albert Cohen et perçu ce que l'on portait en soi de Solal[3], et parfois pathétique pour les profanes de la passion, on peut se réjouir comme s'affliger : qu'est-ce qui sépare au juste le passionnel dépendant du dépendant aux produits ? Eh bien, c'est une circons-

1. Barthes R., *Fragments d'un discours amoureux*, Paris, Le Seuil, 1977.
2. Jouvet M., *Le Sommeil et le rêve*, Paris, Odile Jacob, 1992.
3. Cohen A., *Belle du Seigneur, Paris*, Gallimard, 1968.

tance aggravante : l'état de jouissance est décuplé en amour par l'existence d'un tiers. Ce qui renforce est la fameuse pensée de la réciprocité : il pense pareil, veut pareil, rêve pareil, éprouve pareil. Quand on aime la drogue, on n'imagine pas qu'elle est amoureuse de nous ! On ne se dit pas que nos cœurs, à l'image de nos corps, étaient faits pour s'entrelacer. Du même coup, on est aussi seul à pouvoir s'en débarrasser ou au contraire s'y adonner.

Dans le cerveau, un mécanisme se met en place aux alentours de trois ans : il nous permet de distinguer l'Autre comme Autre et de lui prêter des pensées[1]. On a appelé « théorie de l'esprit » cette capacité à imaginer que l'autre nourrit des sentiments et des intentions bien distincts des nôtres, et l'on s'est surtout aperçu que cette aptitude, bien que naturelle, n'entrait pas en application dans les toutes premières années de la vie, mais qu'elle jouait, en revanche, un des rôles les plus essentiels dans le sentiment amoureux. Une expérience a permis d'illustrer les conséquences de sa mise en route (voir schéma ci-après).

On a présenté à des enfants d'âges différents un dessin figurant deux fillettes, une boîte, un panier et une balle, et l'on a déroulé une histoire en cinq dessins. L'une des fillettes, disons Sarah, met la balle dans le panier devant la seconde, disons Lou. Sarah a donc en tête : « la balle est dans le panier » (dessin 2). Sarah sort et Lou reprend la balle qu'elle met dans la boîte (dessin 4). On demande alors à l'enfant de l'expérience dans quel contenant Sarah va chercher la balle à son retour (dessin 5). Les enfants de moins de trois ans répondent « dans la boîte ». Les enfants de plus de trois ans répondent « dans le panier », car ils sont devenus capables de prêter à l'autre des pensées qui ne sont pas les leurs.

1. Frith C. D. et Frith U., « Interacting minds – A biological basis », *Science*, 286 (5445), 1999, pp. 1692-1695.

Sarah
Lou
Sarah met une balle dans le panier
Sarah s'en va
Lou met la balle dans la boîte
Où Sarah va-t-elle chercher la balle ?

La théorie de l'esprit se manifeste dans de nombreuses occasions de la vie, ne serait-ce que pour moduler notre comportement général en société : on se soucie de ce que pensent les autres, du moins de ce que l'on imagine qu'ils pensent. De multiples expériences ont montré que les autistes, ou certains schizophrènes, étaient précisément dénués de cette capacité à évaluer les intentions et les sentiments de l'autre, ce qui explique une partie de leurs difficultés à s'adapter à la vie de tous les jours comme à nouer des relations affectives. Mais on vient de découvrir que la théorie de l'esprit était double : une théorie de l'esprit critique, qui analyse ce que l'autre pourrait faire ou penser de défavorable à notre égard, ce en quoi il pourrait nous être néfaste, et une théorie de l'esprit positive, par laquelle on attribue au contraire à l'autre des pensées ou des intentions bénéfiques. La première met en jeu trois zones cérébrales [1] (*cf.* cahier photos) : l'amygdale, qui est la zone de perception du danger et de mise en route de la peur et de l'angoisse ; le lobe temporal, où sont fixés les souvenirs de situations angoissantes et qui, activé, nous rappelle que nous sommes en train d'en vivre une semblable ; et enfin le cingulum postérieur, la zone de l'analyse critique des émotions. C'est le cingulum antérieur qui permet, à l'inverse, l'attribution à l'autre de qualités ou d'intentions positives.

La théorie de l'esprit mue en théorie du sentiment

La théorie de l'esprit, et notamment la théorie positive, n'est jamais aussi essentielle que dans l'amour, quand il ne s'agit plus de communion sociale mais sentimentale : elle est devenue « théorie du sentiment ».

1. Frith H. et Frith C., *Development and Neurophysiology of Mentalising*, Phil. Trans. R. Soc. Lond, (2003) 358, 459-473 ; Gallagher H. et Frith C., Fonctional Imaging of « Theory of Mind », T.

Les zones du cerveau impliquées dans la perception et l'analyse des pensées de l'autre sont maintenant bien connues et visualisables grâce à l'imagerie cérébrale[1]. L'amour passion « irradie » à la fois les circuits du plaisir et de la récompense, impliqués dans l'addiction, mais aussi les circuits de perception et d'analyse de l'autre, impliqués dans la théorie de l'esprit. On peut ainsi voir très nettement s'illuminer un cerveau de la passion dont on ne faisait jusqu'ici que présumer l'existence (*cf.* cahier photos)

La vision ou la rencontre de l'être aimé activent le cingulum antérieur et, dans le même temps, illuminent une zone qui le jouxte, appelée *insula*. Or c'est dans l'*insula*, pour schématiser, que se fait la synthèse entre les perceptions externes et les sensations internes, en particulier de plaisir. Quand il y a du désir, l'*insula* « prend des couleurs », tandis que le cingulum antérieur s'allume : on continue à savoir que l'Autre est un autre mais on ne redoute plus qu'il nous fasse du mal. C'est ainsi que l'on imagine que l'Autre est un peu nous, nous un peu l'autre, le summum heureux de la théorie du sentiment étant de penser : « L'Autre est un autre et il m'aime. » Tout amoureux, aussi fou que cela puisse paraître, tourne en boucle des questions sur la nature des sentiments de l'autre : « Est-ce qu'il m'aime ? est-ce qu'il me désire ? est-ce qu'il veut que cela dure toujours ? est-ce qu'il veut faire des enfants ? qu'est-ce qui lui ferait plaisir ? » etc., et y répond de façon positive malgré son inquiétude. On ne peut être heureux que dans l'exaltation de la théorie de l'esprit positive et l'extinction de la théorie critique, lorsque le cingulum antérieur est allumé et que s'éteint le cingulum postérieur : en d'autres termes, dans ce qu'on peut appeler une théorie du sentiment.

---

1. Bartels A. et Zeki S., « The neural basis of romantic love », *Neuroreport*, 11, 2000, pp. 3829-3834 ; Fisher H. E., Aron A., Mashek D., LI H. et Brown L. L., « Defining the brain systems of lust, romantic attraction, and attachment », *Archives of Sexual Behavior*, 31, 2002, pp. 413-419.

3

Le cerveau capturé et l'intuition du Dieu capté

Émergence de l'extraordinaire

Le cocktail exaltant dopamine + lulibérine + testostérone + opioïdes + ocytocine, surtout à haute dose avec prises rapprochées, entraîne un certain désordre du comportement autant qu'une irrationalité certaine. Des conclusions sentimentales s'imposent à lui, résultat d'une logique qui n'est biaisée que dans le postulat : l'Autre est l'Unique et, comme le dit André Breton dans *Nadja*, on l'a « reconnu(e) ». Partant de là, il semble qu'on peut lui promettre la fidélité éternelle et totale, assortie de sentiments qui ne faibliront jamais. L'amoureux, loin de se contenter de dévorer le présent, s'arroge des dons divinatoires.

En phase passionnelle, quand les sentiments sont partagés, on se fait mille promesses, dont certaines seront difficiles à tenir, on se lance dans des paris vertigineux ou des paroles inconséquentes : « Je te donnerais ma vie, s'il le fallait », la partager semblant insuffisant. Le raisonnement est marqué par la démesure et une solennité qui va jusqu'à la sacralisation des habitudes, d'un nouveau langage, de lieux découverts à deux, d'objets qui sont autant de gris-gris. Les plus rationnels d'entre nous se découvrent mystiques, voire fétichistes. Du paranormal au parareligieux, il n'y a qu'un pas. Dans l'amour, on va « rencontrer Dieu » ou, du moins, l'infini.

L'homme a créé Dieu à son image (et non l'inverse !)

Entre l'orgasme et l'expérience mystique, la différence est mince, si l'on en croit les récits extatiques de sainte Thérèse d'Ávila. Les transes assorties de cris de jouissance, le manque ressenti une fois l'exaltation passée et le désir impérieux de retourner à l'intime communication avec Dieu n'ont guère trompé les religieux moroses qui l'entouraient : sa sensualité les inquiétait au plus haut point. Il faut reconnaître qu'elle allait jusqu'à se « vanter » d'avoir été « transpercée par le dard sacré » de Dieu ! Sainte Thérèse ne concevait la prière qu'à condition que le corps suive. Ses extases mystiques s'accompagnaient de cris, transes, pleurs de joie et accès euphoriques, comme en certaines circonstances amoureuses. Pour l'amoureux, tout a commencé par le corps, mais il ne conçoit plus l'amour sans la prière. En réalité, on sait scientifiquement que les deux opérations relèvent du même processus.

On a mis en évidence qu'en phase de méditation le cortex préfrontal était activé, les lobes pariétaux étant débranchés (ce sont eux qui nous invitent à être en prise avec l'environnement immédiat, en associant les perceptions sensorielles). C'est aussi le cortex préfrontal qui est excité dans la perception du beau, ce qui explique que l'on trouve l'autre à la fois magnifique et divin [1]. On peut ne pas croire que Dieu a inventé le plaisir, mais comprendre comment le plaisir, celui éprouvé durant l'extase sexuelle comme celui, plus cérébral, d'aimer, a pu pousser à inventer Dieu.

La foi en l'Autre, comme l'absolu qu'il nous fait entrevoir par le biais des sens, initie naturellement l'idée d'un Amour absolu où l'on aimerait se tenir éternellement. La peur de

1. Jean-Baptiste P., *La Biologie de Dieu. Comment les sciences du cerveau expliquent la religion et la foi*, Paris, Noémis, 2004.

l'Autre, car on redoute qu'il ne nous aime plus ou qu'il nous ramène sur terre après nous avoir fait entrevoir le septième ciel, nous donne la seconde dimension divine : le Dieu censeur, tout-puissant, faiseur de pluie et de beau temps, de bonheur et de malheur. On redoute la Punition absolue. L'Autre incarne à la fois la fonction maternelle divine, protectrice et infiniment bonne, et la fonction paternelle, menaçante et infiniment juste, donc punitive : ce sont les deux visages de Dieu parmi les hommes. Dieu est la construction du cerveau humain pour répondre à son besoin d'absolu – du moins est-ce une thèse défendable –, concept directement né de l'amour éprouvé ici-bas. Et Dieu permet accessoirement, en cas de malheur sur terre, d'espérer un monde meilleur où un grand Autre nous aimera(it) toujours. L'homme a créé Dieu à son image, bien plus que l'inverse.

Cette déification de l'être aimé a son revers, car s'il est Dieu, *a contrario*, qui suis-je ? Viennent des moments où ce que l'on éprouve est si beau et si puissant que cela en devient *trop* beau et *trop* puissant. La survalorisation de l'autre enclenche alors la dévalorisation de soi : « Ver de terre amoureux d'une étoile », poétisait Victor Hugo, prenant conscience de l'humble posture de l'amoureux éploré...

Au tout début de la relation, on s'éprouve comme un dieu amoureux d'une déesse (ou l'inverse), avant de réaliser la gravité et la magie de la situation, perçue notamment dans les phases de manque où le désir confine au besoin, et de conclure : « Je ne suis finalement qu'une pauvre chose dépendante. » On navigue en général entre les deux sentiments. Les détracteurs de la phase passionnelle peuvent donc se rassurer : l'amoureux passionnel n'est pas tout à fait inconscient de son état, il est même lucide par fulgurance. Mais, fait aggravant, il peut en jouir. Rencontrant Dieu, on se montre prêt à supporter beaucoup !

Programmés pour aimer infiniment

Les scientifiques croyants tirent des conclusions de notre prédisposition à concevoir l'infini : « Si nous en sommes capables, c'est que Dieu existe. » Ce qui est à peu près aussi hâtif que de conclure : « Puisque nous disposons de récepteurs à l'héroïne, c'est que nous sommes faits pour en prendre ! » On peut plus justement inférer que nous sommes programmés pour stimuler ces récepteurs opioïdes, comme nous sommes programmés pour éprouver l'absolu. Le comble de l'ironie est que l'apparition de l'être aimé permet de cumuler les deux thèses, à savoir qu'on conçoit l'infini et qu'on stimule les récepteurs opioïdes... On pourrait quasiment y voir une preuve de l'existence de Dieu !

L'espèce humaine est la seule à croire en Dieu comme la seule à aimer à la folie. La foi en Dieu comme en l'être aimé produisent les mêmes effets : elles donnent un sens à la vie, tempèrent les douleurs et remplissent d'espoir. Le grand privilège de l'être aimé est de nous combler ici-bas, d'où les préventions religieuses vis-à-vis de l'amour. Aimer écarte de Dieu autant qu'il en rapproche. Dieu Lui-même nous met bien en garde par la voix de Moïse dans Ses commandements : « Tu n'auras pas d'autres dieux devant Ma face. Tu ne te feras point d'idole, ni une image quelconque de ce qui est haut dans le ciel ou en bas sur la terre [...]. Tu ne te prosterneras point devant elles, et tu ne les adoreras point ; car Moi, l'Éternel, ton Dieu, Je suis un Dieu jaloux [...]. » Un conjoint possessif n'aurait pas fait mieux. Aimer l'Autre, se prosterner devant son effigie, lui jurer l'amour éternel, c'est se rendre coupable aux yeux de Dieu d'un péché mortel. Mais il nous fait vivre.

Quatrième partie

L'ATTACHEMENT-ENGAGEMENT

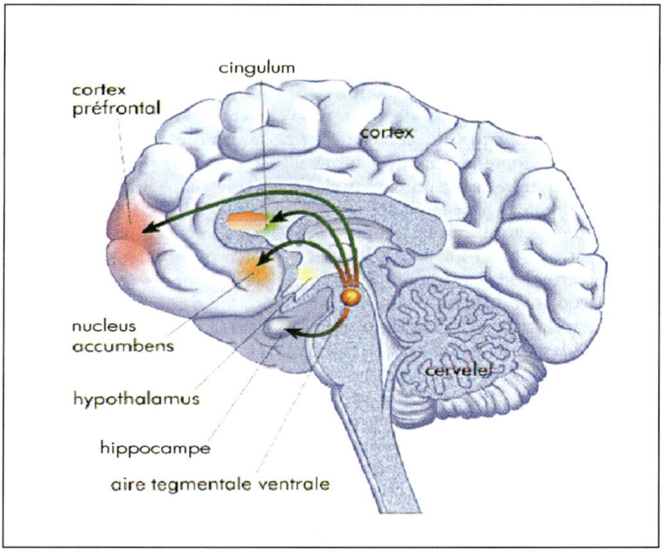

Le cerveau désirant : le système dopaminergique mésocorticolimbique, encore appelé « d'approche et d'évitement », nous permet d'analyser et de répondre à nos émotions, positives ou négatives.
Programmé dès l'enfance en fonction des expériences précoces de plaisir et déplaisir, il apprend à reconnaître ce qui est bon ou mauvais pour soi.

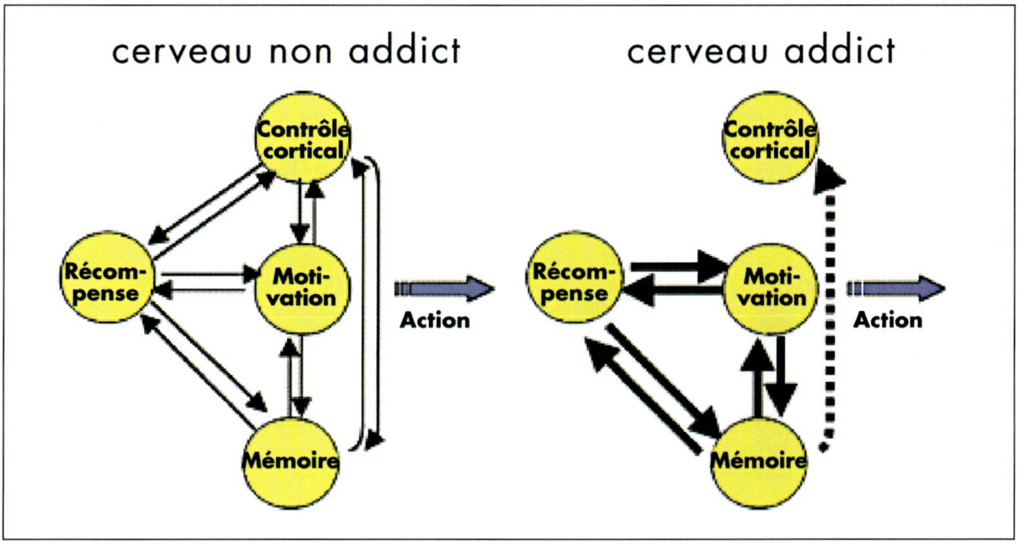

Mais c'est aussi le cerveau désirant qui est altéré par la dépendance aux drogues, lesquelles viennent en dérégler les mécanismes naturels. En mimant l'action de nos neurotransmetteurs, elles agissent comme un leurre pharmacologique : on assiste alors à un renforcement de la valeur de la drogue, avec une surévaluation du besoin à s'en procurer, ainsi qu'à l'envahissement des circuits de mémoire et à une déconnexion du circuit de contrôle inhibiteur.

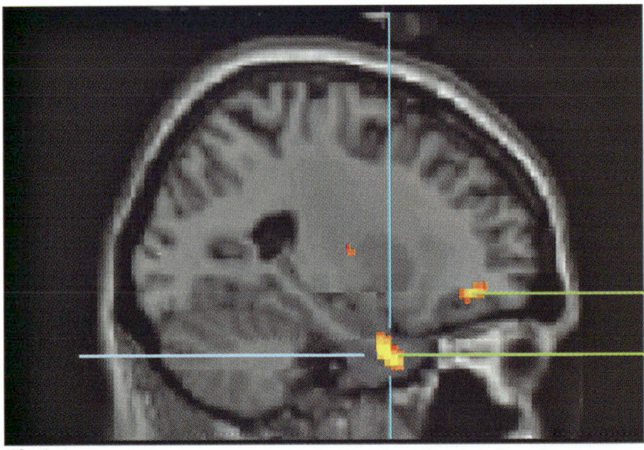

Fig.1

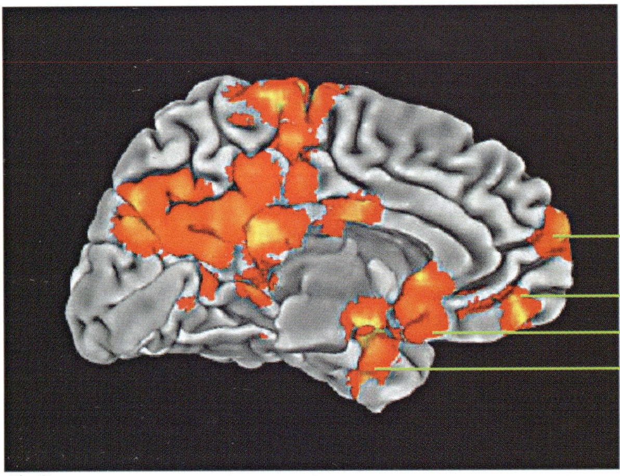

Fig.2

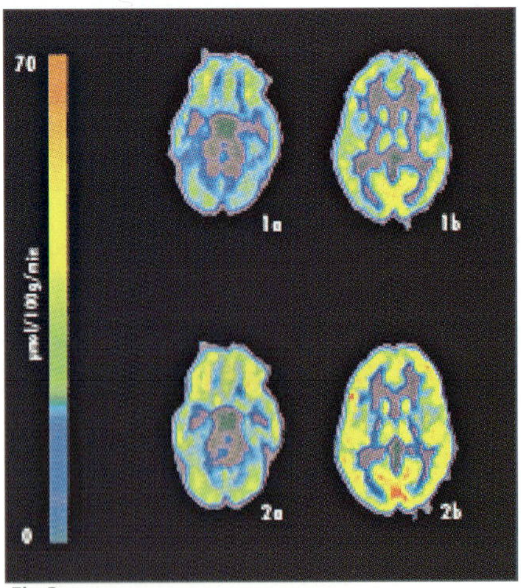

Fig.3

Durant la prise de cocaïne, les régions de perception de l'émotion (régions limbiques, dont le nucleus accumbens) sont activées et s'illuminent, de même que celles d'analyse et de planification de la réponse au besoin et aux émotions (cortex orbitofrontal et préfrontal) (*fig. 1*).

Des images de boissons alcoolisées sont présentées à des sujets dépendants (*fig.2*). La représentation de la prise de produit et l'attente du plaisir activent les mêmes zones que la prise elle-même : la simple idée du plaisir crée le désir.

Lorsque le sujet attend de consommer une drogue, l'activation est une fois et demie supérieure (2b) à celle que provoque la prise quand elle n'est pas précédée d'une attente (1b) : le désir augmente le plaisir (*fig.3*).

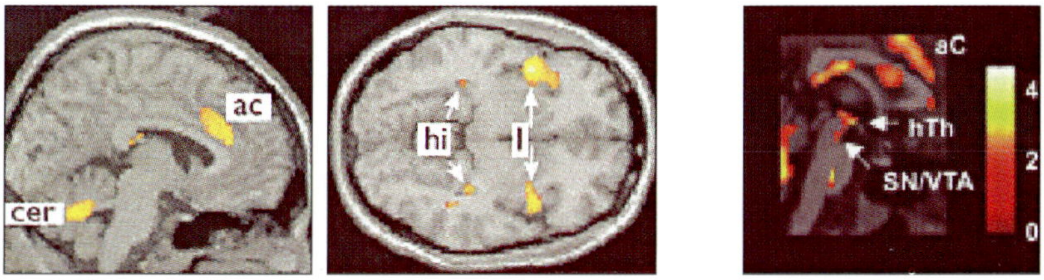

aC : cingulum antérieur

I : insula

hTh : hypothalamus

hi : hippocampe

SN/VTA : substance noire
aire tegmentale ventrale

cer : cervelet

Le cerveau passionné : quand on montre une photographie de l'être aimé à un(e) amoureux(se), de nombreuses zones cérébrales s'illuminent : une zone du tronc cérébral, l'aire tegmentale ventrale, point de départ des voies du désir ; l'hypothalamus (où se déclenchent les sécrétions hormonales, notamment sexuelles) ; des éléments du cerveau limbique (zone des sensations et des émotions) ; l'hippocampe (mise en route des mécanismes de la mémoire) ; l'insula (zone de perception et d'analyse des sensations corporelles) ; le cingulum antérieur (zone d'analyse des émotions).

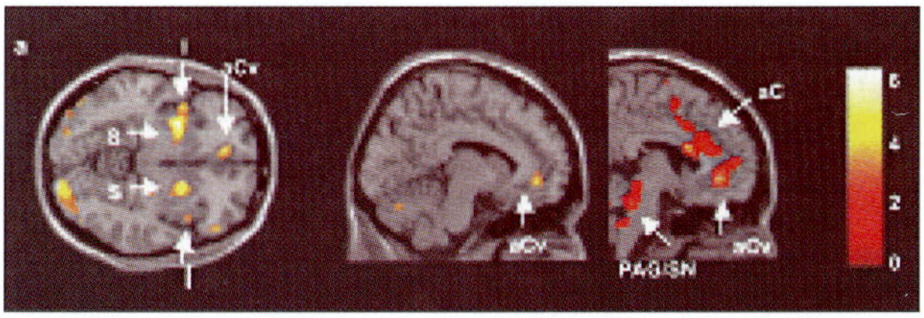

aC : cingulum antérieur

aCv : cingulum antérieur ventral

I : insula

S : striatum

OF : cortex orbitofrontal

Th : thalamus

PAG : substance grise
périaqueducale

Quand une jeune mère regarde une photographie de son enfant, on retrouve l'activation de l'insula, du cingulum antérieur et d'éléments du cerveau limbique, c'est-à-dire des voies du désir. Mais s'illuminent aussi des zones qui témoignent de la sécrétion des hormones de l'attachement : l'ocytocine et la vasopressine (substance grise périaqueducale, dans le tronc cérébral).

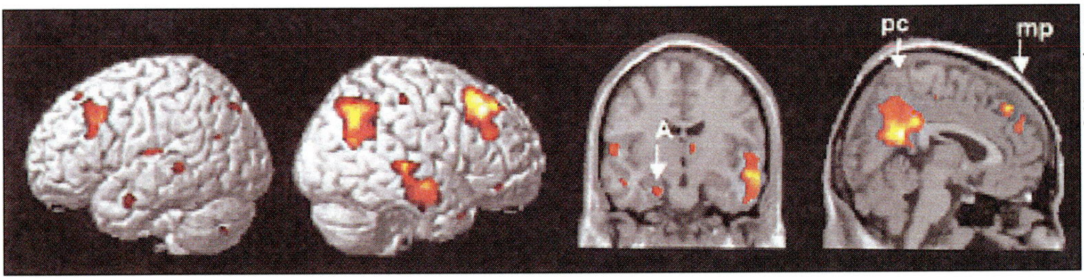

A : amygdale

pc : cingulum postérieur

mp : cortex préfrontal mesial

tp : pôle temporal

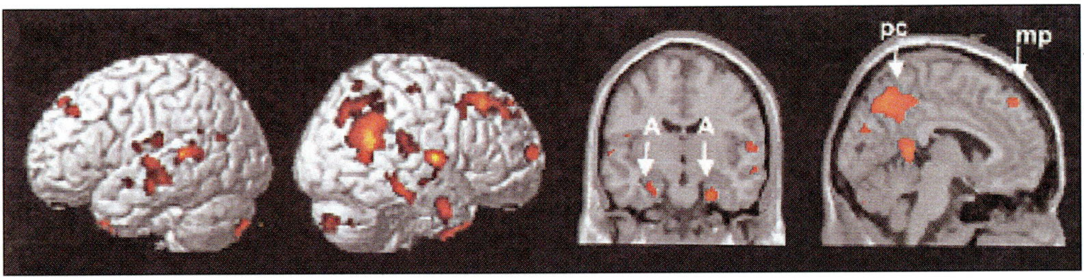

Dans le cerveau amoureux (en haut) et dans le cerveau maternel (en bas), les mêmes zones cérébrales sont débranchées pour que le sentiment amoureux émerge : celles qui engendrent la méfiance ou la fuite (amygdale), et celles qui permettent l'analyse critique et le jugement social (pôle temporal antérieur, cingulum postérieur et cortex préfrontal mesial). L'amour est aveugle…

1

De la passion fougueuse, voire fugace, à l'engagement durable

« Ça ne pouvait pas durer... »

Les anciens le promettent avec bon sens, et leur promesse rejoint la raison scientifique : la phase passionnelle est une phase de surrégime et de déréalité. Or tout humain est fabriqué de sorte à revenir à son état normal, l'homéostasie, qui lui permet de vivre en société. On pourrait en effet s'inquiéter de l'avenir social et professionnel du sujet passionné si tous ses excès perduraient ! La phase passionnelle peut s'éteindre en douceur et trouver une issue en forme de commencement en se transformant en attachement. La période des débordements ne conduit pas seulement aux pires « bêtises » : elle sait aider aussi à bâtir l'avenir.

En pleine passion, l'autre occupe une place dans la mémoire, où il laisse des traces d'autant plus durables que l'affectivité comme le plaisir sont de bons facteurs de mémorisation. Parce qu'on a beaucoup joui, on oubliera moins ! On le sait aussi dans d'autres domaines : on enregistre d'autant mieux que le contexte émotionnel est fort. C'est ce qui explique les courbes parallèles des résultats scolaires et du degré d'amour porté aux enseignants. Le marquage par le plaisir ne suffit pas. Il y a des amours que l'on n'oubliera jamais et que l'on ne regrettera jamais non plus... d'avoir perdus ! D'autres facteurs doivent corroborer l'élan pulsionnel pour donner envie d'un voyage au long cours.

L'attachement est un au-delà du plaisir, l'engagement sensuel de se faire et de se refaire plaisir, mais aussi un engagement plus cérébral : pour former un couple, il faut aussi le vouloir. La naissance du couple, le choix du partenaire comme le mode de conjugalité sont très liés à nos représentations sociales et familiales, qui nous invitent le plus souvent, consciemment ou non, à nous conformer aux us et coutumes en cours dans notre entourage. Mais ces actes décisifs prennent aussi le contre-pied de la survalorisation contemporaine du plaisir individuel et de la recherche de sensations. On perçoit, de manière intuitive comme à travers la société, que l'attachement implique une forme de renoncement à la passion.

La passion exacerbe les émotions, les sensations et les sentiments en jouant sur le manque, piment doux-amer que jugule partiellement la vie conjugale. L'engagement aménage le manque rituellement, au quotidien, avec la relative assurance que l'autre va revenir et que l'on devrait pouvoir profiter, si tout va bien, de sa présence dans les semaines, les mois et les années à venir. Selon la manière dont on fonctionne, on perçoit comme rassurant ou désespérant ce choix rationnel d'abandonner une intensité de plaisir, proportionnelle à une intensité de souffrance, ou du moins d'inquiétude. On peut aussi considérer comme un signe de maturité et d'équilibre le fait de laisser derrière soi un mode de relation fondé sur le besoin d'absolu et le goût de l'extrême, sans considération pour le prix à payer. Une longue tradition littéraire et culturelle invite à reconnaître l'amour à la douleur. Cependant, chacun découvre un jour que l'on peut aimer sans se promettre à l'avance une trop grande souffrance. C'est ce schéma sentimental que nos parents nous ont normalement transmis, par le modèle de leur couple éventuellement, et avant tout par les relations affectives qu'ils ont entretenues avec nous. L'attachement fait en effet ressurgir les modalités des liens familiaux, avec tout ce que cela peut impliquer de désagréable pour les uns, avec aussi tout le cortège d'images paisibles et heureuses que cela véhicule pour les autres et, entre les deux, le poids de l'imagerie sociale. Si le couple n'est plus présenté comme un idéal de vie quotidienne, il est resté un idéal tout court : « Et si nous on y arrivait ? »

L'émergence coutumière de sentiments familiers

Faisant le plein de l'autre au fil des moments passés ensemble, on se familiarise avec celui (ou celle) dont on a l'impression qu'il (ou elle) nous complète. En naît un sentiment rassurant. La première fois que nous avons connu cet état, c'était auprès de nos parents, de façon réelle parce qu'ils avaient été suffisamment bons, ou de façon fantasmatique car nous identifions facilement la notion d'amour parental avec celle de paradis : perdu pour certains, à découvrir pour d'autres, attendu par la plupart[1].

On peut repérer le point de basculement de la passion vers l'attachement à l'apparition d'un sentiment nouveau : la tendresse, cette mansuétude dont nous sommes pris pour les défauts de l'autre, ses rides, ses maladresses ou son mauvais caractère. La tendresse caractérise vraiment notre premier modèle d'attachement, l'amour inconditionnel des parents pour leurs enfants : on aime normalement ses enfants quels qu'ils soient et, le plus souvent, quoi qu'ils fassent. Entier et aveugle dans la passion, l'amour devient tolérant et clairvoyant dans l'attachement. Plus les années passent, plus nos amours se teintent d'attachement. On pose un regard plus

1. Freud S., *Essais de psychanalyse*, *op. cit.*

posé sur la « perfection » plastique, un œil plus serein sur les promesses de sensations fortes, généralement au profit d'émotions plus subtiles : on aime l'autre pour toutes les traces de son vécu, physiques ou mentales. On lit dans ses rides comme dans du braille, on s'émeut qu'il ait trop ri, trop pleuré, trop joui, et qu'il en soit resté marqué. Cette nouvelle lecture de l'autre explique l'attachement qui perdure envers la vieille compagne ou le vieux compagnon, comme envers un partenaire qui n'a plus vingt ans et pour qui on a pu avoir le coup de foudre... comme à vingt ans !

Le manque, petite rançon à savoir tolérer

Rien à voir, bien entendu, entre le manque conjugal et celui, aigu, de la phase passionnelle. Mais c'est aussi avec l'attachement que le sujet va devoir faire face à une nouvelle réalité : la chronicité du manque. Le sujet se focalise sur un unique objet, et ce qu'il appelle communément « bonheur » tient dans une certaine assurance de pérennité que lui donne l'autre. La possibilité de se construire quand l'autre est absent demande la mise en place de stratégies de réassurance efficaces – « j'ai des souvenirs », « il va revenir », « cette absence me permet de faire autre chose » –, un apprentissage qui a commencé dans l'enfance et s'est poursuivi à l'adolescence. Normalement, le manque propre à l'attachement devient structurant dans la relation, alors qu'il était déstabilisant dans la phase passionnelle. Encore faut-il le tolérer et accepter la part indéfinissable de danger. Notre bonheur affectif repose entre les mains de l'autre, qui peut toujours ne pas revenir, quel que soit ce risque.

La peur de s'engager, ou l'incapacité à le faire, est souvent liée à l'incapacité à gérer le manque parce qu'il fait ressurgir une émotion ancienne d'abandon. Les liens entre mémoire et émotion ont commencé dans notre enfance et nous sommes détenteurs d'une histoire qui peut peser lourd dans la façon de gérer nos relations au présent. On peut lire dans l'idée de couple la promesse d'une certaine sécurité et l'accueillir avec joie, comme la redouter parce qu'une histoire précoce, marquée par l'abandon ou la crainte de l'abandon, a laissé des traces mnésiques indélébiles et douloureuses.

Préformatage d'un amoureux : le mode de gestion du manque, héritage venu de l'enfance

La capacité à gérer l'absence de l'autre, variable selon les individus, dessine assez bien notre capacité à nous attacher et à vivre en couple. Or elle est très influencée par le modèle de notre premier attachement, celui à la mère, plus précisément la façon dont nous avons vécu le phénomène de ses apparitions/disparitions dans les tout premiers temps de notre vie. De nombreuses observations éthologiques ont montré qu'il faut qu'un petit mammifère soit sécurisé par sa mère pour pouvoir, paradoxalement, trouver la force de s'en séparer. Elle doit l'entourer de suffisamment de soins pour qu'il n'ait peur ni d'éléments extérieurs ni de son non-retour.

Les études auprès des humains n'ont rien prouvé d'autre. Les psychanalystes et pédiatres Bowlby [1] et Spitz [2] ont montré que l'organisation affective et relationnelle apprise par le petit enfant conditionne sa manière d'aimer une fois devenu adulte. Mary Hainsworth [3], une psychologue américaine, a répertorié des comportements types d'attachement de l'enfant à la mère

1. Bowlby J., *Attachement et perte, op. cit.*
2. Spitz R. A., *De la naissance à la parole. La première année de la vie, op. cit.*
3. Hainsworth M. D. S., Bell S. M. et Stayton D. J., « L'attachement de l'enfant à sa mère », in *La Recherche en éthologie*, Le Seuil, 1979.

en observant un groupe d'enfants âgés de douze à dix-huit mois.

Elle distinguait quatre profils types de réaction de l'enfant à l'âge de dix-huit mois. Pour les deux tiers des enfants observés, les choses vont bien, ou pas trop mal, le tiers restant posant problème.

1. 65 % des enfants ont développé un attachement « sécurisant ». Quand la mère s'éloigne, ils savent surmonter cette épreuve inévitable ; ils ont attribué à un objet familier, nounours ou « doudou », le pouvoir rassurant de l'image maternelle. Si un étranger apparaît, ils savent l'apprivoiser, s'y intéresser et attirer ainsi son attention. Quand la mère revient, les enfants manifestent clairement leur joie et leur plaisir par les sourires et le babil.

2. 20 % des enfants témoignent d'un attachement évitant, marqué par une indifférence apparente. Ils manifestent peu de protestation au départ de la mère comme à son retour. Ils fuient ses soins quand elle revient, préférant se tenir à l'écart d'une présence qui promet une nouvelle absence. Ils éprouvent peu d'intérêt pour l'étranger qui apparaît.

3. 15 % des enfants ont acquis un attachement ambivalent. Si un étranger apparaît, comme lorsque la mère revient, ils l'agressent et le frappent ou le mordent. Il ne savent pas s'apaiser au contact de la mère. Elle ne les sécurise pas suffisamment.

4. Enfin, et de façon qui présage en général des pathologies psychiques lourdes, 5 % des enfants ont acquis un attachement confus. Aucun comportement ne les sécurise, mais ils ne sont ni dans l'agression ni dans la fuite. Leurs réactions sont anarchiques, avec une grande agitation motrice et un raisonnement incohérent lors de l'absence de la mère comme après son retour.

(Le total, supérieur à 100 %, est dû à des sujets présentant diverses modalités d'attachement insécure.)

On retrouve ces quatre types de comportements dans les liens amoureux de l'adulte, même s'ils ne résultent pas toujours de la genèse du sujet, mais pas nécessairement. Bien que la première initiation à la gestion du manque par la mère soit déterminante, elle n'est pas déterministe au sens de condamnante. La vie de l'individu ne cesse de faire évoluer son mode d'appréhension de l'absence. Néanmoins, la tendance première des deux tiers qui ont vécu un attachement sécurisant est de vivre le manque amoureux sans détresse excessive ni douleur insupportable. Les autres, ceux dont les modalités d'attachement sont insécurisantes, ambivalentes ou évitantes, sont plus ou moins névrosés, et auront tendance à vivre l'amour sur le mode douloureux, passionnel ou fusionnel, la relation sentimentale ravivant dans la mémoire l'émotion ancienne, inconsciente, de l'abandon ou de la douleur. Le lien à la mère nous sert à construire les possibilités d'apaisement et nous permet, dans un paradoxe apparent, d'explorer et d'aimer ailleurs. La faculté d'autoapaisement lors de la séparation doit être doublée d'un degré de sécurité interne assez fort : on est seul, on attend l'autre et on n'a pas peur. L'intolérance au manque rend l'attachement très difficile, voire impossible[1].

Des travaux plus récents, effectués par Mary Main en 1985, ont permis de confirmer le lien entre les relations aux parents et la façon de percevoir les situations affectives une fois devenu adulte[2]. Les schémas d'attachement précoces condi-

1. Harlow H. F., « Love Created – Love Destroyed – Love Regained », in *Modèles animaux du comportement humain*, Paris, éd. du CNRS, 1972.

2. Pierre Humbert B., *Le Premier Lien. Théorie de l'attachement*, Paris, Odile Jacob, 2003.

tionnent notre capacité à avoir accès à nos émotions, à les reconnaître et à les transmettre, ce qui facilite la vie de couple. Ceux qui ont acquis petits un attachement sécurisant racontent leur enfance de façon claire et maîtrisée, tandis que les évitants ont peu de souvenirs ou des souvenirs confus et que les ambivalents restent dans le reproche permanent. Or on dit assez que le secret du couple, c'est « savoir se dire et dialoguer[1] »...

Le mode affectif de l'enfant, c'est sa mère qui en parle le mieux

Des travaux encore ultérieurs[2], en 1995, ont montré qu'il était possible de prédire les profils types de Mary Hainsworth selon ce que la mère disait de son enfant avant même sa naissance et selon la façon dont elle envisageait leurs relations.

Dans cette étude, la plupart des mères imaginaient que si l'enfant pleurait elles seraient capables de le calmer. Un an plus tard, leur enfant se révélait effectivement capable d'investir des objets sécurisants et de charmer l'étranger qui surgissait. Les mères dont le discours à propos de leur enfant à naître était détaché ou évitant avaient, en revanche, développé chez leur enfant un mode d'attachement... évitant ! Quand la mère revenait, l'enfant, occupé à autre chose, refusait ses bras, et, s'il pleurait, sa mère ne le rassurait pas. Ces enfants apprennent une forme d'autonomie excessive : ils apprennent à vivre « sans », le plus loin possible du manque,

1. Salomé J., *Parle-moi, j'ai des choses à te dire*, Paris, Éd. de L'Homme, 1982.

2. Main M., « Introduction to the special section on attachment and psychopathology : overview of the field of attachment », *Journal of Consulting on Clinical Psychology*, 64, 1996, pp. 237-245.

donc de l'attachement. Quant aux enfants de mères traumatisées, en deuil, en dépression, désorganisées ou mal soutenues affectivement ou socialement, ou encore surprotectrices, ils témoignaient à un an d'un attachement confus.

Autrement dit, les mères trop distantes comme les mères trop anxieuses peuvent créer chez leurs enfants des modèles opératoires d'attachement pleins de conséquences pour l'avenir... s'ils n'apprennent pas autre chose entre-temps.

L'apprentissage d'un nouveau mode de gestion du manque : l'adolescence

Autour du modelage primaire, l'adolescence peut enseigner un nouveau fonctionnement, qui tempérera ou modifiera radicalement le modèle archaïque. À cet âge, comme chez le nourrisson, le cerveau se trouve dans une période d'« hypermémoire ». Or la mémoire est un mécanisme suractivé dans les moments de plaisir, on l'a vu. Des premières expériences sentimentales couronnées de plaisir et de bonheur, avec une bonne gestion du manque, sont donc susceptibles de venir imprimer un nouveau schéma d'attachement qui se perpétuera à l'âge adulte.

Pour qu'un adolescent parte à la conquête du monde extérieur et de l'amour, il faut qu'il se sente assez assuré de ses liens avec son entourage. Il éprouve la volupté des risques de l'autonomie avec d'autant plus de plaisir qu'on ne le retient pas dans ses tentatives de séparation et qu'on ne l'y pousse pas non plus. Le détachement naturel de la famille se fait dans le but, à terme, de mener une vie autonome et de fonder à son tour un foyer. Des parents trop distants induisent des conduites à risque où l'aventure est souvent synonyme de mésaventure. Des parents trop protecteurs induisent diverses difficultés à fonder un couple, par inhibition de ses désirs, par peur de laisser derrière soi, plus ou moins concrètement, un parent qui ne sera pas associé à son bonheur, par culpabilité, etc. [1] Par chance, dans la plupart des cas, la volonté de découvrir le monde extérieur, sans trop se faire mal en général, est si naturelle à l'adolescent qu'elle terrasse les vœux parentaux conscients et inconscients. D'où les fameuses crises d'adolescence.

1. Marcelli D. et Braconnier A., *L'Adolescence aux mille visages*, Odile Jacob, 1998, p. 272.

2

Le couple, ou l'émergence d'un tiers

L'incapacité à gérer de la présence

Outre la capacité à gérer le manque, l'entrée en couple implique aussi une capacité à gérer de la présence. Chaque partenaire apporte avec lui son propre héritage familial, social et comportemental. Passé la phase passionnelle, la période d'emboîtement peut se heurter à des écueils incontournables et éventuellement mettre fin à la relation. Contrairement à la passion, l'amour est un travail de maçon. Chacun des deux partenaires arrive avec ses pierres, doit faire preuve d'une même volonté de construire, mais possède aussi son propre plan. Comme les deux partenaires n'ont pas le même, la poursuite de l'histoire va aussi être fonction de leur degré de compatibilité. Plus on a eu des modes de relation peu souples ou des modèles rigides dans le passé, plus on aura de mal à en sortir et à en inventer d'autres. Et, pourtant, la vie avec l'autre nécessite l'innovation[1].

L'attachement déplace le moteur initial de la relation : s'engager, c'est passer de la phase autocentrée sur son propre plaisir et sa folie amoureuse à une véritable écoute de l'autre, teintée de beaucoup de sagesse. Pas simple ! Petit à petit,

1. Angel S., *Ah, quelle famille !*, Paris, Robert Laffont, 2003.

deux fonctionnements internes doivent s'accorder : l'un va passer sur les colères tandis que l'autre va neutraliser ses inquiétudes, par exemple. Pour faire un certain nombre de concessions, une forme de générosité est nécessaire et un véritable altruisme quand il s'agit de gratifier l'autre, d'adoucir ses peines et ses fatigues, d'être attentif à ses besoins et à ses désirs. Savoir aimer et se laisser aimer, être capable de courir des risques au nom de l'amour sont des conditions nécessaires à la création comme à la longévité du couple. Or il ne va pas de soi que les deux partenaires en sont capables. La suite dépend de ce qui a précédé, de la construction primaire de chacun.

Le rapport attachement/exploration au sein du couple : la question remise sur le tapis

Les profils types de Mary Hainsworth permettent d'envisager la plupart des combinaisons conjugales possibles. Deux personnalités sécurisées qui se rencontrent doivent parvenir assez facilement à créer un modus vivendi convenable. Une personnalité sécurisée peut aussi rencontrer un « évitant » : cette configuration laisse tout loisir d'espérer une relation rédemptrice, la personnalité la plus sécurisée déployant son talent et ses « bons soins » pour juguler les angoisses de l'évitant, puisqu'il est possible, tout au long de sa vie, de se « récupérer ». La rencontre d'une personnalité sécurisée et d'une ambivalente est plus inquiétante, en revanche. Ainsi s'expliquent souvent les engagements difficiles, les attachements impossibles ou déchirants. La somme des problèmes à entrevoir est souvent proportionnelle à la somme des complexités des deux personnalités du couple.

Cependant « l'amour ne se commande pas », comme dit le bon sens populaire. Si les dimensions familiales, culturelles et sociales régissent le désir d'engagement, on peut aussi s'attacher sans le vouloir vraiment, tout en ayant entrevu les problèmes à venir. L'amour est affaire d'émotion et c'est le cerveau limbique (émotionnel), très lié à la mémoire et plus archaïque que le préfrontal (intelligence), qui l'emporte souvent sur l'analyse.

Chaque partenaire arrive avec son propre mode de gestion du manque et cherche à imprimer au couple le rythme fusion/séparations qui lui convient le mieux, selon son degré de sécurité interne. Le couple trouve normalement son équilibre en aménageant un peu d'absence, propice à la mise en cause des capacités, aptitudes, ambitions de chacun. L'autre n'est pas que le lieu de la fusion, mais aussi un encouragement naturel à s'épanouir soi-même. Du moins devrait-ce être le cas

Le couple, une liaison naturelle propice à la survie de l'espèce

Un dénominateur est commun à la plupart des couples qui s'engagent et vivent une relation harmonieuse : leurs trois instances sont, plus ou moins, comblées. Ils ressentent du plaisir, perceptions du tronc cérébral, cerveau le plus archaïque ; ils en éprouvent de l'émotion, perceptions du lobe limbique ; ils en déduisent du sentiment, le « Je t'aime », analyse du cortex préfrontal. Assurés de voir tenues les promesses du plaisir à venir, de l'émotion à venir, ils ont pu s'engager et accueillir chaque fois le retour de l'autre en manifestant leur tendresse et leur joie, sans agressivité ni fuite. Ils ont foi en sa parole, ont accepté l'émergence de leurs propres sentiments et su les communiquer comme les montrer. Pour le reste, d'infinies variations d'ordre psychologique, culturel, social, familial, etc., peuvent être observées : le modèle conjugal n'existe pas, dans aucun sens du terme.

On peut cependant tenter d'esquisser la configuration « normale », avec beaucoup de guillemets. On navigue toujours, en psychiatrie, entre le normal, l'exceptionnel et le pathologique. Les frontières sont difficiles à poser, la normalité se situant aux alentours du bonheur, mais la notion de bonheur est infiniment variable selon les individus, comme on le sait. La « normalité » qui comble les uns rendrait les autres affreusement malheureux car ils y verraient une certaine a-normalité, et réciproquement. Se sentir a-normal peut également rendre heureux ! Reste que la plupart des couples occidentaux tendent vers une vie sédentaire avec enfants, en équilibre avec une vie sociale et professionnelle de l'un, de l'autre ou des deux, le tout se conjuguant avec une certaine fidélité, sexuelle et sentimentale. Si l'engagement traditionnel, notamment le mariage, n'est plus un impératif, la plupart considèrent que l'attachement est une condition préalable à l'état de parent[1]. Ils se sont ainsi le plus souvent promis, ne serait-ce que par la vie commune, de veiller ensemble à l'éducation des petits. On peut épiloguer sur l'opportunité de cette configuration classique et son degré de pérennité. On admet néanmoins à peu près communément que les enfants se construisent plutôt mieux entre deux images parentales de sexe opposé, encore que l'actualité pousse à discuter cette notion. Mais peu importe la norme choisie par chacun pour son couple : l'attachement est, à l'origine, la condition de la survie de l'espèce.

La biologie pousse à une certaine forme de conjugalité, et de nombreuses espèces ont compris l'intérêt du couple, au-delà de la fonction reproductive : les oiseaux aussi unissent leurs forces pour choyer et nourrir les petits, le mâle allant parfois jusqu'à nourrir les petits issus d'œufs fécondés par un

1. Singly F. de et Chaland K., « Quel modèle pour la vie à deux dans les sociétés modernes avancées ?, *Comprendre*, 2, 2001.

autre [1]. Nul ne peut pourtant soupçonner ces volatiles d'un quelconque souci de convenance bourgeoise qui les pousserait à rester ensemble pour sauver les apparences !

La caricature du couple indépendant

L'ambition de réinventer le couple n'a jamais été aussi vivace qu'au XXe siècle, la libération des mœurs ayant arraché le carcan moral qui empêchait de le mettre en question. Rien n'est plus louable ni plus alléchant... Mais une telle ambition pousse certains à des excès caricaturaux qui interrogent. Anthony Giddens [2], un sociologue anglais, dogmatise sur le couple jusqu'à décrire le « couple idéal ». Celui-ci est constitué de deux électrons libres « sexuellement et émotionnellement égalitaires », c'est-à-dire que nul n'impose son désir à l'autre (soit !). Par ailleurs, toute entreprise du « couple idéal » envisagée à deux doit être soumise à l'analyse logique permanente et le cerveau intellectuel doit primer sur l'émotionnel (comme si cela pouvait se décréter !). En d'autres termes : la rupture doit être inscrite comme horizon possible dès la rencontre ; la relation ne se maintient qu'en fonction de bilans réguliers, réciproques et positifs ; le couple se caractérise par sa maîtrise avec pour principal objectif la construction de... soi !

Anthony Giddens baptise cette relation « amour confluent », par antithèse à l'« amour romantique » où l'on est tenté par la perte de soi dans l'échange des serments et des mots d'amour. Dans ce modèle, Giddens évoque pudiquement la

1. Cyrulnik B., *Les Nourritures affectives*, *op. cit.*
2. Giddens A., *Modernity and Self-Identity. Self and Society in the Late Modern Age*, Stanford, Stanford University Press, 1991 ; *The Transformation of Intimacy. Love, Sexuality and Eroticism in Modern Societies*, Stanford, Stanford University Press, 1992.

possibilité d'un « amour non exclusif », sans pour autant parler d'adultère, car si l'ensemble de la population monogame s'entend fort bien sur l'accès laissé aux amis, au travail, aux loisirs, etc., en ce qui concerne l'éventualité d'une autre relation en revanche, sexuelle et/ou sentimentale, l'unanimité n'est pas assurée ! La prudence de Giddens à ce sujet est assez révélatrice d'un obstacle qu'il perçoit très bien : l'existence d'un torrent de dopamine qui peut tout emporter sur son passage ! C'est ce qu'on appelle « être amoureux », avec tout ce que cet état peut comporter d'exigences d'exclusivité, le meilleur moyen d'être assuré de ne pas manquer de l'autre étant encore de le savoir toujours présent pour nous... pas pour un(e) rival(e), en tout cas ! Couple « idéal », disions-nous. Il l'est, dans la mesure où, en pratique, on ne voit guère à quoi cet amour-là pourrait ressembler !

Le couple fusionnel : une autre caricature de l'attachement

Le manque est une fatalité inhérente à toute relation, mais certains partenaires entendent la conjurer. Comme dans les couples les plus passionnels, les couples fusionnels exagèrent l'importance du manque et tentent de l'éradiquer, en restant collés, tout simplement.

Les couples fusionnels sont le plus souvent des couples formés de deux personnalités insécurisées qui s'épaulent l'une l'autre pour parvenir à un équilibre fondé sur cette relation de codépendance[1]. L'inquiétude plus ou moins formulée de perdre l'autre entraîne un contrôle permanent de l'un sur l'autre, délibéré et consenti, ainsi que la suppression de tout

1. Peele S., *Love and Addiction*, New York, Taplinger Publishing Company, 1975.

espace où pourrait s'immiscer un tiers, pour aboutir à une relation d'égoïsme à deux, voire à plus s'il y a des enfants. Les sujets fusionnels sont en général des phobiques sociaux, c'est-à-dire des individus peu ou difficilement capables d'établir des liens avec autrui, éprouvant des difficultés à s'intégrer en société et à se mêler au monde en général, idée qui seule les angoisse. Ils trouvent leur apaisement dans l'étanchéité du duo, ou cocon, et trouvent dans la vie conjugale ce que certains toxicomanes, si l'on peut risquer la comparaison, cherchent auprès d'un produit : une façon de gérer leurs émotions et de se protéger du monde extérieur. Ce sont ces couples qui s'habillent pareil, mangent pareil, parlent de la même façon, ont les mêmes loisirs de la même façon, travaillent ensemble parfois, ne voient pas grand monde, dorment avec leurs éventuels enfants au-delà de l'époque des biberons ou du plaisir épisodique. Ce mode de vie est souvent insupportable pour les autres, mais il est sans doute le seul envisageable pour les deux partenaires. Et ce fonctionnement n'a rien d'alarmant... Du moins tant qu'aucun grain de sable ne vient gripper la machine [1]. En cas de rupture ou de bouleversement circonstanciel (départ des enfants, mutation professionnelle), ce n'est pas seulement le couple qui perd son équilibre mais également les deux partenaires qui basculent chacun dans la détresse de l'insécurité et le sentiment d'abandon tant redouté.

L'attachement-engagement : une addiction bien cachée

Toute relation amoureuse entraîne plus ou moins de dépendance et tend plus ou moins à être fusionnelle, mais elle est souvent positive en cas d'« addiction » réciproque. Puisque

1. Malarewicz J.-A., *Guide du voyageur perdu dans le dédale des relations humaines*, Paris, ESF, 1992.

les partenaires se retrouvent après chaque séparation, le manque n'excède jamais le tolérable. On peut être lié sans être aliéné, à la différence de tout ce que l'on peut observer dans la dépendance aux drogues exogènes de toute nature. Ainsi, on pourrait être tenté de nier tout parallèle possible entre l'amour et la dépendance aux substances, tout simplement parce que le premier peut être vécu avec la plus grande joie et sans contrepartie douloureuse. Les deux partenaires vivent un mode de relation éloigné de celui qui lie un consommateur à une substance très perceptiblement psychoactive. Celle-ci le fait en effet passer incessamment de haut en bas, de la prise aux phases de manque, accompagnées de tortures mentales, voire physiques, d'une intensité proportionnelle au degré d'addiction. Deux partenaires attachés l'un à l'autre ne sont pas sujets aux états extrêmes, tout simplement parce que leur plaisir est régulier, permanent, sans paroxysme ni violence – précisément ce qui séduit certains et lasse d'autres. La dépendance existe pourtant au sein du couple uni sans état de transes apparentes. Même les partenaires qui ont choisi la rupture ne sont pas sans éprouver les signes du manque, attachement à certaines habitudes comme à la douce ivresse du compagnon familier. C'est en cela qu'on peut se risquer à établir un parallèle avec un produit exogène, un seul, qui serait le tabac. Parce que la consommation régulière de tabac n'entraîne pas d'effet spectaculaire, on a tendance à nier la force de la dépendance entraînée. Pourtant, c'est du tabac, et par extension métaphorique, de la dépendance conjugale, qu'il est le plus difficile de se débarrasser lorsqu'on le souhaite.

On connaît le fameux attachement du fumeur à son geste, à ses rites (café-cigarette et autres). Or on trouve chez les deux partenaires d'un couple le même bercement dans la récurrence des habitudes, identifiées au plaisir et bien inscrites dans la mémoire émotionnelle. On connaît moins bien l'effet discrètement psychoactif du tabac, qui ne modifie pas manifestement l'état du sujet, et on a longtemps sous-estimé son pouvoir anxiolytique et antidépresseur, au point qu'on le prescrit aujourd'hui dans certaines cures de sevrage des antidépresseurs. Le couple aussi cache bien son effet psychoactif. Les partenaires au long cours, de même que les dépendants tabagiques, peuvent prononcer des phrases bien connues des cliniciens, comme : « Ce n'est plus ce que c'était », ou : « J'arrête quand je veux », mais leur détachement apparent masque le malaise et l'agitation qui les saisiraient en cas de privation prolongée. Avoir bien compris ou perçu l'attachement sous l'angle d'une addiction discrète, et d'autant plus profonde, est l'argument majeur avancé par ceux qui ne souhaitent pas s'attacher et le craignent : « Moi, on ne m'y prendra pas ! » Cependant, ceux qui échapperont à tout jamais à l'attachement sont rares, car l'attachement a, lui aussi, des racines biologiques.

3

Biologie de l'attachement

Jouir, aimer, puis s'aimer et en jouir

Le cocktail dopamine + lulibérine + testostérone stimulée + opioïdes + ocytocine, absorbé durant la phase passionnelle, continue à être délivré pendant l'acte sexuel, et ce d'autant plus que « c'est bon », et même très bon. Délivrée par saccades lors des orgasmes chez les deux partenaires (via les contractions utérines ou l'éjaculation), l'ocytocine lie proportionnellement à l'intensité du plaisir, inscrivant le couple dans un cercle très vertueux si les partenaires sont libres et consentants : plus on fait l'amour, et bien, plus on s'attache, et plus on s'attache, plus on fait l'amour ! Ceux qui croient pouvoir jouir sans jamais s'attacher se trouvent parfois dépassés par les mécanismes d'attachement : une étreinte prétendument sans conséquence peut toujours en avoir...

L'humain analyse ce qu'il éprouve et conçoit des pensées élaborées que l'on peut appeler « sentiments », notamment si ses sensations et ses émotions sont doublées d'une relative légitimité intellectuelle. Immergé dans un bain biologique, il traduit ce qu'il perçoit et éprouve, fait des promesses, des projets, se sent submergé par des certitudes. Il dit « je t'aime » et ne se contente pas du présent puisqu'il énonce l'avenir comme autant de prières : « je t'aimerai toujours », « on ne se quittera jamais ».

C'est dans l'élan dynamique d'une dopaminergie désirante fantastique, motivée aussi bien par les actes que par les pensées, que les humains décident de construire des maisons, quelques châteaux en Espagne, et des enfants. Là encore, la biologie continue de les accompagner. La cohabitation et la proximité physique favorisent elles aussi la production d'ocytocine, de la même façon que les caresses, les massages [1], et tous les stimuli charnels du quotidien [2]. Quant aux enfants auxquels ils vont donner naissance, issue logique d'un cocktail plus spécialement teinté d'ocytocine, ils seront aussi la source d'une sécrétion d'ocytocine. Des expériences très attendrissantes ont montré que des parents qui regardent des photos de leurs enfants, comme les amoureux qui regardent des photos de leur élu(e), sécrètent de l'ocytocine.

Notre première rencontre avec l'ocytocine a lieu lors de notre naissance, l'accouchement faisant fabriquer beaucoup d'ocytocine à la mère, mais aussi, moins mécaniquement, au père, qui en frissonne de bonheur [3].

L'ocytocine, hormone de l'attachement premier

Si, en général, maman nous aime si fort, c'est grâce à l'ocytocine (il y a d'autres facteurs, bien évidemment !). Les femmes délivrent une grande quantité de cette hormone lors

1. Lund I., Yu L. C., Uvnas-Moberg K., Wang J., Yu C., Kurosawa M., Agren G., Rosen A., Lekman M. et Lundeberg T., « Repeated massage-like stimulation induces long-term effects on nociception : contribution of oxytocinergic mechanisms », *The European Journal of Neuroscience*, 16, 2002, pp. 330-338.
2. Insel T. R. et Young L. J., « The neurobiology of attachment », *Nature Review of Neuroscience*, 2, 2001, pp. 129-136.
3. Uvnas-Moberg K., « Oxytocin may mediate the benefits of positive social interaction and emotions », *Psycho-Neuroendocrinology*, 23, 1998, pp. 819-835.

de l'accouchement, via les contractions utérines, comme c'est le cas lors de l'orgasme. La sécrétion d'ocytocine se poursuit durant la tétée, un déclencheur qui vaudra aussi lors de la vie sexuelle, avec la succion des seins. Certaines femmes atteignent ou frôlent l'orgasme ainsi, sous la bouche de leur partenaire comme... de leur bébé [1]. L'idée est troublante pour les hommes, mais il n'en reste pas moins vrai que la biologie ignore l'identité des bouches. La démonstration en a été apportée récemment en images [2] (*cf.* cahier photos) par deux chercheurs, Bartels et Zeki. Grâce à l'IRM (Imagerie par résonance magnétique) fonctionnelle, ils ont montré que les circuits qui s'illuminent à la vue de l'amant désiré et à la vue du nourrisson chéri sont situés dans des zones anatomiquement connues pour être riches en récepteurs à l'ocytocine.

Une belle démonstration réalisée avec des brebis vierges a mis en évidence qu'elles s'attachaient au petit agneau qu'on leur confiait si on les imprégnait d'ocytocine [3]. Elles s'en occupaient comme de « bonnes petites mères », alors même qu'on ne pouvait les soupçonner d'avoir le souvenir d'un comportement maternel antérieur ou d'une imprégnation hormonale favorable consécutive à une gestation. Lors de l'accouchement, la sécrétion d'ocytocine est mêlée d'une sécrétion de vasopressine qui attache filialement (on ne la retrouve pas dans l'acte sexuel) [4].

Même si c'est dans des proportions moindres, les pères n'échappent pas à l'imprégnation d'ocytocine lors du déferlement d'émotions et de sensations qui accompagnent l'accouchement, mais dans des proportions moindres. Cela

1. Brenot P., *Le Sexe et l'amour*, *op. cit.*
2. Bartels A. et Zeki S., « The neural correlates of maternal and romantic love », *Neuroimage*, 21, 2004, pp. 1155-1166.
3. Rouchouse J.-C., « Mimiques faciales des nourrissons », in B. Cyrulnik (éd.), *Le Visage*, *op. cit.*
4. Vincent J.-D., *Le Cœur des autres*, *op. cit.*

explique le sentiment très particulier qui les anime lors de la naissance, la première fois qu'ils prennent leur enfant dans les bras [1]. On leur a longtemps nié tout instinct maternel – et même mis en doute l'existence d'un instinct –, cependant au-delà de toute discussion terminologique, tout le monde convient aujourd'hui qu'il existe d'importantes modifications biologiques inhérentes à l'état de parent.

Ocytocine : le conditionnement continue

La sécrétion d'ocytocine ne se borne pas au moment très concret de l'accouchement, elle se poursuit lors des premières années chez l'humain, quand la mère caresse le petit ou le prend dans les bras. Cette stimulation corporelle développe les récepteurs à l'ocytocine dans le cerveau de l'enfant, comme elle développe ses propres récepteurs à la dopamine. Or dopamine et ocytocine se stimulent l'une l'autre. Il en résulte un attachement réciproque mère-bébé, une sorte de... ciment affectif, facilitateur ou inhibiteur de lien, toujours sous réserve des apprentissages ultérieurs, bien entendu. Divers travaux neurobiologiques montrent que la capacité à s'attacher est liée à la densité des récepteurs à l'ocytocine initialement favorisée par les bons soins maternels.

D'autres travaux ont permis de mettre en évidence qu'un petit rat choyé apprend à chercher le plaisir, mais aussi à savoir l'attendre, pas à tout prix, et sans se mettre en danger, car, en stimulant la fonction, on stimule aussi son frein, aucune caresse n'allant sans suspension provisoire de caresse. En revanche, le petit rat délaissé ou peu stimulé montre une

1. Parker K. J. et Lee T. M., « Central vasopressine administration regulates the onset of facultative paternal behavior in microtus pennsylvanicus (meadow voles), *art. cité*.

plus grande tendance à devenir toxicomane quand on lui propose un produit. Privé de sa mère ou maltraité, il éprouvera beaucoup plus de difficultés à l'âge adulte à gérer les situations de stress, il deviendra beaucoup plus rapidement dépendant, cela tout simplement parce qu'il trouve dans la drogue une voie rapide et grossière, néanmoins efficace, de fuir les émotions et l'adversité.

Du côté des humains, bien entendu, l'éducation et les rencontres peuvent venir contrecarrer un mauvais conditionnement biologique initial, auquel se bornent les animaux. Le développement normal des récepteurs à l'ocytocine dans le cerveau humain contribue toutefois à rendre capable, une fois adulte, d'entrer dans une relation d'attachement aussi douce que le lien filial, mais qui saura aussi se teinter de désir. Si « tout est bien en place », ce qui est le cas la plupart du temps, rien ne devrait donc s'opposer à ce que la lune de miel soit éternelle. L'ocytocine est une hormone fiable : elle ne déserte pas les conjoints, même le temps passant, puisque l'habitude ne tarit pas sa production. Mais une hormone va jouer les empêcheurs de tourner en rond : la lulibérine.

4

Menaces sur le couple... non sans ébauches de solutions

De l'utilité du cerveau, surtout pour durer

Dans l'attachement entre les deux partenaires, on trouve une part biologique, certes, mais à côté de nombreux facteurs prioritaires : facteurs socioculturels, facteurs dus à divers hasards (naissance, lieu, etc.), comme à diverses décisions d'ordre personnel (l'orientation professionnelle, le plan général de vie...), et facteurs psychologiques (notre construction personnelle, l'envie ou non d'avoir des enfants, etc.) [1]. L'engagement, très lié à nos représentations sociales, à nos valeurs morales, culturelles, religieuses, s'accompagne en général de projets communs, de goûts partagés, de buts conciliables, de représentations voisines de l'avenir. La possibilité d'unir ses forces en vue d'atteindre des objectifs appréciés des deux partenaires fait naître la volonté bilatérale que le couple existe, sans qu'aucun des membres ne nourrisse la crainte de s'y dissoudre. Aimer l'autre, c'est aussi croire que l'on va se multiplier, pas seulement par une vaste descendance, mais aussi en devenant plus heureux, plus fort, meil-

1. Wickler W., *Les Lois naturelles du mariage*, Paris, Flammarion, 1971.

leur, plus grand, etc. Hélas, vient souvent un moment dans la vie de couple où cet espoir prend fin, où le contrat motivant, perçu comme plus essentiel aux yeux de certains que le contrat de mariage, semble à jamais rompu. Ce fâcheux passage peut survenir au bout de quelques mois, mais plus souvent après quelques années.

La notion d'amour, avec toutes les promesses que ce mot véhicule, a fragilisé la réalité du couple, qui s'est longtemps borné à un duo maintenu sous la pression sociale. Désormais [1], on exige que l'attachement comble l'ensemble de notre système méso-cortico-limbique, c'est-à-dire dope nos sensations (tronc cérébral), nos émotions (lobe limbique), le tout dans un bain de pensées convergentes (cortex). C'est placer la barre très haut. Ce n'est pas impossible, mais il faut y travailler, pierre après pierre, avec sa tête, qui est notre plus précieuse alliée dans la gestion des émotions et des aléas du désir sexuel.

Un peu de volonté peut superviser le cerveau émotionnel sans que les partenaires se sentent brimés pour autant. Le couple engagé, plus qu'aucune autre configuration amoureuse, a aussi commencé grâce à un peu de volonté. L'écheveau alchimique a d'abord été démêlé par le cortex avant d'aboutir à la décision de s'engager. Nous ne sommes pas victimes de nos émotions au point de promettre le mariage quand la relation ne sera qu'un feu de paille – ou rarement. Pour vivre un attachement durable et stable, du moins dans son projet, il faut l'avoir pensé. C'est encore notre part d'analyse qui peut sauver le couple quand il montre des faiblesses, en contrant les facteurs à l'origine des ruptures. On peut sauver un attachement par la volonté, surtout si elle est bilatérale, tandis qu'on ne peut pas sauver une passion puisqu'elle

1. Singly F. de et Chaland K., « Quel modèle pour la vie à deux dans les sociétés modernes avancées ? », *op. cit.*

est, par nature, un envahissement de notre logique corticale par la sensation et l'émotion. Les facteurs psychologiques apparaissent comme les meilleurs garants du lien dans la durée, tout simplement parce que la biologie attachante risque d'abandonner, voire de trahir, les couples qu'elle a unis.

L'ocytocine, autrefois pour le meilleur, et maintenant pour le pire !

Les partenaires qui entrent en couple ont la foi, comme ceux qui entrent en religion, mais il se trouve que, biologiquement, les deux missions peuvent tendre à se rejoindre, autrement dit, la vie de couple devenir un sacerdoce, vie monacale comprise ! La relative sérénité d'un mode d'attachement proche du modèle connu d'amour filial est induite par la sécrétion d'ocytocine. Dans un premier temps, la familiarité rassure, assied dans l'idée que l'histoire peut durer, douce, confortable et néanmoins palpitante. Mais c'est cette même familiarité qui nous rappelle l'amour filial qui peut signer la fin des relations sexuelles. En effet, la caractéristique du lien parent-enfant est d'être désexualisé, et la proximité physique permanente inhibe biologiquement le désir sexuel, constituant ainsi un rempart naturel contre l'inceste[1]. Le fait de vivre en couple, de dormir ensemble, de ne plus se manquer, si bien que l'autre apparaît comme un parfait familier, joue, psychologiquement comme biologiquement, contre les partenaires désireux de faire durer leur vie commune. Ce risque se multiplie avec certaines attitudes psychiques, bien repérables dans les magazines féminins, qui consistent à traiter comme un frère ou une sœur celui ou celle que l'on a épousé(e). Cet écueil est heurté de plein fouet, et vécu jusqu'à

1. Erickson M. T., « Rethinking Œdipus : an evolutionary perspective of incest avoidance », *art. cit.*

la caricature dans les couples où les conjoints, ajoutant la parole au marasme des fluides, se surnomment « papa » et « maman », un indice libidinalement inquiétant.

Perfide lulibérine : le brave petit rat et ses sept partenaires

De « dramatiques » expériences éthologiques sont venues corroborer ce qu'une simple expérience d'observateur colporte largement : la proximité tue le désir, et l'un au moins des partenaires finit souvent par tromper l'autre. Vérité désagréable à entendre mais constat statistique. Les faits ont été établis : faute de précautions, un phénomène d'accoutumance rend les partenaires trop fusionnels sexuellement indifférents l'un à l'autre. On peut d'ailleurs noter que les couples fusionnels que nous avons décrits ne dorment en général avec leurs enfants que dans la mesure où ceux-ci n'entravent aucun projet charnel, ceci confirmant cela. Mais revenons à nos amies les bêtes. On a observé des rats acclimatés de longue date à une même partenaire et dont le désir avait notablement baissé, tout comme leur taux de sécrétion de lulibérine lors de l'acte sexuel : ayant moins de désir, ils avaient moins d'activité sexuelle, et, quand ils en avaient, la lulibérine, qui contribue à l'emballement du plaisir, était moindre. Lorsqu'on a présenté une nouvelle partenaire aux rats, leur désir est revenu, le taux de lulibérine est remonté et l'emballement désir/plaisir bien connu des débuts s'est remis en marche. Le même phénomène s'est reproduit dès que l'accoutumance pointait et qu'on présentait une nouvelle partenaire aux mâles. Et ce jusqu'à la huitième, moment auquel on a jugé l'expérience assez probante[1] ! Cette expérience machiste n'a pas

1. Wilson J. R., Kuchn R. E. et Beach F. A., « Modification in sexual

été tentée avec la rate, mais certaines collègues considèrent qu'elle aurait abouti aux mêmes conclusions, la biologie en la matière ne différant pas selon les sexes, toujours d'après elles...

On avait connu l'emballement du plaisir ; voici l'heure du déballage ! Ocytocine et lulibérine désertent de concert !

Variations autour du désir de désir dans un couple installé...

L'ocytocine est aussi bien sécrétée lors des tendresses quotidiennes que dans l'orgasme. Seulement, la proximité physique inhibant le désir, l'orgasme se fait plus rare, plus difficile et/ou moins violent. La lulibérine, sécrétée lors des préludes à l'acte sexuel et pendant son déroulement, s'en trouve produite en moindre quantité, l'acte étant moins fréquent. Lulibérine et ocytocine décuplent les effets l'une de l'autre, mais, dans la situation présente, elles les divisent. Cette décrue du bonheur biologique n'est pas sans influer sur le bonheur tout court : le *conatus* étant en berne sur le plan sexuel, l'être tout entier peut s'en trouver meurtri, au point d'éprouver une sensation de vide existentiel et une absence d'intérêt à sa vie.

C'est à ce moment que les facteurs psychologiques et socioculturels deviennent déterminants. Certains envisagent que le couple puisse être déserté par le désir, et, s'ils redoutent parfois la renaissance du désir de l'autre pour un nouveau (une nouvelle) partenaire, ils parviennent néanmoins à s'accommoder de cette inquiétude. La fin du désir sexuel n'est pas

behavior of male rats produced by changing the stimulus females », *Journal of Comparative Physiology and Psychology*, 3, 1963, pp. 636-642.

alarmante, du moins pour la poursuite d'une conjugalité admise sans sexualité. Le désir de chaque partenaire de rester en couple inhibe alors solidement la pulsion biologique. Mais il faut savoir que tout désir terrassé a tendance à reprendre vie... ailleurs ! L'expérience immorale du rat trop tenté nous en dit assez long. Certains couples conçoivent la conjugalité ponctuée de quelques écarts ; d'autres biaisent en menant une double vie ; d'autres encore attendent, avec plus ou moins d'activisme ou de passivité, un hypothétique « retour de flamme », judicieuse expression populaire, car il s'agit à proprement parler de « souffler sur les braises » (s'il en reste).

Par chance, avec l'âge, l'humain tend naturellement vers plus de cortex –ce qu'on appelle la sagesse. Plus nous vieillissons, plus notre cerveau préfrontal se montre efficace, d'une part parce que les sécrétions hormonales de tout ordre baissent, l'appétit de sensation devenant normalement moindre ; d'autre part parce qu'on a appris à ne plus se laisser submerger par l'émotion (toujours « normalement » !) ; enfin, d'une façon générale, parce que les partenaires du couple découvrent, au fil du temps, des sensations et des émotions d'un autre ordre que l'éblouissement des débuts. Plus le temps passe, plus les sentiments s'ancrent profondément, comme s'ils gagnaient une nouvelle légitimité sur l'autel de la réalité.

Le corps, lui, peut se trouver en contradiction avec ces douces pensées, piqué aux alentours de la cinquantaine par le fameux « démon de midi ». La crise n'est plus l'exclusivité des hommes, car le processus est le même pour les deux sexes : la sensation d'un crépuscule sexuel redouble le désir de vivre une « dernière » aventure ou un « dernier » amour, à une époque qui correspond en général à une certaine usure du couple déjà formé ainsi que du regard de l'autre, moins aiguisé et moins admiratif que s'il venait de se poser sur un partenaire fraîchement rencontré. Il suffit que les conjoints traversent une période sans grande sensualité pour que la rencontre d'un autre qui ranime leur regard semble insuffler un nouvel élan vital, providentiel. La rencontre d'un regard neuf, surtout s'il s'agit de celui d'un être plus jeune, renvoie aux hommes l'image d'une virilité intacte à l'heure où, peut-être, elle vacille, et aux femmes celle d'une féminité triomphante à l'heure où, peut-être, elles croient voir leurs charmes décliner. Le démon de midi peut frapper une fois, de façon très isolée et impromptue, tout comme entraîner des conséquences durables parce que l'amour s'en mêle (on n'est jamais à l'abri, comme on sait !). Remariages, voire nouvelle famille (s'il est encore temps pour les femmes) sont alors au programme, réjouissant pour l'intéressé(e), tristement classique pour le (la) délaissé(e) [1].

Mais on peut aussi éviter d'être le jouet de mécanismes de séparation ou d'adultère bien connus, les mécanismes de l'attachement et du désir ne l'étant pas moins : savoir, c'est pouvoir un peu. Car prévenir le mal – les maux –, heureuse nouvelle, reste possible !

La jalousie, fléau universel

La plupart des espèces animales, comme 70 % de l'humanité, ne s'embarrassent pas de la notion d'engagement durable, ce qui évacue en apparence le sentiment de jalousie. Les partenaires ne s'unissent que le temps de l'élevage des petits, qui se borne à la phase de nourrissage chez les animaux, soit quelques mois. Celle-ci est complétée chez les humains par une phase d'éducation, souvent relayée dans les sociétés polygames par le groupe, chargé d'inculquer lois, règles et attitudes à adopter face à la vie. Dans nos pays occidentaux, on entend élever les enfants de préférence en

1. Millet R., *La Crise du milieu de vie*, rapport au CNPLF, Paris, Masson, 1990.

couple, de préférence entre géniteurs, et on situe la fin de l'éducation aux alentours de la majorité, soit dix-huit ans en France, quand ce n'est pas beaucoup plus tard, à la fin des études. Mais il ne semble pas certain que nous soyons biologiquement programmés pour une vingtaine d'années de fidélité, contrairement à nos représentations de l'amour idéal et aux représentations sociales qui nous y poussent. Le prix à payer pour notre « exception occidentale » est parfois lourd : l'infidélité est l'une des causes les plus fréquentes de ruptures, au minimum de tensions ravageuses sous nos tropiques, où polygamie comme polyandrie ne sont pas entrées dans les mœurs.

La jalousie n'a pourtant rien de pathologique : vouloir garder pour soi celui ou celle qui vous fait – et à qui on fait – du bien est une tendance naturelle. La différence pulsionnelle des humains selon les sexes se lit d'ailleurs jusque dans la modulation de leur jalousie : l'homme développe une « jalousie chasseresse », redoutant avant tout qu'un autre ne fasse jouir, à divers titres, sa femme, tandis que la femme développe une « jalousie réceptive » et redoute avant tout que son amant n'en fasse jouir une autre, à divers titres aussi. Bien entendu, la hiérarchie des deux craintes reste toute relative, les jouissances étant généralement réciproques. Du temps de l'amour fou et des plaisirs de tout ordre, la volonté de garder pour soi celui ou celle que l'on perçoit comme seule origine et destination possible de notre bonheur et de notre plaisir reste instinctive. Quand l'instinct semble être étouffé sous le poids de l'évidence, il est temps de s'inquiéter !

Contrairement à ce qu'un examen sommaire des mœurs pourrait faire croire, la jalousie est partagée par les animaux, comme par tous les peuples, y compris polygames. Simplement, celle que nous vivons douloureusement et dignement – si l'on peut dire, puisque c'est entre cris, larmes et parfois coups bas – est, dans d'autres peuples ou chez les animaux, vécue sur le mode expéditif : le mâle terrasse l'ennemi pour garder sa femelle et sa proie, dont l'avis n'est pas sollicité. Cette attitude animale et belliqueuse des mâles a beau nous sembler grossière, il ne faut pas oublier qu'il y a moins d'un siècle prendre les armes pour garder sa belle et provoquer le rival en duel au coin du bois était encore considéré comme un geste d'honneur...

La jalousie, « affreux » instinct de possession qui s'apparente chez nos contemporains occidentaux à un fléau difficile à endurer, réserve pourtant de bonnes surprises : elle se révèle, sur le plan biologique, un excellent moteur du désir.

La jalousie, fléau salvateur pour nos amies les bêtes

De nombreuses études menées sur les animaux, notamment chez le singe et l'hirondelle, ont montré que la jalousie était chez eux un excellent moyen d'échapper à la lamentable érosion du désir. Ainsi, quand la femelle hirondelle délaissée par son mâle regarde les autres mâles, l'époux blasé redevient un amant parfait[1]. Quand le singe, familiarisé à une compagne avec laquelle il partage sa cage, affiche un désir en berne, l'introduction d'un rival dans le même espace, rôdant d'un air appétent autour de sa femelle, dynamise immédiatement sa virilité perdue. Instinctivement, on désire ce que les autres désirent ou ce que l'on juge qu'ils peuvent désirer – c'est ce qu'on appelle le « désir mimétique »[2]. De là à recourir à de cruels stratagèmes entre humains qui se respectent, il y a un pas que nous ne franchirons pas. Pas tout à fait.

On a vu souvent des couples se retrouver dans l'amour après une infidélité, alors même qu'elle allait à l'encontre de

1. Cyrulnik B., *Les Nourritures affectives*, *op. cit.*

2. Girard R., *Des choses cachées depuis la fondation du monde*, Paris, Le Livre de Poche, 1983.

leurs plus profondes convictions, sans pourtant que la motivation de ces retrouvailles semble s'apparenter à un quelconque pardon chrétien. L'effectif retour de flamme peut trouver des explications dans l'émergence d'un ou d'une rivale, qui rappelle au partenaire accoutumé que sa moitié est désirable. Mais on ne saurait recommander l'adultère comme moyen de relancer son propre désir ou celui de l'autre : les souffrances des uns et des autres sont plus assurément au rendez-vous que le résultat, très aléatoire. D'une part, toute infidélité fait courir le risque de s'attacher ailleurs ; d'autre part, l'incompréhension risque fort d'accueillir ce type de comportement, même s'il bénéficie d'une légitimité biologique ! Cependant, il existe un entre-deux où l'humain particulièrement habile et averti peut se tenir, afin de ne se résoudre ni à la conjugalité désexualisée ni à l'adultère, fort risqué.

Liberté et libertinage sexuels : l'« adultère médicament » ?

L'humain monogame a l'intuition, consciente ou non, que son désir réside en partie dans la peur de perdre : s'attacher à l'autre, c'est l'aimer assez pour qu'il soit heureux et vous aime, mais c'est aussi vouloir l'avoir pour soi et qu'il ne soit pas à d'autres. Seulement l'humain perçoit intuitivement aussi que l'érosion du désir, le sien comme celui de l'autre, menace dès que le sentiment de possession s'installe. Aussi a-t-il imaginé, vraisemblablement à l'aube des temps, des scénarios sexuels susceptibles de pallier la baisse de son désir en acceptant d'un commun accord l'émergence d'un tiers (ou de plusieurs !), vecteur d'inquiétude, donc de désir, mais sans les dangers qui vont avec : « Trompons-nous, mais ne nous quittons pas. » C'est en quelque sorte l'« adultère médicament », pris par prévention : si l'on se trompe tout de suite et d'un commun accord, cela n'arrivera pas plus tard et dans la clandestinité, avec les conséquences incontrôlables que l'on sait.

C'est un principe énoncé, ou une tolérance discrète chez ceux qui perçoivent l'infidélité comme inévitable et tentent de juguler ruptures et mensonges. Aucune étude ne prouve que ceux qui ont opté pour le couple libre ou, à l'extrême, l'échangisme échappent à coup sûr aux ruptures. Toute morale mise à part, l'écueil de l'attachement demeure présent dès qu'il y a plaisir ailleurs, sans parler de la cruauté de pensées ou d'images bien réelles qui peuvent marquer durablement et négativement la plupart des âmes sensibles. Rien ne dit non plus que ces couples échappent *ad vitam aeternam* à la jalousie car, en la matière, tout dépend du rival.

C'est la qualité de celui-ci qui module le désir : un rival minable, ou jugé tel, neutralise la jalousie comme il dévalorise la partenaire, ce processus s'entendant aussi au féminin. Un rival particulièrement estimable, en revanche, valorise la partenaire et inquiète à proportion. Dans les couples qui pratiquent l'« adultère maîtrisé », les partenaires ne se trompent pas sur leur propre maîtrise, à savoir supporter que l'autre ne fasse « que » jouir avec un tiers, mais sur le fait qu'ils maîtrisent la qualité du rival. Il peut toujours arriver que l'un des deux fassent naître une jalousie non maîtrisable, au-delà du frisson ou du pincement au cœur, et rende dévastateur un jeu initialement mis en œuvre comme aiguillon du désir.

Le fantasme, chance de l'humain

Notre supériorité sur les animaux est d'avoir un cortex cérébral particulièrement développé. Si, chez les bêtes, le passage à l'acte n'est pas nécessaire pour relancer le désir, chez les humains, on peut même éviter l'introduction d'un rival dans la cage : il suffit d'en redouter l'éventualité. Nous avons la chance de pouvoir imaginer sans voir et de pouvoir fantasmer sans réaliser nos fantasmes. La jalousie n'est alors aphrodisiaque que sous forme de menace complice, et non si elle est agitée comme un péril certain. L'inquiétude éveille l'intérêt là où l'angoisse le paralyse : vient un moment dans l'assurance de la perte où le combat paraît si vain que les forces vous abandonnent. Comme la peur de l'enfant, la peur de l'adulte n'est excitante que lorsqu'elle s'inscrit dans un espace de sécurité : la peur de perdre l'autre doit rester relative. Pas assez de peur mine. Trop de peur tue. La conjugalité fidèle au long cours est un exercice d'équilibriste. Équilibriste sur un édifice de maçons pas toujours en accord, ce n'est pas simple !

Introduire du manque : l'espace du juste désir

Ce qui se passe dans l'érosion du désir peut être comparé au phénomène d'accoutumance observé dans la toxicomanie : vient un temps où, pour une même substance, les mêmes doses ne produisent pas les mêmes effets. En matière d'attachement, les prises pourraient s'apparenter à une perfusion continue. L'alternance du manque et des phases de surexcitation se fait plus lente, alors que c'est en elle que réside le principe même du *craving*, le « je crève d'envie » de te voir, te faire l'amour, te parler, etc. L'écueil possible de l'attachement est d'entraîner un amour potentiellement sans manque, du type de celui qu'on voue aux amis. On ne dit jamais d'eux qu'ils nous « manquent », ou rarement, tout simplement parce qu'on se sait assuré de ne pas les perdre, et c'est ainsi que l'amour conjugal peut se transformer en « grande amitié ».

S'attacher signifie chez certains « poser ses valises », sentiment entretenu si des passions déchirantes ont précédé. Or vivre le couple comme une base de sécurité absolue reste un piège. Paradoxalement, ceux qui se sentent trop assurés peuvent avoir tendance à redoubler d'aventures, de la même façon qu'enfant un attachement sécurisant avec les parents aidait à s'aventurer auprès d'étrangers.

La condition du maintien du désir dans un couple uni par l'habitude et la cohabitation, on le répète assez, c'est la distance, dont le bénéfice secondaire est d'instiller un peu de peur l'autre absent, on ne sait jamais ce qui peut lui arriver : rencontrer quelqu'un, plaire autant que d'autres lui plaisent (mais pas trop quand même !). Cependant, le véritable avantage de l'espace créé au sein du couple est de donner à chacun des deux partenaires la possibilité d'investir d'autres champs d'investigation. Relancer le désir conjugal, c'est tout d'abord ne pas le résumer à sa seule dimension sexuelle.

On voit que les couples se maintiennent d'autant plus durablement et facilement qu'ils se raccrochent à des convictions fortes, qu'il s'agisse d'une passion commune, de l'idée que chacun se fait de la famille ou, à l'extrême, de la croyance en Dieu et de l'obéissance à Ses commandements. Tous les ciments sont permis, si l'on peut dire, y compris ceux qui prennent à l'insu des partenaires, via l'inconscient, comme... la névrose et la culpabilité. Plus gaiement, tendre vers des activités aussi diverses qu'aller au cinéma ou faire du sport, se fixer des objectifs aussi différents que construire sa maison ou élever sa famille, voyager ou travailler sont autant de façons d'exprimer son *conatus*, de moyens de soutenir son débit de dopamine. La dopamine donne l'élan, car si, initialement, il n'est pas sexualisé et n'est pas immédiatement déclencheur de lulibérine et d'ocytocine, il y a cependant tout lieu de croire qu'il y a moins loin de l'élan tout court à l'élan sexuel que du manque d'élan à l'élan sexuel. L'imagination sert précisément à trouver des terrains d'épanouissement infinis, innombrables et de toute nature. C'est alors que l'attachement-engagement ne signe pas la fin de l'amour ou la mort du désir, mais le début d'aventures à renouveler sans cesse entre soi et ce partenaire unique, choisi, le plus souvent, après mûre réflexion, parce qu'on aimait partager à deux ce qui n'appartenait alors qu'à nous seul.

5

Le bonheur finalement

Le couple a beau être cette entité inquiétante, difficile à créer, comme à entretenir, si décriée par ceux qui s'y trouvent mal ou qui n'y croient plus, il reste ce qui symbolise universellement, ou à peu près, ce qu'on appelle le « bonheur ». De toute évidence, l'être humain n'est pas fait, biologiquement, affectivement et intellectuellement, pour rester seul. La rencontre de l'âme dite sœur – et qui ne doit pas le devenir, comme on l'aura compris – reste l'horizon le plus réjouissant de la plupart des âmes célibataires, durer demeurant le plus fervent espoir de celles et ceux qui estiment l'avoir déjà rencontré.

En pleine période d'exaltation passionnelle, l'être humain s'avoue joyeux, euphorique car rempli d'espoir, mais il se juge rarement heureux, comme s'il aspirait instinctivement à retrouver ses esprits afin d'en avoir le cœur net. L'attachement se construit en acceptant de cesser de rêver l'autre. Ce passage à la réalité peut être vécu négativement, comme une désillusion ou un atterrissage, mais aussi positivement, comme une fin d'illusions et une nouvelle orientation : savoir qui est l'autre, en être d'autant plus désireux d'aller loin avec lui, se juger capable de dépasser les crises, le prouver en en sortant renforcé(e), tous ces sentiments sont générateurs de grande satisfaction. On sait parfaitement combien l'apparition de cette maturité amoureuse est rare, longue à venir pour certains, difficile à préserver pour la plupart. On voue à l'autre une reconnaissance permanente de l'avoir rencontré(e) comme de savoir maintenir le couple, sentiment réciproque qui contribue encore à cimenter les partenaires.

Ne plus rêver l'autre permet aussi de rêver à autre chose. On aspire généralement dans l'existence à suffisamment de paix et de stabilité pour nous laisser le temps de mener à bien un certain nombre d'objectifs intellectuels, sociaux, artistiques, etc., que la stabilité affective permet, voire favorise. Passer du rêve à la réalité, c'est pouvoir donner de l'ampleur à toutes les dimensions de son humanité. Dire « je t'aime » dans une relation d'attachement n'est pas seulement s'engager vis-à-vis de l'autre mais aussi, plus profondément, sur le chemin de la vie, à ses côtés. Et ça peut durer toujours, comme ce mari et sa femme, plus que centenaires tous deux, encore si amoureux l'un de l'autre et s'avouant incapables de respirer l'un loin de l'autre qu'il était inenvisageable à tout le service d'hospitaliser l'un sans hospitaliser l'autre, et dans la même chambre. Et quand l'un est décédé, l'autre l'a très vite rejoint.

L'attachement-engagement, vécu avec une intensité qui ne faiblit pas au fil des ans, est l'illustration parfaite de la puissance de la théorie de l'esprit : on est lié à la fois par l'amour qu'on porte à l'autre et par l'idée que l'autre nous porte un amour réciproque. Et l'autre finit par prendre la première place dans nos préoccupations. Alors que dans l'amour passionnel on est tout entier mû par des questions égocentriques (« m'aime-t-il [elle] vraiment ?), dans l'attachement, on est tout entier tourné vers des questions altruistes dont le présupposé est que l'autre nous aime : « Est-ce que je l'aime assez ? Assez bien ? À sa hauteur ? Est-ce que je lui donne assez de bonheur ? Assez de plaisir ? » On préfère qu'il nous manque plutôt que de lui manquer, et il est vraisemblable que le « vieil amoureux », conjoint survivant, ne s'est pas tant demandé si sa femme lui manquait que l'inverse. L'amoureux constant affirmait entendre sa femme l'« appeler là-haut », comme les croyants se sentent « rappelés » par Dieu, preuve que l'on peut diviniser l'autre *ad vitam aeternam*. Il existe des couples que même la mort ne sépare pas...

Cinquième partie

DE LA PUISSANCE DE L'AMOUR FOU À L'ENFER ALIÉNANT DE LA PASSION DESTRUCTRICE

C'était l'amour fou... La phase passionnelle, on s'en souvient, on aurait voulu qu'elle dure toujours, et, finalement, les choses ont changé mais l'intensité n'est pas moindre : simplement, « c'est l'enfer », comme on dit. Insidieusement, le sujet éperdument heureux a basculé dans la douleur, en a supporté un peu, puis davantage, jusqu'à devenir l'esclave d'une relation qui lui apporte désormais plus de souffrance que de plaisir. L'amoureux ne parvient pas à quitter ni à se laisser quitter, rêve d'une vie où il n'aurait jamais rencontré l'autre, seule hypothèse envisageable pour imaginer qu'il pourrait n'en être pas dépendant. Il métaphorise son histoire avec une clairvoyance que la science permet d'accréditer : l'autre est sa « drogue », « une drogue dure », sa « came », il y est « accroché », il ne peut pas « décrocher », il fait des « crises de manque ». Cet amour-là n'est plus une passion. C'est une addiction.

1

Critères pour établir le diagnostic du trouble addictif

Au milieu des années 1980, tous les professionnels du psychisme ont ressenti le besoin de disposer d'un outil permettant d'établir un diagnostic psychiatrique fiable à partir de critères objectifs et identiques dans tous les pays, et d'en tirer notamment des prescriptions adaptées. Le *Diagnostic and Statistical Manuel*[1], aujourd'hui dans sa quatrième édition – dite couramment DSM IV –, a vu le jour aux États-Unis et fait aujourd'hui autorité au niveau international. Il permet de repérer les signes des différentes pathologies, entre autres la dépendance aux produits, et énumère un certain nombre de comportements et de symptômes caractéristiques.

Cette grille de critères objectifs a été reprise et adaptée dans les années 1990 par Goodman[2], un psychologue américain, qui l'a enrichie de quelques éléments communs à l'ensemble des comportements de dépendance, pas seulement envers une substance. Les cliniciens avaient en effet déjà constaté que d'autres comportements rappelaient fortement celui des

1. *Diagnostic and Statistical Manuel*, IV (4e édition révisée), Paris, Masson, 2004.

2. Goodman A., « Addiction, definition and implications », *British Journal of Addictions*, 85, 1990, pp. 1403-1408.

dépendants face aux produits : les conduites vis-à-vis du sexe, du jeu, du sport, de la nourriture (anorexie/boulimie), du shopping et, bien que cet objet de consommation n'ait pas alors été répertorié, vis-à-vis d'Internet. Les cliniciens avaient donc repéré les mêmes éléments d'impulsivité, de compulsion, d'envahissement de la pensée, d'impossibilité de contrôler ou d'arrêter face à tous ces objets, malgré leurs conséquences néfastes dans la vie quotidienne. En effet, le principe de toutes ces conduites de consommation est le même, à savoir une suractivation du débit dopaminergique sous l'appel d'un plaisir, suivi d'une phase de manque, avec alternance d'hypo- et d'hyperdopaminergie : euphorie et dépression se succèdent.

La grille de Goodman, qui fait aujourd'hui autorité chez les spécialistes des addictions, dresse une liste assez exhaustive des éléments indicateurs d'un comportement d'addiction, avec ou sans produit. L'individu qui présente un certain nombre de ces symptômes est considéré, d'un point de vue clinique, comme dépendant, et l'on peut apprécier à quel point l'échelle peut valoir pour les comportements amoureux.

Critères de Goodman

Présenter les symptômes suivants :

A. Échecs répétés de résister à l'impulsion d'entreprendre un comportement spécifique.
B. Sentiment de tension augmentant avant de débuter le comportement.
C. Sentiment de plaisir et de soulagement en entreprenant le comportement.
D. Sentiment de perte de contrôle pendant la réalisation du comportement.

Et au moins cinq des items suivants :

1. Fréquentes préoccupations liées au comportement ou aux activités préparatoires à sa réalisation.
2. Fréquence du comportement plus importante ou sur une période de temps plus longue que celle envisagée.
3. Efforts répétés pour réduire, contrôler ou arrêter le comportement.
4. Importante perte de temps passé à préparer le comportement, le réaliser ou récupérer de ses effets.
5. Réalisation fréquente du comportement lorsque des obligations occupationnelles, académiques, domestiques ou sociales doivent être accomplies.
6. D'importantes activités sociales, occupationnelles ou de loisirs sont abandonnées ou réduites en raison du comportement.
7. Poursuite du comportement malgré la connaissance de l'exacerbation des problèmes sociaux, psychologiques ou physiques persistants ou récurrents déterminés par ce comportement.
8. Tolérance : besoin d'augmenter l'intensité ou la fréquence du comportement pour obtenir l'effet désiré ou effet diminué si le comportement est poursuivi avec la même intensité.
9. Agitation ou irritabilité si le comportement ne peut être poursuivi.

Certains symptômes du trouble persistent au moins un mois, ou surviennent de façon répétée sur une période prolongée.

Il faut noter que cet alinéa permet de faire échapper les excès à caractère exceptionnel à la définition d'addiction.

Les critères de Goodman se divisent d'ailleurs en deux types (symptômes et items) pour éviter tout amalgame. Les quatre premiers décrivent la dimension neurobiologique qui caractérise l'activation du circuit de plaisir. C'est pourquoi on les retrouve dans nos conduites positives, amoureuses et autres. En revanche, les derniers signent la dérégulation du cerveau rationnel : ils ne se retrouvent que dans la passion négative. C'est à ce stade, quand il est trop tard, que nous percevons nous-même que nous ne sommes plus dans notre état normal, qu'il est bon de s'inquiéter – on s'inquiète, d'ailleurs. Et c'est à ce stade aussi que l'on s'interroge : « Comment en suis-je arrivé là ? »

L'application sentimentale

On peut reprendre ces points un par un et les illustrer sur le plan sentimental[1]. Les étudiants en médecine travaillant sur l'addiction n'hésitent pas eux-mêmes à illustrer leurs propos on ne peut plus scientifiques par des exemples empruntés à la littérature, car les artistes furent inlassablement tentés d'expliquer la passion et se sont heurtés en ce domaine aux limites de la connaissance. Nul ne sait ce que sera la littérature quand les mécanismes de la passion seront maîtrisés par le grand public, mais sans doute changera-t-elle.

A. *Échecs répétés de résister à l'impulsion d'entreprendre un comportement spécifique*

Il est terriblement difficile de résister à la « tentation de l'autre ». On se jure de ne pas l'appeler, on l'appelle. On fuit le téléphone fixe, on se réfugie au cinéma où la sonnerie (ou le silence) du portable ne nous poursuivra pas, ou bien dans les rares campagnes où c'est encore le cas. On débranche le téléphone, ou le répondeur de la maison, on éteint le portable, mais on ne peut s'empêcher d'écouter les messages, de les chercher, plutôt, de composer le 3131 (information : ce

1. Chemla S., « La passion est-elle une addiction ? », thèse de médecine, Paris, 2004.

numéro permet de savoir quel est le dernier correspondant qui a appelé, sans laisser de message), et l'appel de l'autre n'est attendu que sous la forme d'un appel au secours qui nous obligerait à voler vers lui. Comme un automate, il arrive qu'on cherche à rejoindre l'autre, en en prenant à peine conscience : on se retrouve devant chez lui, dans le lieu où il se rend toujours, où il devrait être ou pourrait être. Les retrouvailles sont perçues comme une fatalité, une nécessité. Si rien ne se passe qu'on puisse attribuer à l'autre ou au hasard, on prend les devants, épuisé(e) d'avoir résisté si longtemps.

> *Ah ! dans toutes mes veines quel frisson, quand mon doigt par mégarde touche le sien, quand nos pieds se rencontrent sous la table ! Je m'éloigne comme d'un brasier, mais une force secrète me ramène en avant, le vertige s'empare de mes sens ! [...] Je me suis plus d'une fois déjà proposé de ne pas la voir si souvent. Mais qui pourrait tenir pareille résolution ! Tous les jours je succombe à la tentation et je me promets par tout ce que j'ai de sacré de rester le lendemain chez moi. Et quand le matin suivant arrive, je me trouve de nouveau un motif irrésistible et, avant même d'y avoir pris garde, je suis chez elle. [...] Je suis dans son atmosphère et trop près – crac, m'y voilà. Ma grand-mère savait le conte de la montagne d'aimant : les navires qui s'en approchaient trop étaient soudain dépouillés de toutes leurs ferrures, les clous volaient vers la montagne et les malheureux navigateurs sombraient parmi les planches qui s'écroulaient les unes par-dessus les autres..*
>
> (GOETHE, *Les Souffrances du jeune Werther*)

B. Sentiment de tension augmentant avant de débuter le comportement

Le temps qui précède le rendez-vous avec l'autre est « hors du temps », des minutes, des heures ou des jours qui sont inutilisables. On ne pense qu'à « ça », incapable de se concentrer, de lire, voire de vivre, de manger, de dormir. Plus le moment des retrouvailles approche, plus le désordre de la pensée est envahissant, plus le cœur bat, au point que l'autre ne nous trouve même pas heureux, mais comme statufié dans une attente extatique mêlée d'inquiétude : et s'il, ou elle, ne venait pas ?

Une fois prête, maquillée, coiffée, la maison rangée, j'étais, s'il me restait du temps, incapable de lire ou de corriger des copies. D'une certaine façon, aussi, je ne voulais pas détourner mon esprit vers autre chose que l'attente de A. : ne pas gâcher celle-ci. Souvent, j'écrivais sur une feuille la date, l'heure, et « il va venir » avec d'autres phrases, des craintes, qu'il ne vienne pas, qu'il ait moins de désir.

(Annie ERNAUX, *Passion simple*)

C. Sentiment de plaisir et de soulagement en entreprenant le comportement

Finir de lutter contre ses désirs met fin au sentiment de culpabilité ou à la peur que l'autre ne nous fasse défaut, d'où un immense soulagement quand on le voit, qu'on se jette dans ses bras peut-être. Le poids du manque et des angoisses tombe pour laisser place au sentiment d'être comblé, seul état vivable.

Oh, Rodolphe !... fit lentement la jeune femme en se penchant sur son épaule. Le drap de sa robe s'accrochait au velours de l'habit ; elle renversa son cou blanc, qui se gonflait d'un soupir, et, défaillante, tout en pleurs, avec un long frémissement et se cachant la figure, elle s'abandonna. [...] Rien autour d'eux n'avait changé et pour elle, cependant, quelque chose était survenu de plus considérable que si les montagnes se fussent déplacées. Rodolphe, de temps à autre, se penchait et lui prenait sa main pour la baiser. [...] Elle entrait dans quelque chose de merveilleux où tout serait passion, extase, délire ; une immensité bleuâtre l'entourait, les sommets du sentiment étincelaient sous sa pensée, l'existence ordinaire n'apparaissait qu'au loin, tout en bas, dans l'ombre, entre les intervalles de ses hauteurs.

(FLAUBERT, *Madame Bovary*)

D. Sentiment de perte de contrôle pendant la réalisation du comportement

La violence de la rencontre est parfaitement perçue par le sujet qui a l'impression, plus ou moins délicieuse, de perdre pied. Le plaisir est justement comparé à l'ivresse, un voyage hors de la réalité. La perte de contrôle physique, qui correspond à l'ivresse des sens, est accompagnée d'une perte de contrôle intellectuel, voire moral : on ne pense plus à ses proches, parents, famille, enfants, pas davantage à son travail ou à ses obligations puisque plus rien n'existe, rien à part ce « paradis naturel » qu'on voudrait ne plus jamais quitter.

Tu me dévastes, nous sommes une fusion un assemblage parfait, tu es ma drogue ma dépendance je me dissous disparais fonds en toi.

(Nathalie RHEIMS, *Lettres d'une amoureuse morte*)

En plus des quatre items énumérés, présenter au moins cinq des items suivants permet aux yeux de la classification mondiale d'être considéré comme « addict ».

1. Fréquentes préoccupations liées au comportement ou aux activités préparatoires à sa réalisation

La vie entière est tournée vers cette passion, et de nombreuses activités sont destinées à la raviver et à la faire durer. On soigne son apparence, son pouvoir de séduction, cherchant les vêtements qui plairont à l'autre, particulièrement les femmes. On acquiert la culture de l'autre, on lit les livres qu'il (elle) aime, on voit les films qu'il (elle) voit ou a vu, les musiques dont il (elle) a parlé. On cherche pour lui (elle) des cadeaux, des surprises, on organise ce qui va lui plaire, et, si l'on travaille, c'est pour mieux libérer le temps que dévorera l'Autre.

Dans les conversations, les seuls sujets qui perçaient mon indifférence avaient un rapport avec cet homme, sa fonction, le pays d'où il venait, les endroits où il était allé. La personne en train de me parler ne soupçonnait pas que mon intérêt soudain intense pour ses propos n'était pas dû à sa façon de raconter, et très peu au sujet lui-même. [...] Dans le R.E.R., le métro, les salles d'attente, tous les lieux où il est autorisé de ne se livrer à aucune occupation, sitôt assise, j'entrais dans une rêverie de A. À la seconde juste où je tombais dans cet état, il se produisait dans ma tête un spasme de bonheur. J'avais l'impression de m'abandonner à un plaisir physique, comme si le cerveau, sous l'afflux répété des mêmes images, des mêmes souvenirs, pouvait jouir, qu'il soit un organe sexuel pareil aux autres [...].

(Annie ERNAUX, *Passion simple*)

2. *Fréquence du comportement plus importante ou sur une période de temps plus longue que celle envisagée*

On pensait rarement que l'histoire durerait si longtemps, soit parce qu'on la percevait comme une aventure sans lendemain, soit parce que c'était imprévisible. Et l'imprévu se poursuit dans l'incapacité à mettre fin à la relation : on voulait se quitter avant les vacances, mais ce sera après ; on voulait ne revoir l'autre qu'une fois, ce sera deux, jusqu'à la prochaine. Pour une raison ou pour une autre, on est comme poursuivi par la récidive dont on aime s'imaginer qu'elle est tout à fait indépendante de notre volonté.

Cesse de penser à elle !
Oh ! apprends-moi comment je puis cesser de penser

(SHAKESPEARE, *Roméo et Juliette*)

3. *Efforts répétés pour réduire, contrôler ou arrêter le comportement*

Les premières tentatives de rupture ne sont jamais les bonnes. On tente d'établir des règles, mais elles ne sont plus respectées et on continue malgré tout. On se quitte sur des « paroles définitives »... qui ne le sont pas. On rechute le jour de la « dernière » explication, le jour où l'on doit récupérer ses affaires, le jour où, un peu plus abattu que d'ordinaire, on trouve en l'Autre une oreille précieuse ou une épaule sur laquelle s'appuyer.

Quitter Irène...
La question sans cesse tente de s'imposer, suivie immédiatement d'une réponse venue d'une part de moi, la plus mystérieuse, la plus viscérale, décrétant l'impossibilité d'une telle séparation. Comment abandonner un territoire inconnu qui n'a pas encore révélé ses secrets ? Mais pourquoi aussi rester en territoire hostile où chaque avancée apportera son lot d'éraflures avec la sombre conviction, pour le voyageur, qu'un gouffre caché finira bien par l'engloutir ? Tant qu'elle ne vous dira pas : je te quitte, elle pourra vous faire tout subir ? Non. Il doit y avoir un moment où le dégoût l'emporte. Le dégoût de l'autre, pour vous avoir imposé trop de médiocrités, et le dégoût de soi, pour les avoir acceptées.

(Yves SIMON, *Le Prochain Amour*)

4. *Importante perte de temps passé à préparer le comportement, le réaliser ou récupérer de ses effets*

L'autre dévore le temps, avant parce qu'on se prépare à la rencontre, pendant parce que plus elle dure, mieux on se porte, et après non seulement parce qu'on rattrape tout ce qui n'a pas été fait à cause de la rencontre, mais aussi parce que, ce faisant, on continue à ne penser qu'à lui (elle). On n'épargne pas sa peine, pas davantage en temps qu'en douleur : on traverse le pays ou la ville pour voir l'autre une heure, on ne dort pas pour ne pas perdre un instant de l'autre, on ressort épuisé des rendez-vous : peu importe. Ce rythme d'enfer est accepté puisque ce qu'on vit est « exceptionnel » ou que c'est la « dernière fois » qu'on le vit.

Cela me semblait faire partie d'une dépense générale, nécessaire, inséparable de ma passion pour A., incluant aussi celle du temps, que je perdais en rêveries et attente, et naturellement celle du corps : faire l'amour à en tituber de fatigue, comme si c'était la dernière fois. [...] Aussitôt après son départ, une immense fatigue me pétrifiait. Je ne rangeais pas tout de suite. Je contemplais les verres, les assiettes avec des restes, le cendrier plein, les vêtements, les pièces de lingerie, éparpillés dans le couloir, la chambre, les draps pendant sur la moquette. J'aurais voulu conserver tel quel ce désordre où tout objet signifiait un geste, un moment. [...] Le jour suivant, je vivais dans une torpeur où se reformait indéfiniment une caresse qu'il avait eue, se répétait un mot qu'il avait prononcé. [...] Cette anesthésie se dissipait progressivement, je recommençais d'attendre un appel [...].

(Annie ERNAUX, *Passion simple*)

5. *Réalisation fréquente du comportement lorsque des obligations occupationnelles, académiques, domestiques ou sociales doivent être accomplies*

Comme il faut bien trouver le temps quelque part, on le vole : à nos proches, à nos enfants, à nos parents, et avec finalement assez peu de scrupules, ou pas assez pour nous en dissuader. La rencontre avec l'autre remplace purement et simplement le repas dominical sacré, le mercredi sacré des enfants, la visite sacrée à l'hôpital, le rendez-vous à la banque, et... le sommeil.

Depuis que j'ai lu sa lettre, je ne peux plus songer à autre chose. Je l'ai relue quatre fois de suite, et puis je l'ai serrée dans mon secrétaire. Je la savais par cœur ; et, quand j'ai été couchée, je l'ai tant répétée, que je ne songeais pas à dormir. [...] Je ne me suis endormie que bien tard ; et aussitôt que je me suis réveillée (il était encore de bien bonne heure), j'ai été reprendre sa lettre pour la relire à mon aise.

Lettre XVI, de Cécile Volanges au chevalier Danceny,
CHODERLOS DE LACLOS *Les Liaisons dangereuses*)

6. *D'importantes activités sociales, occupationnelles ou de loisirs sont abandonnées ou réduites en raison du comportement*

Nos centres d'intérêt deviennent moins palpitants que l'autre, au point qu'on ne va plus au cinéma, sauf si c'est en rapport avec l'être aimé, qu'on ne lit plus, sauf si c'est en rapport avec l'être aimé, que toutes les habitudes sont bouleversées, sauf si... Le travail lui-même est sacrifié, les loisirs paraissent plus que secondaires, et c'est sans regret que l'on rompt avec tout ce qui jusque-là nous a semblé si cher. Il semble qu'on a changé de vie voire, aux yeux des autres, que l'on dépérit puisqu'ils ne nous imaginent pas renaître, ou ne le savent pas encore.

Avouez-le, tout change ; et depuis quelques jours,
on vous voit moins souvent, orgueilleux et sauvage,
tantôt faire voler un char sur le rivage,
tantôt, savant dans l'art par Neptune inventé,
rendre docile au frein un coursier indompté.
Les forêts de vos cris moins souvent retentissent ;
chargés d'un feu secret, vos yeux s'appesantissent.
Il n'en faut point douter : vous aimez, vous brûlez ;
vous périssez d'un mal que vous dissimulez.

(RACINE, *Phèdre*)

7. *Poursuite du comportement malgré la connaissance de l'exacerbation des problèmes sociaux, psychologiques ou physiques persistants ou récurrents déterminés par ce comportement*

Bien entendu, la désorganisation générale de la vie du sujet entraîne assez rapidement des conséquences. On le réprimande au travail, ses amis lui vouent quelque rancœur, sa famille l'accable de reproches. Au lieu de remédier à la situation, il y voit en général une raison de poursuivre la fuite en avant, puisque rien, déjà, ne va plus.

« Voici la fin de tout, s'écria Madame de Rênal, en se jetant dans les bras de Julien. Il va nous tuer tous les deux. [...] Je vais mourir dans tes bras, plus heureuse à ma mort que je ne le fus dans la vie. » Elle ne répondait nullement à son mari qui se fâchait, et embrassait Julien avec passion.

(STENDHAL, *Le Rouge et le Noir*)

J'aime bien mieux être malheureuse en vous aimant que de ne vous avoir jamais vu.

(Guilleragues, *Lettres de la religieuse portugaise*)

8. Tolérance : besoin d'augmenter l'intensité ou la fréquence du comportement pour obtenir l'effet désiré ou effet diminué si le comportement est poursuivi avec la même intensité

En amour, on ressent le besoin de se voir de plus en plus souvent et de plus en plus longtemps, sans jamais parvenir à satiété. Les rencontres prévues au compte-gouttes se transforment en rendez-vous quotidiens, les soirées en week-ends, les week-ends en semaines, et les retours sont désastreux : on éprouve encore davantage le manque, à croire qu'on n'y a à peine goûté. Les problèmes persistent quand pour l'un des partenaires est venu le temps de l'« overdose », et de l'éloignement qui va avec, occasionnant ainsi un manque récurrent !

On retrouve le même envahissement de la pensée...

Dans le fond des forêts votre image me suit.

(Racine, *Phèdre*)

... la même insatiabilité.

Comment se fait-il, mon cher ami, que je cesse de vous voir quand je ne cesse pas de le désirer ? (...) Ah ! c'est bien à présent que je suis triste ! plus triste que quand nous étions séparés tout à fait.

(Lettre CLVI, de Cécile Volanges au chevalier Danceny, Choderlos de Laclos, *Les Liaisons dangereuses*)

... et le même passage du plaisir au besoin :

> *... cet amour redevenait surtout un goût pour les sensations que lui donnait la personne d'Odette, pour le plaisir qu'il avait à admirer comme un spectacle ou à interroger comme un phénomène, le lever d'un de ses regards, la formation d'un de ses sourires, l'émission d'une intonation de sa voix. Et ce plaisir différent de tous les autres avait fini par créer en lui un besoin d'elle et qu'elle seule pouvait assouvir par sa présence ou ses lettres.*
>
> (PROUST, *Du côté de chez Swann*)

9. Agitation ou irritabilité si le comportement ne peut être poursuivi

Un rendez-vous annulé, un contretemps, un changement de programme sont vécus comme des cataclysmes qui paralysent l'ensemble de l'existence. On devient irritable, on ne supporte pas la moindre contrariété, on parle de façon très désagréable à ceux qui nous sont le plus chers. On sent monter en nous une colère mêlée d'une détresse inconnue jusque-là : on se perçoit violent, on ne l'était pourtant pas.

> *J'ai revu l'ennemi que j'avais éloigné :*
> *Ma blessure trop vive aussitôt a saigné.*
> *Ce n'est plus une ardeur dans mes veines cachée :*
> *C'est Vénus tout entière à sa proie attachée.*
>
> (RACINE, *Phèdre*)

Le rapport à la durée dans l'addiction amoureuse et dans l'addiction aux produits : la différence majeure

La persistance des troubles, qui est un item du diagnostic des addictions médicales, ne concerne pas les brefs engouements, les passions sans lendemain, car les emballements du plaisir n'entraînent que rarement des souffrances majeures. Mais cela nous amène à un point capital : la véritable différence entre la passion amoureuse et l'addiction aux produits se situe dans la perception de la durée et de la maîtrise que pense avoir le sujet sur sa dépendance. Tandis que le consommateur de drogue se berce de l'illusion qu'il saura rester libre, qu'un jour tout cela prendra fin, l'amoureux croit qu'il aimera toujours, il le souhaite même, et ne redoute que la fin de son histoire avec l'Élu(e). Or la dépendance capture le consommateur de drogue, et beaucoup de dépendants aux produits vivent dans la nostalgie du premier plaisir. Inversement, un jour, l'amoureux oubliera, se demandera comment il a pu éprouver tant de plaisir, connaître tant de bonheur auprès d'un être qui lui paraît désormais si fade, ou qui du moins ne le transporte plus. C'est finalement quand l'amour est douloureux, accompagné de la volonté d'en finir avec lui, qu'il ressemble le plus à la dépendance aux produits. L'amour heureux, lui, paré de toutes les vertus, ne pousse à entrevoir aucune possibilité de sevrage !

Du paradis du lien à l'enfer de la dépendance

Les critères de Goodman, retrouvés en totalité ou pour une part dans l'addiction amoureuse, ne signent pas tous une dépendance toxique et destructrice. Toute dépendance n'est pas négative ou à bannir : on naît physiologiquement dépendant d'un certain nombre de besoins vitaux, mais aussi affectivement. Tout humain tend instinctivement à s'attacher à un autre humain, et l'appétence au plaisir est naturelle, les deux se combinant fort bien pour nous faire vivre, nous unir et nous reproduire. Ces attaches initiales se doublent de liens à d'autres ambitions plus nobles, comme marcher sur Mars, découvrir les lois de la relativité ou de l'inconscient, inventer la machine à vapeur ou l'informatique. Elles peuvent même initier des passions qui n'en restent pas moins d'excellents vecteurs de vie. Si la plupart des chercheurs en tout genre n'étaient pas formidablement dépendants de leur recherche, avec pour moteur la passion, et une prime au plaisir lorsqu'ils trouvent, ils n'auraient jamais rien découvert. En outre, on peut s'aimer tout en s'y adonnant, en témoignent Pierre et Marie Curie. Bon nombre d'œuvres d'art n'existeraient pas sans la passion, et la passion amoureuse en particulier, qui exalte les cœurs comme les talents. Les écrivains y trempent leur plume, les peintres leur pinceaux, et, d'une façon générale, elle souffle un élan créatif peu contesté. Le manque même qui accompagne toute passion est initiateur d'une douleur qui peut être acceptée au titre d'effet indésirable et inévitable, car il entraîne un bénéfice secondaire : il laisse l'espace nécessaire à la création et la stimule. Créer, c'est souffrir un peu. La passion est positive quand elle laisse encore le loisir de gérer la vie quotidienne : elle dope et ne tue pas. Tout est question de dosage

On peut ainsi se reconnaître dans certains des premiers critères de Goodman sans se diagnostiquer dangereusement dépendant et y lire un impératif de soins immédiats, en matière de passion comme de produits. Il ne faut pas tomber dans l'excès (si l'on peut dire) qui consiste à voir en toute appétence prononcée une dangereuse addiction à éradiquer ou à soigner d'urgence, tous objets confondus. On peut rêver d'une coupe de champagne à la nuit tombée ou d'un bon cigare à la fin du repas, attendre le retour de l'autre ou le précéder en remettant son ménage à plus tard, c'est de l'ordre du lien, et même du lien vital. On peut aussi aller, un temps du moins, au cinéma tous les jours, ou boire trop de champagne le soir de son anniversaire. Tout plaisir active le débit de dopamine (on le sait désormais) dans le circuit méso-cortico-limbique, le simple fait d'envisager du plaisir y suffisant même. Être motivé par toutes sortes d'envies est un état souhaitable, celui que l'on apprécie tant lors des débuts d'une histoire d'amour ou des coups de foudre. C'est un état qui donne sens à la vie, le contraire de la dépression, où tout désir déserte.

Mais, du lien hédoniste au trouble addictif, le glissement est difficilement perceptible, du moins les premiers temps. Justement parce que au début, c'est bon du point de vue de la sensation, de l'émotion, comme du cortex en pleine possession de ses facultés. La médecine, la psychiatrie, la morale courante et la société pêle-mêle approuvent le plaisir, à peu près tous les plaisirs. Tant qu'il y a du plaisir...

On distingue couramment trois notions en addictologie : l'usage, l'usage nocif ou abus et la dépendance [1]. La notion d'usage se passe de commentaire. L'usage nocif ou abus entraîne quelques conséquences néfastes qui invitent à ne pas consommer. On peut encore arrêter, sans tremblements ni épisodes délirants, mais on continue parce qu'on en a très envie, trop envie. Ce phénomène est bien connu pour des produits d'usage répandu comme le vin : on boit un verre ou deux tous les jours pendant longtemps sans en avoir « besoin », puis trois, puis six, etc. On devient doucement malade, alcoolique sans s'en rendre compte le plus souvent, jusqu'au jour ou mal-être et tremblements font leur apparition. Il est alors un peu tard pour faire machine arrière. La dépendance se définit comme le stade où l'envie est devenue besoin, avec apparition de la tolérance, c'est-à-dire de la nécessité d'augmenter les doses pour obtenir les mêmes effets, et l'apparition de signes de sevrage en cas de non-consommation. Une fois passé de l'usage à l'abus, puis à la dépendance, il n'y a plus de plaisir. Et même quand il en reste, il est une maladie... qui peut être d'amour.

---

1. Reynaud M., Parquet P.-J. et Lagrue G., *Les Pratiques addictives*, Paris, Odile Jacob, 2000.

Quand ce n'est plus « bon » exactement : l'heure du déni

Le dépendant aime ignorer son état. Une prise récurrente ou chronique lui permet de fermer les yeux sur l'aliénation de sa liberté tant qu'il ne veut pas arrêter, parce qu'il n'en voit pas la nécessité ni l'intérêt. Si jamais l'idée l'effleure, ou s'il en conçoit vraiment le projet, il est saisi de panique devant l'ampleur du sacrifice et un tour de passe-passe l'aide à ne pas passer à l'acte : « Tout compte fait, je ne veux pas. Mais si je voulais, je pourrais ! » Ainsi, l'on voit couramment des alcooliques ou des fumeurs boire cette coupe ou fumer cette cigarette « parce que c'est bon », jurer le faire « parce que j'en ai envie et non parce que j'en ai besoin ». Mais la seule preuve de telles déclarations serait leur capacité à s'en priver sans irritabilité excessive et sans que l'envie d'en reprendre aille croissant. C'est au pied du mur qu'on reconnaît le dépendant : arrêter tout de suite et non s'éprouver capable d'arrêter... demain ! Les conduites addictives vis-à-vis de certains produits permettent de s'illusionner assez longtemps sur son état d'éventuelle dépendance, puisqu'ils provoquent un manque peu spectaculaire au début de la consommation – dans le cas du cannabis par exemple –, ou parce qu'ils restent d'un accès suffisamment simple, légal et peu (ou pas assez !) onéreux, pour permettre une imprégnation quotidienne permanente – c'est le cas de l'alcool et du tabac.

En matière d'amour aussi, on peut s'illusionner assez longtemps sur l'intégrité de sa liberté, notamment tant que l'autre nous suit assez dans nos sentiments pour que le manque n'excède jamais le tolérable. La vie continue, les yeux fermés sur notre état. On aime toujours les yeux fermés : « l'amour est aveugle » ; « je te suivrais les yeux fermés » (cela s'appelle la confiance). On peut ne pas voir la nécessité de changer, tant qu'il ne résulte de l'amour partagé aucun dommage pour la santé. Mais le propre de l'amour est de nous faire dépendre d'un Autre qui, un jour, pour une raison ou pour une autre, peut nous déciller. Quand l'Autre crée trop de manque, ou provoque de la souffrance au-delà du tolérable, la rançon de la passion n'est plus acceptée, du moins intellectuellement. Le plaisir est parfois diminué et, en la matière, il n'est pas envisageable d'« augmenter les doses ». Alors, tout bien pesé en son âme et conscience, on veut arrêter.

Mais on doit reconnaître qu'on ne peut pas ; l'Autre nous manque atrocement.

On souffre le martyre, mais on veut y retourner. On sait que c'est mauvais, mais on y court. On se dit qu'il ne faut pas aller le (la) voir, mais on sent qu'on en a tellement besoin que, finalement, on y va quand même. On le (la) hait, mais on lui garde une étonnante tendresse. On n'y trouve plus son bonheur, mais on retourne vérifier si vraiment on n'y trouverait pas encore une petite once. On ne veut plus lui parler, mais, tout compte fait, on a une dernière chose à lui dire ; ni le toucher, mais, finalement, c'est la dernière fois ; et on fait l'amour. Etc. On se trouve face à la contradiction permanente de nos sentiments, de nos émotions et de nos sensations. On a l'impression qu'en nous « ça se bat », mais qu'il n'en sort rien de bon et qu'on ne maîtrise plus rien : on a raison !

Le cerveau addict, aux produits comme en amour, ne fonctionne plus selon la norme. Il ne s'agit plus d'une question de volonté, ici prise en flagrant délit de faiblesse, mais d'une vraisemblable altération des mécanismes cérébraux de gestion des émotions, due à la suractivation de l'ensemble des systèmes dopaminergiques, opioïdergiques, corticotropes et autres[1]. La surcharge de plaisir et d'attachement a emporté sur son passage le contrôle rationnel. On ressasse une seule question : « Comment en suis-je arrivé là ? »

---

1. Cami J. et Farre M., « Drug addiction », *art. cit.*

2

Comment le philtre d'amour est devenu poison

On a coutume de dire en addictologie que la dépendance est le fruit de la rencontre entre un produit plus ou moins toxique, une personnalité plus ou moins vulnérable et un environnement plus ou moins « facilitateur ». Ce croisement de facteurs se retrouve dans le domaine sentimental, avec des parallèles aisément repérables. Nul n'est à l'abri d'une dépendance destructrice, mais quelques configurations bien connues multiplient les risques.

Premier facteur : la nature du produit – l'Autre, dans le cas présent

Une bonne décennie d'addictologie a permis de mettre en évidence, loin des clichés et des jugements, que les produits rendaient d'autant plus dépendants que leur effet était violent, rapide et envahissant. Le distinguo entre drogue dure et drogue douce a fait beaucoup de mal en matière de santé publique : une consommation dure de drogue dite douce, ou encore d'un produit légal et banalisé comme l'alcool, entraîne la dépendance en cas d'usage répété au même titre qu'une drogue dite dure, plus même si la prise de celle-ci reste rare (quoique l'héroïne soit particulièrement addictogène). On ne peut pas non plus mesurer la dureté d'une drogue uniquement à ses effets perçus puisque le tabac, aux effets psychotropes peu apparents, est l'une des substances les plus addictogènes, ce qui explique qu'on voie peu de fumeurs occasionnels. Cependant, on sait que l'héroïne rend plus facilement et plus rapidement dépendant que le cannabis, ou encore que la recherche d'ivresses répétées rend plus facilement dépendant que la consommation régulière, pour une quantité égale d'alcool pur consommée. Ce n'est pas la nature du produit qui explique qu'on s'y accroche vite ou non, mais son mode d'action. Il en est d'autant plus addictif que l'activation du circuit dopaminergique est brutale. L'accrochage quasiment inévitable à l'héroïne tient autant dans la violence du shoot que dans la puissance du produit. La méthadone, qui sert de substitut à l'héroïne en accompagnement du sevrage, n'est pas utilisée comme drogue par les toxicomanes, parce que, justement, elle distille ses effets de façon extrêmement progressive. Et, pour les benzodiazépines, on observe la même chose : les produits hypnotiques rapidement actifs induisent plus de dépendance et de conduites toxicomaniaques que les tranquillisants, dont l'effet est plus lent.

Dans une histoire sentimentale, on a tout lieu de penser que les mêmes paramètres s'appliquent. La passion destructrice s'inscrit d'autant plus facilement que les premiers contacts ont été intenses, riches en plaisir, exactement à l'image des produits. Plus le plaisir a été relatif, plus il est monté doucement, plus les rencontres ont été contrôlées, moins on a de risques de devenir dépendant. Un coup de foudre, couronné d'un plaisir de l'ordre du cataclysme, suivi de quelques jours de boulimie sexuelle, entraîne plus de dépendance qu'une douce rencontre, suivie de tranquilles plaisirs dans une relation bien pesée. On va pouvoir se retirer tranquillement de l'histoire assez agréable, qu'on ne souhaite finalement pas prolonger, mais on va, en revanche, éprouver un mal fou à résister à l'« accès de folie », même si on s'aperçoit que, décidément, il vaudrait mieux en rester là ou qu'on s'est lourdement trompé. Quand l'humain a vécu la grande exaltation soudaine, il rêve d'y goûter à nouveau, même s'il sait l'intensité du plaisir inenvisageable en continu.

Toute rencontre est bien entendu la confluence de deux personnalités, mais certains êtres apparaissent d'emblée plus addictogènes que d'autres. On ne saurait lister de façon exhaustive des caractéristiques individuelles, mais on peut dessiner les grandes lignes des relations risquées. D'une façon générale, le manque assurément promis par l'Autre est un bon indicateur de dépendance. On le sait d'avance quand la vie ou le cœur de l'Autre est pris ailleurs ; on peut le présumer s'il est à l'avance réticent aux retrouvailles ou hésitant sur l'opportunité de la relation. Le manque va dessiner la lumière de sa présence, avec activation forte du débit dopaminergique, sur l'ombre de son absence, planant en permanence, qui fait chuter d'autant plus brutalement le débit de dopamine. Or c'est le contraste qui fait l'accroche.

Pour cette raison, quelqu'un qui tient un double discours, faisant passer de l'espoir au désespoir, qui fait alterner petites blessures et soins infinis, ou encore dont les mots contredisent les actes, a toutes chances d'initier une passion douloureuse. Le pouvoir addictif de cette technique de la « douche écossaise », volontaire ou inconsciente, explique aussi, à l'extrême, l'attachement porté trop longtemps par les femmes à un époux physiquement violent. L'enfer est toujours assorti de repentances du bourreau et de demandes de pardon, de signes de gentillesse et de preuves d'amour, dont la portée est décuplée par l'horreur de ce qui a précédé[1]. Les coups psychologiques sont en général portés par la même méthode,

1. Peabody S., *Addiction to Love, Overcoming Obsession and Dependency in Relationship*, Berkeley, Celestial Arts, 1994.

une prétendue main de velours dans un gant de fer. Il est parfois bon de se fier aux apparences.

Certains Autres sont passés maîtres dans l'art de rendre « fou ». La folie est cette perception d'être en dehors du fonctionnement normal des sentiments et de la logique. On ne se trompe pas : on sait qu'on a en soi quelque chose de la folie, à travers des pulsions occasionnelles dont les premières plongent leurs racines dans notre enfance. Tout petits, on a appris à les contrôler en ne tuant pas ses « méchants » parents interdicteurs, puis, plus tard, quand notre voisin fait du bruit, ou quand tout autre empêcheur de bonheur surgit en travers de notre route. On réprime aussi bien au nom de la morale que des conséquences possibles du déchaînement de nos pulsions. Dans la passion destructrice, on sent l'émergence de cette folie, qui s'échelonne de l'envie de déchaîner sa violence, physique ou verbale, à l'envie de meurtre.

On se sent surtout fou devant la distorsion entre nos actes, nos pensées et le prix à payer. « Il (elle) me ferait faire n'importe quoi ! » se défend-on. On s'enfonce d'autant plus durablement dans ce genre de folie que l'Autre ne nous aide pas à y échapper, voire nous y enferme. Bientôt, on hait l'Autre pour le bonheur qu'il empêche, mais on lui en veut de surcroît de nous faire nous haïr nous-même : « Je ne me reconnais plus. » On le dit fou en premier lieu parce qu'il (ou elle) nous rend tel. Certaines personnalités doivent être reconnues plus « douées » que d'autres pour conduire l'Autre là, surtout si les deux folies se rencontrent, centrées sur des névroses complémentaires...

La construction précoce de l'Autre prend évidemment toute son importance. D'une façon générale, les personnalités insécurisées initient plus fréquemment des relations douloureuses, voire invivables (vécues tout de même). Leur mode d'attachement, amour-rejet-regrets, est incompréhensible pour une personne sécurisée, voire contagieux, car, dans un couple, c'est le plus névrosé des deux qui l'emporte en général, malheureusement, parce qu'il impose ses réticences, son rythme, ses obsessions et son dysfonctionnement. On a certes vu aussi de miraculeuses rémissions à force de patience, et des attachements-engagements d'une force d'autant plus considérable. Reste qu'il s'agit là de cas exceptionnels... Deux personnalités particulièrement anxieuses courent le risque de la relation la plus destructrice : ils ont pris du plaisir, réussi à entrevoir le bonheur ensemble, ont cru au « miracle », mais aucun ne peut emmener l'autre vers la sérénité. Deux personnalités assez assurées se trouvent, elles, relativement à l'abri des déchirements sans fin – mais sait-on vraiment jusqu'à quel point on est établi, et fermement, dans ses attachements ? Bien sûr, toutes ces analyses portent sur des facteurs de risques statistiques, et l'on peut toujours faire mentir les chiffres...

Deuxième facteur : notre propre personnalité, terreau plus ou moins propice à l'addiction

On a clairement repéré qu'une génétique particulière pouvait prédisposer aux addictions aux produits. De nombreuses études ont été faites auprès d'enfants adoptés dans des familles non alcooliques mais présentant eux-mêmes, une fois adultes, une dépendance alcoolique. Les recherches sur les origines de cette dernière ont permis de montrer un fort indice d'antécédents d'alcoolo-dépendance chez leurs parents biologiques[1]. Cependant, la vulnérabilité génétique familiale tient moins à la dépendance à un type de substance qu'à un comportement général vis-à-vis de la consommation de subs-

1. Gorwood P., « Les facteurs génétiques de l'alcoolisme », in Adès J. et Lejoyeux M., *Alcoolisme et psychiatrie*, Paris, Masson, 1997, pp. 25-40.

tances. Autrement dit, c'est la vulnérabilité psychique qui est la plus grande. Une mère dépendante aux médicaments ou un père alcoolique présentent plus de risques de voir leur enfant devenir un jour toxicomane, même si la nature du produit qu'il choisira éventuellement sera différente [1]. L'un des meilleurs prédictifs pour évaluer les risques de dépendance d'un sujet reste l'évaluation de la consommation parentale [2], qui marque à la fois une éventuelle vulnérabilité génétique et une pression environnementale, même s'il ne faut pas confondre facteur prédictif et prédiction. Certains sujets n'ont pas été habitués à contrôler, soit à cause d'un exemple contraire, soit par défaut d'éducation, et sont plus à risque que les autres. Bien entendu, encore une fois, toutes ces notions statistiques doivent être tempérées par le degré de liberté laissé à chacun : « plus ou moins vulnérable » ne veut jamais dire « condamné à ».

La science ne dispose pas, ou du moins pas encore, des moyens de décrypter une éventuelle génétique de la passion sentimentale déchirante, mais il y a tout lieu de croire qu'il existe certains facteurs de vulnérabilité. Consciemment, le spectacle précoce des désordres amoureux prédispose à tolérer davantage de souffrance que l'image d'Épinal offerte par une famille modèle, tout simplement parce qu'on considérera la douleur et les crises comme la rançon plus ou moins inévitable de l'amour. Mais c'est surtout l'inconscient qui prédispose aux histoires destructrices. L'essentiel du risque potentiel naît de la vulnérabilité affective acquise durant l'enfance. Nos modèles d'attachement s'impriment en nous plus profondément qu'on ne le voudrait, et la répétition des histoires familiales, loin d'être une rengaine de psychana-

---

1. Ledoux S., Sizaret A., Hassler C. *et al.*, « Consommation de substances psychoactives à l'adolescence. Revue des études de cohorte », *Alcoologie et addictologie*, 22 (1), 2000, pp. 19-40.
2. Reynaud M., *Usage à risque – Usage nocif*, *op. cit.*

lystes, est une expérience que nous faisons quotidiennement en clinique. Plus on a été construit en sorte d'accepter la souffrance et la frustration, habitué à les percevoir au cœur du lien d'amour qui nous unit à nos parents, plus on sera prêt à les accepter à l'avenir. Certains acquièrent ainsi bien malgré eux le goût de la douleur, non parce qu'ils l'aiment à proprement parler, mais parce qu'ils en sont familiers[1]. On peut avoir été construit en sorte d'être happé par le difficile, le malsain, attiré, consciemment ou non, par ceux qui rendent « fous ». On porte son choix inconsciemment sur un système de relation, sur un sujet en particulier, que l'on élit sans le savoir pour le mal qu'il va savoir nous faire. En la matière, on se trompe rarement, hélas !

S'il n'y a pas de génétique connue de l'amoureux passionnel, on peut, en revanche, évoquer celle du sujet dépendant aux produits qui se traduit par ce qu'on appelle communément un « tempérament »[2] : on se montre, très tôt dans l'enfance, plus ou moins impulsif, plus ou moins chercheur de sensations, plus ou moins capable de supporter l'ennui. On se montre par ailleurs plus ou moins capable d'établir et d'entretenir de bonnes relations, fiables et durables, avec les autres, capacité qui va se combiner avec nos ambitions sociales pour nous porter plus ou moins vers la consommation de substances ou vers l'aptitude à rencontrer et à vivre ses émotions et ses sensations aux côtés d'autrui. Ces prédispositions sont, pour partie, transmises par le génome, donné à la naissance, mais aussi, pour partie, des marquages de l'éducation qui se compléteront ultérieurement par des modulations de l'environnement et d'autres apprentissages.

1. Freud S., *Essais de psychanalyse*, *op. cit.*
2. Akiskal H. S., « Towards a definition of dysthymia : boundaries with personality and mood disorders », in Burton S. W. et Akiskal H. S., *Dysthymic disorders*, Gaskell, Londres, 1990, pp. 1-12.

On distingue traditionnellement deux populations de dépendants potentiels aux produits : ceux qui y cherchent une excitation et ceux qui y cherchent un refuge, un apaisement[1]. En parallèle, on peut esquisser le portrait sentimental des uns et des autres.

Les sujets dépendants par quête d'un refuge sont soit inhibés, phobiques sociaux, guère capables d'aller vers les autres ni de se repérer dans les dédales du monde, déboussolés au sens premier, soit marqués par des relations précoces douloureuses, avec une dépressivité à fleur de peau, une grande insécurité et une hypersensibilité dans leurs relations affectives. Ils se tourneront, de préférence, vers les substances les plus anesthésiantes, qui les aideront chimiquement à fuir leurs émotions. Ces sujets ont des difficultés à entrer dans des relations amoureuses, même positives, puisqu'elles exigent une propension à communiquer, un élan initial positif vers autrui, et... des compétences d'aventurier ! Et, une fois qu'ils les ont installées, elles évoluent souvent, comme par hasard, vers des passions douloureuses.

Les sujets chercheurs de sensations[2], eux, se tournent plus volontiers vers les produits dopants. La capacité et la volonté de fonctionner en surrégime peuvent aussi être utilisées comme de véritables chances qui aident à pulvériser un record du monde sportif, à démontrer un théorème important ou encore à aimer à la folie. Ces chemins naturels sont autant de possibilités de jouer avec ses limites, de se dépasser soi-même, d'éprouver la vie intensément. Le cumul des deux dépendances, à un produit et à un défi, est d'ailleurs couramment repéré chez ceux dont l'activité constitue en soi une

1. Reynaud M., Parquet P.-J. et Lagrue G., *Les Pratiques addictives*, Paris, Odile Jacob, 2000.

2. Zuckerman M., Buchsbaum M. S. et Murphy D. L., « Sensation seeking and biological correlates », *Psychology Bulletin*, 88, 1988, pp. 187-214.

prise de risques : les poètes maudits, les golden-boys, les sportifs, les artistes en général, substance et défi relevant de la même volonté de vivre en permanence des émotions fortes, d'échapper coûte que coûte à l'équilibre dopaminergique raisonnable du commun des mortels. C'est évidemment dans cette population qu'on va trouver les sujets les mieux disposés à l'égard de la passion, puisque, pour vivre des relations fortes, voire extrêmes, ils vont passer outre les promesses de souffrances, accepter les échecs, et ne pas trop redouter de ne pas s'en relever. Alors qu'en matière de dépendance aux produits la césure entre deux types de population est nette, en matière amoureuse, toute la gamme de nuances est bien entendu possible.

Troisième facteur : l'environnement

L'usage, l'abus et la dépendance aux produits sont plus ou moins facilités par l'environnement, à commencer par la disponibilité plus ou moins grande des substances. De la même façon, l'usage, puis l'abus d'émotions, enfin la dépendance amoureuse toxique et destructrice n'ont pas la même fréquence d'incidence dans toutes les populations. On a plus ou moins d'occasions d'entrer dans une passion douloureuse, selon les représentations valorisées par notre milieu socioculturel, le genre de fonctionnement des individus qui y vivent et les règles qui le régissent. On court plus de risques en étant star du rock'n roll que diacre de la paroisse, quoique dévotion et passion se conjuguent fort bien (voir Mme de Rênal dans *Le Rouge et le Noir*). La tolérance sociale pour les déchirements amoureux et les passions ravageuses n'est pas la même dans tous les milieux, dans toutes les familles, dans toutes les cultures. Les aléas de la pratique réclament aussi une certaine latitude : vivre une passion dévorante, qui porte bien son nom, nécessite en effet une certaine disponibilité. Pris par l'urgence de gagner son pain, on se laisse sans doute moins facilement prendre dans les filets des sensations extrêmes que lorsqu'on voyage le cœur léger aux quatre coins du monde. Ceux que rien ne prédisposait à une telle aventure et qui se trouvent atteints contre leur gré se voient imposer une vie inconciliable avec leurs impératifs quotidiens, d'où les fameuses conséquences néfastes, sur le plan social, familial, professionnel, économique, etc. Les passionnés de tous horizons se ressemblent une fois dépendants : tous les cœurs sont lourds quand la douleur s'en mêle, et gagner son pain n'a plus grande importance ! Cette issue possible invite le genre humain à se méfier beaucoup de la passion, tout en y rêvant beaucoup, mais de loin, à travers le cinéma ou la littérature. Il y a indéniablement dans tous les esprits une esthétique de la passion douloureuse, peut-être par imprégnation judéo-chrétienne, car dans nos représentations de la passion, on retrouve toujours les fortes images de la Passion du Christ.

Les seuls volontaires de la passion amoureuse, qui la vantent et la glorifient, sont finalement ceux qui en vivent tout en en mourant : les artistes. Sur le même modèle, les seuls dépendants qui font, ou ont fait, de la publicité aux produits ont été ceux qui estimaient y puiser leur inspiration, Baudelaire et ses *Fleurs du mal*, Verlaine prônant l'absinthe, Cocteau écrivant *Opium*, journal d'une désintoxication plus ou moins consentie, les stars du rock des années 1970 avec la morphine (*Sister Morphine*, des Rolling Stones), le LSD (*L-ucy in the S-ky with D-iamonds*, des Beatles), l'héroïne (*Heroine*, du Velvet Underground) ou encore la cocaïne (*Cocaine*, de J. J. Cale, reprise par Eric Clapton)... La liste est longue, jusqu'à un groupe américain actuellement en vogue qui s'est carrément baptisé... Morphine ! Certains y ont tout perdu, à commencer par la vie puisque beaucoup ont succombé à une overdose (Janis Joplin, Jimi Hendrix, plus récemment Elno, des Négresses vertes, ou Keith Moon, le batteur des Who), mais ceux qui y ont survécu ont réussi à sublimer grâce au talent qui leur restait, tout simplement parce que la « beauté de l'abîme et de la déchéance » n'était pas sans servir leur œuvre. Tout le monde n'ayant pas ce destin, un service d'addictologie traditionnel trouve beaucoup moins de sujets pour chanter les louanges dithyrambiques des paradis artificiels. Mais le mal est fait, et on perçoit en France une évidente tolérance culturelle pour les ivresses en tout genre, sentimentales ou non. Puisqu'on lit traditionnellement dans les déchirements en tout genre une certaine poésie, certains s'y essaient... Mais la poésie ne dure pas. Ceux qui jouent à se réchauffer aux flammes de la dépendance risquent de se brûler et de trouver leur perte à l'endroit même où ils cherchaient l'ivresse.

Et un invité surprise, ou comment la théorie de l'esprit se transforme en puissant hypnotique

Voilà un facteur de surenchère qui n'existe pas dans la dépendance aux produits. Ce qui était l'ingrédient indispensable de notre bonheur dans la passion positive, à savoir prêter à l'autre des sentiments réciproques des nôtres, la fameuse théorie de l'esprit, va devenir un supplément frelaté de l'intoxication. De nombreux arguments, tous plus oiseux les uns que les autres, découlent d'une théorie de l'esprit particulièrement aliénante visant à disculper l'autre. On lui prête les pensées qui justifient sa conduite : « L'autre me fait souffrir, mais il m'aime » ; « il est méchant, mais il m'aime » ; « il me ment, mais il m'aime » – « il ne le dit pas, mais il m'aime », jusqu'à « il prétend le contraire, mais il m'aime ». Dans ces conditions, on peut continuer longtemps à croire que celui (ou celle) qui nous a rendu heureux est encore capable ou désireux de le faire, surtout si lui-même (ou elle-même) nous l'assure. C'est la non-satisfaction d'une demande qui entraîne la douleur amoureuse, écueil qui n'existe pas avec les produits. La drogue répond à la demande puisque l'attente se borne aux dimensions de la réponse, et l'effet obtenu est une pure sensation, sans émotion ni sentiment. Toujours fidèle et jamais décevante dans cette mesure, la substance présente les inconvénients de ses avantages : elle comble d'un plaisir répétitif, non modulé et sans surprise (outre la dépendance, dont on a voulu ignorer le risque). L'autre, en revanche, nous a attaché à lui d'autant plus qu'il a souvent su nous surprendre, nous faire passer de la joie au chagrin incessamment, et, surtout, ne nous a jamais définitivement comblé. On le prenait pour Dieu, il incarne désormais le diable, puis redevient Dieu, etc. On parvient difficilement, voire jamais, à haïr tout à fait quelqu'un qu'on a aimé, parce qu'on persiste longtemps à lui prêter des sentiments positifs à notre égard. Le dépendant aux produits ne se dit jamais « ma drogue m'aime, dans le fond » ou « je lui manque ». Un toxicomane se sent responsable, du moins rationnellement, de son destin, et non à la croisée de deux destins dont il ne maîtriserait pas la moitié, comme l'amoureux. De ce fait, et toute proportion gardée quant à la gravité du mal, l'autre peut devenir également la pire drogue imaginable au monde.

Le comble pernicieux de la théorie de l'esprit soigneusement appliquée est atteint quand on projette sérieusement la rupture, voire qu'on la tente une première fois. On peut être rattrapé par une forme de pitié qui n'est que la projection de nos désirs secrets. On imagine la vie de l'autre : « Il (elle) m'aime tant qu'il (elle) doit pleurer, ne plus manger, ne plus dormir », etc. Il en découle cette conclusion limpide : « Moi, à la limite, je pourrais m'en sortir, mais lui (ou elle) ne s'en remettra jamais. » On renonce à rompre. On revient. Inutile de préciser que, ne sachant pas nous-même quand et comment nous pourrons assurer le sevrage, on peut difficilement faire un pronostic pour l'autre ! On observe rarement cliniquement des dépendants aux produits qui fondent un refus de s'en sortir sur le fait que d'autres toxicomanes y restent, y compris s'il s'agit de proches. On n'épouse jamais toute la misère du monde, tandis que l'amoureux épouse celle de l'autre, en en multipliant l'ampleur. La dépendance aux drogues, c'est chacun pour soi ; la dépendance sentimentale, c'est tout soi pour l'autre. Ce sentiment d'abnégation et de fusion, qui paraît si beau dans l'amour heureux, est aussi celui qui « enfonce » le plus assurément quand rien ne va plus.

3

À propos d'un prétendu masochisme

Quelques esprits hâtifs ont longtemps balayé la problématique du toxicomane d'un « il est autodestructeur », de la même façon qu'on peut être tenté d'évacuer la question de l'amoureux souffrant d'un : « Finalement, c'est qu'il (elle) aime ça. » Le sujet dépendant lui-même finit parfois par se poser la question de son propre masochisme : « Faut-il donc que j'aime souffrir pour en supporter tant ? » La réponse est non.

Je t'aime-je te hais, la nécessaire ambivalence de toute relation humaine

Tout lien à autrui implique qu'on accepte une certaine ambivalence [1]. Tout amour s'assortit de sentiments négatifs, depuis l'époque de nos premiers sentiments, ceux éprouvés pour nos parents. On a pu rester attaché à sa mère en acceptant un état de fait : elle s'absentait, le manque était inévitable. On a appris à l'aimer malgré tout, malgré le mal nécessaire, sans lui vouer une rancœur trop profonde. Partant de ce pos-

1. Freud S., « Au-delà du principe de plaisir », in *Essais de psychanalyse*, *op. cit.*

tulat que nul ne vit sous perfusion d'autrui, on accepte que l'autre nous manque un peu, qu'il vaque à ses occupations, qu'on ne soit pas tout pour lui. On lui en veut un peu de régner en tout-puissant au-dessus de notre bonheur sans pouvoir se montrer « tout présent ». C'est en riant, du temps du bonheur, qu'on laisse partir l'autre en le raccompagnant d'un souriant : « Je te déteste ! »

Dans la relation destructrice, l'autre glisse du manque inévitable, à quoi répond notre sentiment d'amour un peu teinté de détestation, à un manque infligé de façon trop cruelle – peu importe la raison –, que nous accueillons par la même ambivalence, mais inversée : « Je le déteste, mais je l'aime quand même. » Le passage se fait insidieusement, du mal nécessaire aux maux fortuits et évitables. Souvent perçu comme tout bon, absolu et parfait, incarnation d'une perfection divine lors des débuts, l'autre prend un jour corps, réintégrant une apparence plus terrestre : il a tel défaut ; il a prononcé telle parole blessante ou commis tel acte meurtrissant. D'une façon générale, l'autre ne nous aime jamais comme – ou autant que – on voudrait qu'il nous aime, et l'on s'en aperçoit un jour, ou de temps à autre, puis objectivement trop souvent, mais aucune sonnette d'alarme ne retentit pour nous avertir qu'un seuil a été franchi. Et quand bien même...

Au nom de l'ambivalence se sont construits un certain nombre de « bons sentiments » nécessaires au fonctionnement humain en société : le pardon, la compassion, l'empathie, la foi en l'autre, etc. C'est en premier lieu à celui qu'on aime le plus, avec qui on souhaite le plus vivre en société (à deux !) qu'on les applique. Or ils aident parfois à trop supporter.

L'ambivalence a son reflet physiologique : les processus opposants

Quand on en vient à accepter par nécessité un peu de douleur, le plaisir éprouvé ensuite est proportionnel à la souffrance qui a précédé, sans qu'on puisse imaginer un instant les mécanismes qui se mettent en route. Rappelons la sécrétion d'endorphines du chien pendu par les pattes lorsqu'on le détache : l'apparition des processus opposants, c'est-à-dire de nos mécanismes internes d'apaisement de la souffrance, a lieu pour nous aider à supporter la vie. Seulement elle nous aide aussi à supporter la vie insupportable !

En outre, si la douleur infligée est de l'ordre du manque, le plaisir qui lui succède sera encore multiplié par le fait que l'attente d'un plaisir suffit en soi à augmenter le débit de dopamine, avant de surmultiplier le plaisir lui-même. L'imagerie médicale a ainsi permis de visualiser, chez de jeunes sujets alcooliques, l'illumination des zones du cerveau que traverse le circuit de récompense en les plaçant tout simplement face à des images de bouteilles d'alcool[1] (*cf.* cahier photos). On a visualisé de la même façon l'effet décuplé d'une prise de cocaïne chez des sujets dépendants quand on les avait auparavant conditionnés en leur promettant leur substance[2] (*cf.* cahier photos). Encore une expérience qui montre à quel point le plaisir est meilleur quand on l'anticipe et qu'on l'attend. À croire que l'autre le sait !

1. Tapert S., *Jama*, 291, 2004, pp. 1053-1057.
2. Volkow N. D., Wang G. J., Ma Y., Fowler J. S. *et al.*, « Expectation enhances the original brain metabolic and reinforming effects of stimulants in cocaine abusers », *J. Neuroscience*, 23, 2003, pp. 11461-11468.

La mémoire qui flanche

Dans les moments d'émotion, de douleur et de torture, le cerveau émotionnel prime et prend le pas sur le cerveau rationnel. Cela explique qu'en temps normal on puisse savoir fuir le danger quand on est menacé, mais qu'une fois dépendant on devienne capable d'y courir : le *craving* est cette irrépressible envie, devenue besoin absolu, de consommer sa drogue – la première urgence, vitale, étant d'en reprendre. Dans une relation déchirante, après l'heure du manque vient l'heure de la plénitude. Or, une fois la soif des corps ou des cœurs apaisée, la mémoire commence son travail. Mais ce n'est pas pour nous rendre service.

Naturellement, la mémoire archive les souvenirs en faisant un tri sélectif : elle garde le meilleur, elle évince le pire autant que possible. Pour nous permettre de vivre, les sensations et les émotions douloureuses sont naturellement moins imprégnantes que les sensations et les émotions agréables. Le plaisir marque plus que la douleur, et c'est une chance dans la plupart des cas. Seulement, en l'occurrence, sur le champ de bataille du plaisir, on va oublier que le sang a coulé pour garder les trophées, les bons souvenirs, le plaisir absolu, l'irremplaçable, etc. C'est ce qu'on appelle familièrement les « réconciliations sur l'oreiller ».

Un engrenage peut se mettre en place jusqu'à initier un véritable ronronnement de la passion douloureuse : on a mal, on jouit, on a re-mal, on re-jouit, et ainsi de suite. Le sujet finit par tant souffrir qu'il estime, en phase de manque, avoir à profiter de son droit à la jouissance qui lui fera songer : « J'ai assez souffert, j'y ai droit ! » ou encore : « Quitte à souffrir, autant que ce soit aussi pour en jouir. » Le terme d'addiction nous vient des Anglo-Saxons. Il est tiré étymologiquement du latin *addictus*, qui signifie « s'acquitter d'une dette en payant de son corps ; être esclave ». On ne saurait mieux dire. L'amoureux est addict, et jusque dans sa chair. Tout a même commencé par elle.

Pécher par excès de foi

Au départ, le passionné douloureux pèche plus par excès de foi que par masochisme. Toute histoire passionnelle qui « tourne mal » a commencé par un espoir infini qui bravait tous les éventuels signes du malheur à venir, voire les préventions de l'entourage. Aucun dépendant douloureux n'envisage à l'avance son futur état. Les cliniciens connaissent bien la « lune de miel » de l'héroïnomane, cette période où le sujet éprouve le sentiment d'avoir rencontré le « bon » produit et d'être capable de savoir à l'avenir gérer sa consommation[1]. On sait aussi qu'à ce stade il est totalement illusoire d'espérer le dissuader. La représentation mentale de la perte de contrôle est impossible. On projette : en amour : « Encore du bonheur *ou* j'arrête » ; dans le jeu : « encore un gain *et* j'arrête » ; dans les produits : « encore du plaisir *et* j'arrête ». Et, le jour où les douleurs arrivent, on ne s'en va pas. On ne peut plus le faire.

Le dépendant aux produits dit « et », l'amoureux « ou », tout simplement parce que le sujet amoureux est incapable d'imaginer qu'il puisse aimer et souffrir à la fois, même s'il le sait rationnellement. Tous les dépendants envisagent l'histoire des autres comme leur étant étrangère : on croit toujours soi-même échapper aux pièges et faire figure d'exception. Quand pointent les signes de l'addiction, ils nient avec la même mauvaise foi, proportionnelle à la foi initiale : « je bois tous les jours, mais je ne suis pas alcoolique », « je souffre

1. Olievenstein C., *Écrits sur la toxicomanie*, Paris, Éditions universitaires, 1973.

tous les jours, mais je ne vis pas douloureusement ». On ne s'est pas mis à aimer pour souffrir. Constater que c'est désormais le cas est alors intolérable pour la pensée. Tout a commencé avec le plaisir, et on refuse longtemps d'avoir été trahi, trahi par l'autre mais aussi par soi-même : on y croyait tellement.

La mort qui rôde

Quand la souffrance dure depuis un moment, on finit par se découvrir une capacité à souffrir qu'on ne se connaissait pas. Un degré de plus, et on sent s'éveiller en soi des instincts morbides dont on ignorait l'existence. Toute dépendance destructrice invite à s'interroger sur la mort, sinon à avoir la sensation de flirter avec elle, parce qu'il y a trop de douleur, parce qu'on redoute l'overdose, parce qu'on finit par se demander si ce ne serait pas l'hypothèse la plus souhaitable pour échapper à l'engrenage [1].

Dans la phase passionnelle d'une histoire d'amour, on se jure de s'aimer « jusqu'à ce que la mort nous sépare ». Dans une passion destructrice, c'est « jusqu'à ce que la mort nous rassemble », le meilleur des mondes n'étant envisagé que posthume. La mort fascine alors comme seul lieu de fusion envisageable entre soi et l'autre. Ces amours sont souvent teintées de religiosité, de solennité. On peut « toucher » Dieu lorsqu'on est dans des situations extrêmes, et on Le rencontre dans l'extrême de la passion négative comme dans l'extrême de la passion positive, tel le condamné à mort qui prie pour la première fois de sa vie. Croyant ou pas, on implore Son aide, la Sienne ou celle des esprits, des chiromanciens ou

1. Valleur M., « Conduites ordaliques et toxicomanie », mémoire CES de psychiatrie, université Paris-Sud, 1981.

autres communicants avec l'au-delà. On remet notre vie entre Ses mains, puisque nous, on n'y arrive plus, ni quiconque sur terre. Rares sont ceux qui ont perçu, cru ou voulu en arriver là. On se croyait rationnel, on s'éprouve mystique. On adorait la vie, on se met à penser à la mort.

On tombe amoureux, mais on glisse dépendant

Bien sûr, accepter plus ou moins une relation destructrice touche notre faille masochiste, comme prendre un produit met en jeu notre faille autodestructrice. Mais « toucher notre faille » ne veut pas dire « être happé par le gouffre ». L'entrée dans la dépendance relève d'abord de la motivation au plaisir et à la sensation forte. En matière d'amour, la mutation de l'être heureux en être douloureux est lente et insidieuse, plus encore que dans la prise de produit où il existe une décision initiale du type « en prendre ou pas ». Pour ce qui est d'évaluer les risques de dépendance encourus, on peut être sensible à la symbolique forte que contient le geste de se faire un shoot ; on l'est déjà beaucoup moins quand on boit un verre de vin, et quasiment pas quand on embrasse quelqu'un qu'on aime : rien n'est plus normal et moins dangereux ! On tombe amoureux, mais on glisse dépendant. Une fois la dépendance installée, malgré soi, on continue parce qu'on est poursuivi par l'urgence de continuer à vivre, ce qui n'est plus envisageable sans sa « dose » de l'autre. Il se trouve qu'elle s'assortit de douleur, promesse qui n'était pas nécessairement faite à l'amoureux.

4

Dérégulation des mécanismes naturels

Le syndrome de manque lié aux produits, caricature de la passion douloureuse

Le mode d'action des produits est particulier à chaque substance, mais ils ont tous en commun d'augmenter le débit de dopamine dans notre système de récompense et de plaisir, ou système dopaminergique méso-cortico-limbique. Tous les actes qui nous font plaisir, comme faire l'amour ou y penser, sont accompagnés d'une activité très fine des neurones libérant la dopamine, elle-même filtrée et complétée par certains neurones modulateurs particuliers : ils nous rendent excités, apaisés, joyeux, énergiques, etc. Les circuits de la récompense/plaisir et de l'évitement/douleur interagissent finement comme les deux plateaux d'une balance programmée pour organiser sans dommage ni souffrance un retour à l'état normal, l'homéostasie. Les mécanismes de régulation naturels fonctionnent comme un engrenage bien huilé, autrement dit, tant qu'un produit exogène ne vient pas jouer le rôle du grain de sable et gripper le bon déroulement des opérations.

Les drogues surchargent de doses massives l'un des plateaux de la balance, avec un envahissement grossier du circuit récompense/plaisir, soit en stimulant directement le débit de dopamine (comme la cocaïne), soit en écrasant le circuit de l'évitement/souffrance (comme l'héroïne), ce qui revient à dérégler de la même façon l'équilibre homéostatique. L'élévation du débit de dopamine est brutale, soudaine et envahissante, tandis que le phénomène, sous l'effet d'un plaisir naturel, se compte en millisecondes et en millimoles. La drogue envoie ses informations pendant de longues minutes, avec une phase de plaisir qui dure plusieurs heures [1], au lieu de quelques minutes dans le cas du plaisir le plus violent, l'orgasme, auquel on compare souvent le shoot. Le corps, non programmé pour faire face, se défend en diminuant le nombre de récepteurs, de façon à limiter les effets de cette surstimulation [2]. Mais, quand le produit vient à faire défaut, le nombre de récepteurs capteurs de dopamine devient insuffisant et ne permet plus de produire assez de dopamine : on est « en manque ».

Quand on étudie, après la prise de produits, les synapses, ces fentes qui séparent les neurones, on les trouve inondées longtemps après, au lieu d'être légèrement imprégnées, et tranchement modifiées si la consommation se prolonge [3]. Lorsque le sujet est dépendant, la phase de retour à la normale est alors perçue comme un état anormal, physiquement et/ou psychiquement intolérable. Cet état de besoin s'installe plus ou moins rapidement, selon le degré addictif de la drogue. Les seuils de perception changent, et l'état normal apparaît être celui sous effet du produit. On appelle « allostasie [4] »

1. Wise R. A., « Neurobiology of addiction », *Cur. Opin. Neurobiol.*, 6 (2), 1996, pp. 243-251

2. Robinson T. E. et Berridge K. C., « The neural basis of drug craving : an incentive-sensitization theory of addiction », *Brain Res. Brain Res. Rev.*, 18 (3), 1993, pp. 247-291

3. Nestler E. J., Aghajanian G. K., « Molecular and cellular basis of addiction », *Science*, 278, 1997, pp. 58-63.

4. Koob G. F. et Le Moal M., « Drug addiction, dysregulation of reward and allostasis », *art. cit.*

l'apparition de cette nouvelle norme qui se manifeste physiologiquement par la tolérance, l'adaptation à des doses importantes, et les signes de sevrage quand le produit manque. Cela signe la dépendance.

Ces anomalies se produisent dans tout le circuit du plaisir/souffrance méso-cortico-limbique : au niveau du *nucleus accumbens*, « je suis mal » ; au niveau du lobe limbique, « je souffre de manque » ; au niveau du cortex préfrontal, « je souffre trop, j'ai trop besoin du produit, je dois trouver une solution ». La dérégulation des mécanismes biologiques parasite en effet aussi notre centrale d'analyse et de régulation du bon et du mauvais : le lobe préfrontal (*cf.* cahier photos). Le cerveau intellectuel – la pensée logique – a beau émettre le message « je ne dois pas », cette analyse est contredite par les signaux d'alarme du corps : « il me le faut ». Cette centrale d'analyse qu'est notre cerveau intellectuel nous donne alors toutes les bonnes excuses pour y aller de nouveau, en reprendre « un seul verre, c'est pas grave », « juste une cigarette aujourd'hui ».

La dépendance physiologique ne prime apparemment pas dans l'amour, mais quel amoureux passionnément épris ne s'est jamais dit : « refaire l'amour juste une fois avec lui (elle), et après j'arrête » ? Reste que la dépendance la plus durable, dans les deux cas, est la dépendance psychique. Les circuits dopaminergiques du plaisir et de la douleur (le ressenti du « c'est bon ou pas ») sont liés en boucle au circuit de la mémoire (« ça a fait du bien autrefois ou pas ») et au cortex préfrontal qui analyse les actes (« il ne faut pas »). Le *craving*, c'est cette irrésistible envie d'y retourner au nom du plaisir passé, jusqu'à ce que le verdict tombe : « le plus important est que j'en reprenne »[1].

---

1. Volkow N. D., Fowler J. S., Wang J. G. et Goldstein R. Z., « Role of dopamine, the frontal cortex and memory circuits in drug addiction : insight from imaging studies », *Neurobiol. Learn. Mem.*, 78 (3), 2002, pp. 610-624

Nous sommes tous plus ou moins aptes à gérer nos sentiments, nos émotions et nos sensations, mais une fois que les mécanismes de dépendance se sont installés, très insidieusement, tous les humains se retrouvent égaux comme victimes du même phénomène : la régulation naturelle qui serait un retour, sans trop de souffrance, à sa norme personnelle habituelle ne se fait plus. À force de marcher en surrégime, chacun a enregistré une nouvelle norme, un seuil artificiel en deçà duquel il se sent en manque. Cette nouvelle normalité dessine ce qu'on pourrait appeler une « allostasie amoureuse ».

Clinique de la passion douloureuse

Les symptômes physiques dans les addictions aux produits sont spectaculaires, mais on peut également les lire chez l'amoureux déchiré : pleurs, maux de ventre, vomissements, périodes d'anorexie et/ou de boulimie, tremblements, insomnies, etc. La sensation désagréable est si envahissante que le sujet se prend à croire qu'il va « en mourir ». Il se lance dans de vaines recherches pour trouver des dérivatifs à sa douleur physique et à sa souffrance psychique, mais toutes les béquilles connues autrefois comme efficaces – s'appuyer sur ses proches, s'occuper de ses enfants, faire du sport, se concentrer sur ses centres d'intérêt – restent sans effet. La souffrance semble tout simplement indissoluble, au point qu'elle recouvre l'ensemble de la vie et paralyse la totalité des activités. Sans même penser au plaisir, on retourne vers l'autre pour se remettre à fonctionner : « Ça ne me rend pas heureux(se), mais je n'ai pas le choix. » On ressent, juste avant d'assouvir son besoin, qu'on se fiche de tout, sauf de l'autre. Et, une fois le besoin assouvi, on se sent d'autant plus diminué qu'on se sait capable d'éprouver des choses pareilles.

Les émotions prolifèrent sur un terrain miné de sensations faussées. On perçoit tout de façon déformée, démultipliée, inhabituelle : l'autre est parti depuis cinq minutes et l'on estime que ça fait longtemps qu'on ne l'a pas vu. L'amoureux déchiré n'évalue plus ni les durées ni les doses ; il se plaint beaucoup : « on ne se voit jamais » – rien n'est jamais assez. La compulsion de consommation est caractéristique de la dépendance à certains produits : à l'héroïne, à la cocaïne, au crack, mais aussi plus fréquemment au tabac ou à l'alcool. Un rat dépendant s'autostimule en continu. Jusqu'à la mort[1]... On peut toujours invoquer que le rat ne connaît pas intellectuellement les ravages du produit et ignore l'issue fatale, peu importe : la dépendance est induite par une somme de sensations, et elle submerge la raison, même quand on est censé en disposer.

La mémoire joue un rôle primordial en l'absence de l'autre. Envahie par les souvenirs, elle ne nous laisse pas de répit. À peine réussit-on à s'évader quelques secondes dans une tout autre activité, ou pensée, que le souvenir poignard revient. Tout nous harcèle, le plaisir connu ensemble et, loin derrière, ses défaillances. Ce que le souvenir globalise, et de loin, c'est l'image positive qui reste marquante. En proie au *craving*, l'amoureux ancre dans sa mémoire des déductions tirées de son état présent : il se promet de tout mettre en œuvre pour qu'un manque aussi intolérable ne se reproduise plus à l'avenir. On voulait rompre, mais, l'autre n'étant pas là, on est prêt à beaucoup pardonner, tel le dépendant aux produits prêt désormais à payer n'importe quel prix pour avoir sa dose. L'autre ment, mais on fermera les yeux ; nous rend la vie impossible, mais elle l'est tellement plus encore sans lui (elle). Si l'on est soi-même initiateur du manque parce qu'on subissait les conséquences néfastes de la dépendance, on sous-estime soudainement tout ce qu'elle fait perdre ou mettre en

1. Olds J., « Self stimulation of the brain », *Science*, 127, 1958, pp. 315-324.

péril : son travail, sa famille et, d'une façon générale, son équilibre. On cherche des excuses à l'autre pour « y retourner » : s'il (ou elle) nous trompe, « c'est un peu notre faute » ; « il (elle) ne l'a pas fait exprès », ou « les circonstances (le ciel !) l'y ont poussé(e) ! » L'amour cache une ardoise magique : on efface tout et on recommence !

L'irritabilité, voire la violence, du dépendant en manque n'est pas une légende : c'est le miroir de son angoisse et de sa souffrance. On vole pour se procurer sa dose quand on est toxicomane, et on bâtit métaphoriquement des projets bien pires en amour ! L'amoureux avoue : « Je tuerais – ou je vendrais – père et mère... » Même si la rançon dépasse toute mesure, on court la déposer en se jurant : « C'est la dernière fois ! » Promesse d'alcoolique, dit-on couramment. On pourrait dire aussi « promesse de passionné ». La pensée, envahie par la douleur, ne fonctionne plus qu'en vue de satisfaire l'urgence de ne plus souffrir, c'est-à-dire qu'elle ne fonctionne plus du tout logiquement mais « sensationnellement » ! Le cerveau, notre centrale dite d'intelligence, adopte à son tour un nouveau mode de fonctionnement : le paralogique. C'est tout près de la logique, mais tout à fait à côté en même temps.

La douleur elle-même est théorisée, avec des légitimités puisées dans un romantisme tout littéraire (« la chance de vivre un si grand amour »), une idée confuse de l'exception (« avoir un sort si éloigné de l'amour des autres, médiocre ou tristement banal »), voire du paradoxe (« je suis fait pour souffrir ») ou de la prédestination (« je suis né pour vivre cet amour-là »). On invoque la fatalité mythologique : « J'ai rencontré mon double diabolique », ou bien l'on se diabolise soi-même : « C'est une relation malsaine, mais puisque je le suis... »

Unique sur terre à vivre le plus grand amour, et/ou la plus grande tragédie de tous les temps, on en devient sourd aux éventuelles analyses logiques de l'entourage. Car on se plaint parfois, on s'épanche, on cherche une issue auprès de médecins, amis, thérapeutes et oreilles diverses. Seulement, tous sont vite renvoyés dans leurs quartiers au nom de l'incommunicable : « Ils ne peuvent rien comprendre. » Comment le pourraient-ils, en effet, si l'on part du principe que toute histoire est unique, au sein même de sa propre vie : « Je n'ai jamais aimé comme je t'aime. »

Le sevrage semble inenvisageable, la rechute si tentante qu'il faut l'étayer intellectuellement. On établit une nouvelle échelle de valeurs que l'on pourrait baptiser « échelle du pire ». Elle consiste à adopter un système de pensée qui prend systématiquement la mesure du pire : « il pourrait y avoir pire », donc « mon cas n'est pas si grave, je peux continuer ». L'amoureux invoque : « Vous avez beau me dire que..., il (elle) n'est pas si mauvais(e) ; il y a pire. » Sur le même modèle, le tabagique dit : « c'est mauvais, mais ce serait pire si j'étais alcoolique », l'alcoolo-dépendant : « pire si j'étais drogué », celui qui prend une drogue dite douce : « pire si je prenais une drogue dure », et il n'y a guère que l'héroïnomane qui ne trouve pas de refuge dans la comparaison avec les autres dépendances ! Quoique... Muni de l'« échelle du pire », l'amoureux compare donc les couples, et juge les autres pires que le sien, plus douloureux, ou pas moins ! Il explique aussi qu'il va mieux : « Avant, je n'aurais pas supporté de le faire attendre, maintenant si (cinq minutes). Je vais mieux. » Et le tabagique se présente comme quasi in-dépendant puisqu'il ne fume que deux paquets par jour. Au lieu de trois ! Donc le dépendant continue avec un genre de conscience tranquille, s'il est bien accroché à son échelle !

S'ensuit une déchéance variable, proportionnelle à la durée de l'intoxication, si l'on peut dire. La déchéance de l'amoureux est surtout psychique : il accepte l'inacceptable, loin du pardon, dans l'indignité, vit dans le sacrifice de soi pur et simple, dans l'humiliation, commet des actes répréhensibles ou qu'il désapprouve tout à fait, qui lui font honte, devient menteur, tricheur, voire méchant avec ses enfants, ses parents, ses amis, et ne rêve plus de rien d'autre qu'être « l'ombre de ta main, l'ombre de ton chien ». On sait l'extrême degré d'anéantissement de soi du dépendant au produit, sa perte d'intégrité physique comme psychique, sa capacité à s'abaisser à n'importe quoi (vol, prostitution, etc.) pour se procurer sa dose ou, à un moindre degré, l'histoire toute simple du fumeur qui se regarde avec pitié traverser Paris un soir d'hiver pour aller acheter un paquet de cigarettes. Malgré la perception des conséquences négatives, le choix du dépendant ne se présente plus comme un « mourir avec ou vivre sans » mais comme un « mourir avec ou mourir sans » – avec une préférence, bien entendu, pour le mourir avec [1] ! Il philosophe sur la pathologie : « L'overdose, c'est mon destin ! »

Ce destin-là n'était pourtant écrit nulle part, et, avec un peu de circonspection, il aurait pu lui donner une tout autre direction.

---

1. Racine, *Phèdre*, Larousse, coll. « Petits classiques », Paris, 1998 ; Bédier J., *Le Roman de Tristan et Iseut*, Paris, Les Heures claires, 1979.

5

Éviter la passion destructrice : la souffrance n'est pas un destin !

Bien entendu, il existe un certain nombre de liens amoureux dont le caractère destructeur est totalement imprévisible, et il serait d'une grande prétention, et d'une grande inutilité, de promettre pouvoir mettre quiconque à l'abri par une simple liste de petits conseils. Toutefois, comme pour les produits, il est d'indéniables facteurs de risques.

Chercher l'embrouille

Une observation récurrente livre une certitude : la passion est favorisée par le fait qu'elle est contrariée, par la société, par des parents à l'adolescence, par le conjoint reprenant le rôle de l'interdicteur dans l'adultère. On connaît les déchirements de Roméo et Juliette, de Paul et Virginie, de Mme Bovary. Nous avons tous hérité de l'enfance un goût plus ou moins prononcé pour l'interdit, l'impossible ou le difficile, qui mêlent au plaisir objectif le plaisir secondaire de braver les convenances, les interdits, ou de vouloir faire mentir les évidences. L'incontournable complexe d'Œdipe, c'est vouloir l'interdit, celui ou celle que l'on n'a pas. Cette névrose banale peut conduire à vivre des histoires difficiles à construire ou propres à détruire.

Dans le premier cas, les difficultés peuvent renforcer le sentiment amoureux. Si le bonheur est à l'arrivée, contre l'avis de tous, il est perçu comme d'autant plus intense qu'il représente une victoire sur l'adversité : c'est aimer quelqu'un qui a vingt ans de moins, ou de plus, quelqu'un qui est atteint d'un handicap ou d'une maladie alors qu'on ne l'est pas soi-même, un être issu d'une autre classe sociale, d'une autre culture, etc. On peut trouver le bonheur à contre-courant, mais on le trouve plus difficilement quand on s'installe dans une relation qui induit d'emblée une dépendance, en jouant sur beaucoup de manque et une présence délivrée au compte-gouttes.

Toutes les configurations où le manque est inévitable augmentent les risques de souffrir. Quand l'autre est pris, quand on l'est soi-même, quand on habite à des lieues l'un de l'autre, on est assuré d'être confronté à de la souffrance. Et on veut souvent ignorer que, la difficulté exaltant souvent l'intensité du plaisir, on deviendra dépendant, même si l'on veut s'en garder.

La situation qui se noue sur fond d'ambitions amoureuses très différentes doit aussi inviter à se méfier : l'un est prêt, l'autre pas. Certains annoncent d'avance la « couleur ». On ne les croit pas, et c'est un tort. Car dire qu'on n'est pas prêt, c'est souvent ne pas vouloir l'être, sinon on accepte que l'autre nous surprenne, ce qui est le propre de l'amour, nous fasse changer d'avis, et même on le souhaite. Il y a aussi tous ceux dont on voit bien qu'ils ont toujours transformé leurs relations en tragédies, et à qui on accorde, par goût du risque ou par excès de crédulité ou de charité, un trop grand crédit : « il changera », « je serai celui (ou celle) qui en fera quelqu'un d'autre ». La rédemption existe, mais elle touche peu d'élus.

Et que dire de ceux qui se lient à un dépendant aux produits, surtout quand ils ne le sont pas eux-mêmes. Le bon sens et quelques psys colportent qu'on ne peut vivre de front une addiction pharmacologique très prenante à tout point de vue et aimer. C'est vrai. Mais il est aussi vrai que l'on assiste, dans les services d'addictologie, à de véritables « miracles » de l'amour, avec un désintérêt progressif du sujet pour la substance : « Il (plus souvent elle) veut que j'arrête. » Cette pensée est uniquement rationnelle au départ, puis les actes suivent, et le sevrage se fait avec d'autant plus de facilité qu'il est soutenu par l'herculéenne force de l'amour. Un autre, apaisant, peut prendre peu à peu la place du produit destructeur.

Rien n'autorise à prédire le malheur à ceux qui « cherchent l'embrouille », mais tout les invite à réveiller leur conscience et à évaluer leurs forces. On éprouve moins de mal à ne pas entrer dans une histoire qu'à en sortir une fois qu'elle est enclenchée, de la même façon qu'un non-fumeur résiste très bien à l'appel du tabac, lapalissade qu'on oublie d'appliquer aux sentiments.

Victime de soi

Il est bon de faire de temps à autre son autobilan amoureux. Si l'on a connu des échecs, des souffrances répétées toujours sur le même mode, il est bon de s'interroger sur son propre degré de responsabilité. Le problème d'amour récurrent avec l'autre, alors même que l'autre n'est jamais le même, découle souvent directement d'un problème d'amour de soi. Le sujet repère fréquemment après une rupture que sa propension à vivre des relations destructrices vient d'un véritable vice de construction, absolument pas inhérent à l'identité de l'être aimé. Quand on a été modelé « à la dure », on cherche plus ou moins consciemment une vie « à la dure », et on la trouve !

Le travail sur soi, sous la forme d'une thérapie, permet d'échapper en partie à ce qui finit par ressembler à une fatalité, ou en tout cas de comprendre pourquoi on choisit ce type de relation ou ce type de partenaire. Apprendre à accepter l'amour de l'autre est, pour certains, si difficile qu'ils se tournent vers ceux qui ne les aiment pas ou les aiment mal. L'amour est perçu aux yeux de ceux qui ont été construits sur un mode inquiétant comme à peu près aussi inacceptable que la souffrance aux yeux de ceux qui ont été construits sur un mode sécurisant. Il n'y a aucun devoir moral à refuser la relation de dépendance destructrice, et aucune morale à vouloir l'épargner aux autres, mais il faut percevoir le danger. Retenir une petite expérience éthologique peut marquer durablement l'esprit : le rat dépendant s'autostimule jusqu'à la mort.

La véritable issue de la véritable passion, c'est la mort des deux amants, même quand ils sont deux à s'aimer, comme Tristan et Iseut.

Victime de l'autre, dit-on

On peut, parce qu'on est inexpérimenté ou victime de soi, faire des choix destructeurs, mais on peut aussi ne pas repérer quelques erreurs communes et entretenir des confusions dans la perception de l'autre. Ainsi, il faut apprendre à distinguer le caractère boudeur du sex-appeal, la séduction du donjuanisme, le solide de l'insensible, le puissant du coléreux, le fragile du maladif, le difficile à satisfaire de l'impossible à satisfaire, le sûr de soi du narcissique, l'indépendant de l'égoïste, etc. [1].

S'il est un peu plus névrosé que la moyenne, le sujet peut continuer à chercher en l'autre les traits qui l'attirent, tout en parvenant à éviter leurs manifestations extrêmes. On peut aimer les gens excessifs, et ne plus les choisir excessifs dans

1. Halpern H. M., *Choisir qui on aime. De de la dépendance à l'autonomie*, Québec, Le Jour éditeur, 2003.

le jeu ou l'alcool, mais dans le travail ; aimer les gens obsessionnels, et ne plus les choisir maniaques ni pingres, mais dévoués à une passion organisée ; aimer les gens à l'ego surdimensionné et ne plus les choisir ni dans le règne de l'apparence ni dans l'hypocondrie, mais dans la réussite assumée ; aimer les gens qui ont vécu, et ne plus les choisir condamnés à la prison pour braquage ou polygames, mais infirmiers dans l'humanitaire ou globe-trotters, etc. On peut, bien entendu, aimer avec beaucoup de bonheur chacun de ceux qui portent un fardeau, si tant est qu'on ait retenu la permanente interaction entre circuit du plaisir et circuit de la douleur, et perçu qu'on doit veiller à ce que prime le plus souvent possible la sensation du plaisir sur celle de la douleur.

Pourquoi, en amour, la dépendance est normalement moins grave

Quand il est trop tard, il reste une nouvelle rassurante : les produits entraînent une modification profonde et définitive des synapses, les fentes entre deux neurones qui leur permettent de communiquer entre eux [1]. C'est ce marquage qui fait que reprendre une substance met gravement le sujet en danger : un verre de vin n'a pas le même impact sur le terrain sensibilisé d'un ancien alcoolique, par exemple, que sur un être sain. Le premier plonge là où le second prend du plaisir. Cette observation, applicable aux amoureux dépendants, tout retour dans les bras de l'autre étant facteur de risque pour

1. Mathon D. S., Kamal A., Smidt M. P. et Ramakers G. M., « Modulation of cellular activity and synaptic transmission in the ventral tegmental area », *Eur. J. Pharmacol.*, 480 (51-3), 2003, pp. 97-115 ; Nestler E. J., « Historical review : molecular and cellular mechanisms of opiate and cocaine addiction », *Trends Pharmacol. Sci.*, 25 (4), 2004, pp. 210-218

une lourde rechute, ne l'est plus après une rupture achevée : on voit l'autre et on se demande comment il a pu nous rendre fou !

L'organisme n'est pas fait pour recevoir des doses massives de produits et le retour à l'homéostasie en est rendu d'autant plus difficile. L'amour, si fort soit-il, ne nous irradie jamais que d'une chimie naturelle. Fabriqués pour pouvoir jouir et aimer à la folie, nous le sommes aussi pour cesser de le faire, et comme il s'agit vraiment d'une seconde nature, et non d'une chimie ajoutée, l'amour reviendra plus tard, pour un(e) autre.

Le choix amoureux suit volontiers la morale de la cigale et la fourmi. L'amour fourmi pourrait ainsi asséner cruellement à l'amour cigale : « Vous avez voulu jouir très fort ? Eh bien, souffrez maintenant... »

Sixième partie

LA SÉPARATION, OU SEVRAGE

« On ne peut pas me soigner... »

Le dépendant aux produits lance à qui veut l'entendre, qu'il s'agisse de ses proches ou de professionnels, un certain nombre de phrases familières à l'amoureux : « vous ne pouvez pas comprendre » ; « c'est toute ma vie » ; « vous ne pouvez rien pour moi » ; « je préfère mourir avec que vivre sans ». Tous les dépendants se sentent condamnés. Et tous se trompent. Le sevrage sera simplement plus ou moins long et douloureux, souvent à proportion du degré de dépendance. Et quel que soit le type d'addiction, la motivation du sujet à s'en sortir reste le meilleur indicateur de réussite, et sans rechute (ou pas trop).

1

Modus amourandi, modus separandi : on se quitte souvent comme on s'est aimés

De la même façon que les premières rencontres traduisent assez bien ce que sera la nature de la relation, la relation prédit assez bien la nature de la séparation : plus le choc de la rencontre aura été violent, plus le décrochage risque d'être déchirant et, en général, plus la dépendance est ancienne, plus le sevrage est difficile.

La rupture consentie : l'illusion de la rupture facile

Les ruptures consenties semblent les plus enviables, soit dans un couple récent dont les deux membres, pas trop névrosés, s'aperçoivent que leur histoire ne marchera pas, ou sera trop douloureuse, soit dans des couples à l'attachement durable qui ont vu leur amour s'éroder doucement et décident d'aller chacun de son chemin. Chez les premiers, l'embarras du sevrage, du manque et de la tristesse est bref, la « consommation » ayant été de courte durée. Mais, chez les autres, la grande douceur de la rupture cache mal les douleurs inévitables à venir.

Dans ces couples usés par le temps, les plaisirs ont tendu à décroître jusqu'à s'éteindre tout à fait, jusqu'à ce que des choses pénibles aussi prosaïques que les chaussettes qui traînent ou la lumière restée allumée prennent le dessus et semblent insupportables. Se séparer d'un commun accord ne se fait pas d'un commun plaisir, mais d'un commun déplaisir. Et on a beau ne plus partager de plaisir, on peut rester lié à l'autre et dépendant de la relation. En effet, si une part de la dépendance tient à l'excitation de la passion, à une véritable accoutumance à l'hyperdopaminergie, elle peut ne plus caractériser le « vieux couple ». Reste la dépendance à un certain nombre d'habitudes, de repères, une façon tranquille et chronique de « vivre avec ». Or cette dimension psychique de l'attachement s'étaie aussi sur notre neurobiologie intime, et c'est elle qui est la plus difficile à dépasser.

On peut tenter une comparaison avec le fumeur, physiquement désintoxiqué au bout de cinq jours mais qui, au bout de cinq mois, peut avoir gardé ses gestes réflexes et tenir son stylo comme une cigarette, ou allonger machinalement la main vers un paquet[1]. Cinq ans après, l'ancien fumeur peut même rêver la nuit qu'il en allume une !

Même si la rupture est consentie, sauf insensibilité caractérisée, on garde la nostalgie de quelques habitudes, des pincements au cœur en de multiples occasions. Ce chagrin est multiplié par la somme des « mondes » construits ensemble : les enfants, les week-ends dans la maison de campagne, les vacances familiales et autres plaisirs minuscules de la vie de couple. Le plaisir marquant plus que les désagréments, on en oublierait presque les interminables soirées à n'avoir rien à se dire, les bras croisés devant la télé. Ce sont ces bons moments que l'on archive avec des traces matérielles : on ne se photographie pas un jour d'ennui. Réussir à entendre et à croire que l'autre ne nous aime plus, l'avoir constaté de nos propres yeux, n'est pas d'un grand secours contre la nostalgie

1. Lagrue G., *Arrêter de fumer*, Paris, Odile Jacob, 1997.

du dépendant : le tabac n'a jamais appelé son consommateur de tous ses vœux non plus, et le tabagique réclame quand même sa cigarette. Les habitudes qu'on prend avec l'objet de son amour, comme avec son produit, ont beau ne plus rien devoir au plaisir ni au désir, elles restent, et sont plus ou moins identifiées comme des éléments de notre personnalité, surtout si l'on s'est rencontré à vingt ans et quitté à cinquante. En perdant l'autre après des années, on éprouve la perte de quelque chose de soi.

La rupture du couple fusionnel : un meurtre symbolique

La relation fusionnelle remplissait une fonction défensive. Sa fin expose soudain le phobique social, l'inquiet, l'anxieux à une vie perçue comme terriblement angoissante sans la protection de l'autre. La rupture de ces partenaires particulièrement soudés peut venir de la soudaine réassurance de l'un des partenaires, d'un changement profond à l'occasion d'un tournant professionnel ou d'une rencontre qui semble miraculeusement rédemptrice. L'un semble s'envoler, heureux, vers l'autonomie et abandonner le plus fragile à son triste sort, avec à la clé, pour ce dernier, tristesse infinie et dépression.

Ce sont quelques-uns de ces couples dits « sans histoire » qui alimentent en priorité les chroniques « Faits divers » au moment de leur rupture : suicides et massacres familiaux sont les seules réponses trouvées, perçues comme préférables à un manque inenvisageable. Le crime passionnel est souvent un crime fusionnel [1], le geste désespéré de ceux qui ont cru vivre sans manque et y ont réussi un temps parce qu'ils avaient

1. Houel A., Mercader P. et Sobota H., *Perspectives psychiatriques*, 1, vol. 40, janvier-février 2001.

rencontré le partenaire adéquat, pourvu du même mode de fonctionnement qu'eux. Ce geste est commis sous l'effet d'un raz-de-marée émotionnel et d'une intolérable souffrance mêlés. Ses conséquences ne sont pas envisagées ou balayées comme inessentielles : « Je savais que j'irais en prison, mais je n'avais pas le choix. » La majorité des couples fusionnels rompt un peu moins tragiquement, heureusement, mais de façon plus douloureuse que les autres.

La rupture passionnelle : le carnage en dents de scie

Les ruptures les plus longues et les plus difficiles sont celles qui mettent fin à des histoires dont la phase passionnelle douloureuse a été la plus durable. Peu importe leur auteur puisque le mécanisme des processus opposants fonctionne à plein régime : la norme s'est déplacée chez l'un et l'autre des partenaires au rythme de ce qu'ils ont enduré, assez habilement pour que l'un fuyant, l'autre trouve la force de revenir, celui qui décide de la rupture étant systématiquement poursuivi par l'autre. Depuis l'origine, le plaisir et la douleur se sont succédé dans la relation, sans que la douleur soit perçue comme inacceptable, car immédiatement compensée par du plaisir. On a pu vite y voir une inévitable compagne de cette relation. L'issue par la rupture ne repose que sur la volonté inébranlable d'un seul, une fois un certain seuil de douleur franchi ou un acte symbolique accompli (une tromperie de trop, une gifle). L'accusé endosse alors le rôle de la victime, le couple étant le plus souvent bien rodé pour échanger les rôles. Comme on peut reculer le seuil du tolérable indéfiniment, jusqu'à la mort, la décision semble pourtant tout à fait arbitraire à celui même qui rompt. Et s'il est convaincu de son statut de bourreau, c'est reparti pour un tour !

La théorie de l'esprit vient en effet se mêler de cette dépendance amoureuse en poussant à se sentir coupable : on se sent cruel, on imagine que l'autre souffre et que sa souffrance est intolérable... et on oublie la nôtre ! Les couples passionnels sont les plus exposés aux rechutes, la tentation de recommencer étant souvent bilatérale et le besoin d'y revenir quasi permanent. Si l'autre se laissait plus ou moins quitter sans trop protester, on ne pourrait s'empêcher de retourner vers lui, estimant : « Il doit souffrir sans le dire. Il est impossible que je ne lui manque pas (comme il me manque). » Et, comme il faut bien vérifier si l'Autre va bien (mal, on espère), on le rappelle !

Quand on rompt, on souffre, mais pas tous au même degré !

Plus on a été construit sur un mode sécurisant, plus facilement on retombera sur ses pieds. Mais chez les autres la douleur originelle et la peur de l'abandon se trouvent inévitablement réveillées à cette occasion. Deux personnes sécurisées ont toutes les chances de voir leur couple se briser sans trop de drame ; deux anxieux de se déchirer violemment ; un couple « mixte » d'être emporté dans le débordement du plus anxieux des deux, à moins que l'autre ne se révèle suffisamment solide pour contribuer à l'apaiser [1].

On se console difficilement de ce que l'on perd, notamment quand on ne sait pas ce qui nous attend. On souffre de voir une page qui se tourne et d'être incapable d'imaginer ce qui est écrit sur la suivante, voire de concevoir qu'il y soit écrit quelque chose. Toute rupture donne, peu ou prou, l'angoisse de la page blanche, même si, dans un premier temps, on peut se croire content d'en avoir fini avec la précédente, notam-

1. Malarewicz J.-A., *Guide du voyageur perdu dans le dédale des relations humaines*, *op. cit.*

ment parce qu'une décision est enfin prise. L'humain supporte très mal l'entre-deux. Rien n'est plus délétère pour le psychisme que de supporter sans pouvoir agir. Les trois réactions bien connues à l'envie de rompre, perçue comme une agression, sont l'attaque, la fuite et la sidération[1]. Lorsque les deux premières sont impossibles, la troisième est adoptée, comme un non-choix épuisant, et celui qui veut partir attend...

La fin de l'état d'expectative peut donc induire dans les premiers temps une euphorie trompeuse. C'est ensuite que l'on se retrouve face à la réalité du manque, au harcèlement du souvenir teinté des aléas de la vie : on s'est quittés l'été, mais l'hiver va venir, on rompt en en aimant un(e) autre, mais ce sera un feu de paille, on se dit « maintenant je fais ce que je veux », mais on s'avouera vite « je ne sais pas quoi faire », on croit rattraper les films, livres, amis et temps perdus, mais on aura tout rattrapé un jour... Le chagrin peut couver à côté des feux de joie.

La seule configuration qui adoucisse la rupture est d'être appelé puissamment par d'autres plaisirs et d'autres désirs ailleurs, qui monopolisent la pensée et rendent négligeable, ou du moins momentanément oubliable, ce qu'on laisse derrière soi. Malheureusement, si elle est bénéfique à l'un, elle est insupportable à l'autre. Elle peut ainsi pousser le couple engagé durablement, constitué de deux personnes sécurisées, à vivre une rupture aux antipodes de la relation : douloureuse, déchirante, ponctuée à diverses reprises du triptyque bien connu déchirure-pardon-retrouvailles. L'adultère est propre à réveiller la fibre passionnelle des êtres les plus tranquilles !

1. Laborit H., *L'Inhibition de l'action*, Masson, Paris, 1979.

L'art de bien rompre

On a tendance à rompre à proportion de la dette de bonheur ou de malheur enregistrée du temps de l'amour. Si l'on a eu des enfants avec quelqu'un et une rupture plutôt consentie, on sera plutôt enclin à se quitter en douceur, c'est-à-dire selon les modalités les moins douloureuses pour l'autre : se voir moins, mais chaleureusement, ne plus se voir du tout un temps, mais envisager de reprendre des relations à visage humain, en bref, adapter ses désirs à ceux de l'autre.

En revanche, grande est la tentation de se montrer cruel, de rendre œil pour œil et dent pour dent en faisant souffrir à la hauteur de ce que l'on a souffert si on estime avoir payé très cher cette relation qui s'achève enfin. Céder au désir de vengeance est naturel, mais ce n'est rien d'autre qu'une façon d'entretenir la relation destructrice en renversant simplement les rôles du présumé maître et du présumé esclave.

Pour dépassionnaliser la rupture et les réactions qu'elle suscite, celui qui quitte est souvent tenté de convaincre l'autre, de l'inviter, à son tour et à sa suite, à peser les avantages, mais surtout les inconvénients, de poursuivre la relation. Or, si l'on a effectué un bilan qui nous décide à la rupture, l'analyse logique reste pour l'autre teintée d'une coloration affective, émotionnelle ou sexuelle trop forte pour admettre les faits les plus parlants. Il pourra toujours avancer ses arguments, « si on fait encore si bien l'amour, c'est qu'on s'aime encore un peu », ou « si on parle encore si bien ensemble, c'est qu'on peut encore faire l'amour », et celui qui quitte répondre avec les siens, dans un processus sans fin.

Il faut savoir ne pas être ambigu, ne pas faire miroiter des reprises possibles si l'on n'y croit pas soi-même, quitte à plonger l'autre dans une grande désolation. Toutes les ruptures ne peuvent pas être approuvées par lui, et il faut savoir partir, si on est sûr de soi, sans jouir des bénédictions et remerciements de celui qu'on abandonne. Être dans la place de celui qui quitte est le rôle le plus ingrat, sans doute, mais la place de celui qui est quitté est aussi la plus triste, il ne faudrait pas l'oublier.

Ne pas se montrer ambigu n'oblige pas à se montrer cruel. Pointer à l'autre tous ses défauts, voire ses tares, tout ce qui rend à nos yeux l'amour impossible, c'est le condamner à se haïr un peu ou à opérer de difficiles changements, alors même qu'on ne reviendra pas. Il faut savoir ravaler ses rancœurs, au moment même où rien ne paraît plus précieux qu'un peu de colère pour y puiser son propre courage [1].

Rompre n'est pas facile, mais durer contre toute raison peut parfois se révéler plus destructeur encore. Un certain nombre d'hésitations passent ainsi à nos propres yeux comme des signes d'une douceur que nous ne saurons pas prolonger. Accepter une relation alors qu'on s'y sent mal, laisser rêver l'autre, reculer sans cesse la date de la rupture sous prétexte que ce n'est pas le moment (les vacances, la rentrée, un coup dur), imaginer que l'autre va se lasser ou s'en trouver un(e) autre, ou bien qu'il va mourir – car l'inconscient souffle parfois cette vilaine pensée dans les rêves – sont autant de calculs inutiles puisqu'ils visent à prolonger une situation à laquelle on sait vouloir mettre fin. On risque fort alors de jouer une course contre la montre au terme de laquelle on arrivera à bout de souffle, dans l'état excédé où se profèrent des paroles blessantes et se commettent des actes destructeurs.

On renonce parfois à rompre en se demandant ce qu'on deviendra sans l'autre. Mais imaginer la vie « avec » peut aider à prendre une décision ! Comme dit la morale populaire, bien immorale mais parfois salutaire, « on n'a qu'une vie ».

1. Malarewicz J.-A., *Guide du voyageur perdu dans le dédale des relations humaines*, *op. cit.* ; Angel S., *Mieux vivre, mode d'emploi*, Paris, Larousse, 2002.

2

Symptômes du sevrage de l'autre, ou du produit

Chercher à comprendre

La rupture est une blessure narcissique, une remise en question de soi. On oublie le plus souvent que c'est la relation qui n'allait pas, au profit d'un égocentré « mais qu'est-ce que *j*'ai pour que... ». L'amoureux éconduit, comme celui qui tente le sevrage par raison, consacre d'abord beaucoup d'énergie et de temps à la recherche d'explications ou de sens, comme s'il s'agissait de détricoter le tissu magique et de désensorceler le cœur par quelques éléments rationnels, alors que la seule urgence serait de cesser de croire à la magie. On veut comprendre pourquoi l'autre ne nous aime plus, ou pourquoi on a pu l'aimer alors qu'il n'aurait pas fallu. On le convoque éventuellement à la barre d'un tribunal psychologique : « Qu'est-ce que tu me reproches ? » ; « Qu'est-ce que je n'ai pas fait que j'aurais dû faire ? » Or, d'une part, il n'y a parfois rien à comprendre (le je-ne-sais-quoi qui défait presque tout), et, d'autre part, il faut savoir qu'on ne gagne pas toujours à entendre toutes les vérités écloses d'un procès qu'on avait le bon goût de ne pas nous imposer. Les réponses, en général assez brutales, peuvent mettre tout à fait fin à la magie, jusqu'à remettre en question celle qui a été vécue.

Dans les ruptures passionnelles, l'instigateur de la séparation traverse lui-même des moments de souffrance. La tentation est grande de mettre fin au combat qu'on livre contre ses propres désirs. On échappe au questionnement sur soi pour se noyer dans le questionnement sur la relation. Armer incessamment sa volonté pour ne pas céder dévore une énergie si considérable qu'on peut finir par renoncer : « Je replonge... comme ça, j'arrête d'y penser ! » Cette façon de régler le problème ne doit plus rien à la magie, mais tout au pragmatisme d'un dépendant bien identifié !

Paralysie intellectuelle, perte du contrôle émotionnel, perte de l'élan vital et envie d'en finir avec la vie tout court

La tête entièrement tournée vers une ritournelle de mots et de faits passés qui pourraient juguler la souffrance (« c'était mauvais pour moi », « c'était dangereux pour moi », etc.), le sujet devient incapable de penser à autre chose. Il perd en général toute concentration et toute faculté de se réfugier dans des occupations intellectuelles. Faute d'occupations dérivatives, il se tourne vers les gens.

C'est auprès de ceux que l'on aimait avant l'autre, ou parallèlement à l'autre, que l'on cherche un peu de réconfort : nos amis, de si bon conseil, nos enfants, qui réclament notre attention et nos bons soins. Mais l'on n'a aucune envie de rire avec les petits ni avec les grands. La perte du contrôle émotionnel est à peu près totale : on pleure quand on devrait rire, ou bien on rit quand on veut nous faire rire avant de s'écrouler en larmes ; on a l'impression de vivre à côté de sa vie, machinalement, comme un robot. Obsédé(e) par la relation perdue et monopolisé(e) par la douleur, on se montre incapable de saisir la main que les autres nous tendent.

Coupé de tout ce qui nous reliait à la vie, aux choses et aux gens, on se trouve atteint simultanément d'une apathie physique qui correspond à l'antithèse du *conatus*, autrement dit, la dépression. On est capable de rester prostré des heures sans toujours en prendre conscience. On attend un appel, un signe du ciel, un revirement, mais rien. Tous les plaisirs qui demandent un minimum d'énergie, faire du sport, du jardinage, voyager, sont vidés de sens (la panne de dopamine), et, comme l'effet dopaminergique marche selon le principe de la boule de neige, l'élan multipliant l'élan et le manque d'envie le manque d'envie, on va de plus en plus mal, de la même façon qu'aux beaux jours on allait de mieux en mieux. Dans un effort surhumain pour ne plus tourner en rond, on peut décider de « se bouger », mais il s'agit alors d'une agitation stérile ou de l'errance d'un zombie. À l'extrême, on a la sensation d'un flirt avec la mort : on est « déjà mort » ! L'hypothèse du suicide effleure certains comme l'incarnation de la fuite parfaite.

On choisit des fuites moins définitives, partir très loin dans un lieu refuge qui symbolise l'Éden, au vert, chez ses parents, comme pour se raccrocher à nos bases, réinitialiser le programme cérébral en remettant tous les éléments dans le bon sens. En prenant conscience du dysfonctionnement entraîné par leur addiction, tous les dépendants ressentent un besoin accru, parfois légèrement exagéré, de se raccrocher à « du vrai, du pur, du sain », comme si l'excès dans l'intoxication pouvait être compensé et annulé par une opération de blanchiment mental et/ou physique. Cette attitude n'est pas qu'illusion, mais encore faudrait-il que ces bonnes intentions durent, ces accès monastiques se soldant parfois par un retour de bâton : une sérénité surfaite dans un cocon à la campagne peut conduire tout droit à plus de dépression, et à la rechute dès le retour dans la réalité, à la ville envahie de souvenirs.

L'autre attitude extrême du dépendant amoureux se situe aux exacts antipodes du rêve de la pureté originelle : dans le refuge pharmacologique, l'alcoolisation extrême le plus souvent, ce qui s'appelle remplacer une addiction par une autre !

Finir en saint ou en martyr semblent les deux options possibles – l'hypothèse de guérir n'effleure pas les premiers temps. La dépression du désamour est comparable à celle du sevrage, à ceci près qu'on peut tirer fierté d'avoir arrêté la drogue, aucune (ou rarement) d'avoir arrêté l'amour, surtout si l'on y a été contraint.

En effet, tous ces signes, toute cette symptomatologie du sevrage amoureux sont également présents lors du sevrage d'un dépendant aux produits.

Les signes physiologiques du manque

La perturbation des fonctions vitales rend sensible la dérégulation du chemin désir-plaisir-manque qui nous est familier depuis les premiers jours de la vie, ou depuis les premiers temps de nos amours. Le sevrage amoureux nous fait naître à une vie nouvelle extrêmement désagréable, où plus rien ne fonctionne, dans aucun domaine. On savait manger pour vivre, on ne sait plus, et certains se mettent à vivre pour manger, d'autres à ne plus manger pour ne plus vivre, tout cela inconsciemment, bien sûr. Boulimie et anorexie, parfois conjuguées, sont observées couramment. Les uns se remplissent pour combler un manque, comme le fumeur de cigarettes qui se surprend soudain à avaler la boîte de gâteaux qu'il abhorre. Les autres ont l'estomac noué, très à propos « mal au cœur », avec parfois des vomissements et la sensation d'avoir été battu, comme l'héroïnomane. Les plus hypocondriaques d'entre nous se sentent malades : le cœur souvent, mais les autres organes peuvent aussi être « touchés ». La mort semble nous guetter, parce que la rupture est un deuil, en premier lieu de soi.

Le sommeil est perturbé, avec hypersomnie de refuge (dormant douze heures, on nourrit quelques heures de moins nos pensées obsessionnelles sur l'autre), mais plus fréquemment insomnie. On ressasse inlassablement les mots et les maux, et puis la nuit représente aussi ce qui fut le territoire intime (l'heure où à présent l'autre fait éventuellement l'amour avec un[e] autre !). Quand on s'endort, l'inconscient prend le relais du harcèlement : on rêve, on rêve beaucoup, trop, et on rêve mal. La teneur des rêves ressemble à un film colorisé du bon temps passé, ou au contraire à un film d'horreur, on tue l'autre, le (la) rival, il (elle) nous tue, etc. On se réveille en proie au désir ou à l'émotion, déchiré entre la rage de ne pas savoir dompter son inconscient et l'envie de succomber à nouveau à l'autre, si la configuration s'y prête, ou franchement écrasé sous le poids de la fatalité. Les dépendants aux produits souffrent des mêmes insomnies...

Notre instinct de reproduction, ou pulsion sexuelle, processus archaïque, est également touché par la rupture, ce qui montre bien que celle-ci n'envahit pas seulement la partie corticale. La plupart des sujets perdent tout désir. Les ruptures sont souvent suivies de longues périodes monacales, même si la dérégulation peut pousser de rares sujets à des épisodes de boulimie sexuelle, volonté de continuer coûte que coûte, avec n'importe qui et n'importe comment. Cette attitude est une façon de leurrer l'esprit par la sensation, de la même façon que le phobique en avion a nettement moins peur quand ses battements de cœur sont artificiellement ralentis.

La mémoire, meilleure complice de la rechute, joue des tours

La meilleure complice de la rechute est la mémoire, bien plus que le corps. Comme pour le dépendant aux produits, le moindre élément identifié avec la consommation va être une invite à reconsommer : le ciel bleu qu'on regardait ensemble, l'hôtel où on a dormi ensemble, l'appel d'un ami commun, manger un gâteau au chocolat... La réelle trace mnésique peut devenir une bonne occasion de rechute, si on n'a d'ailleurs pas cherché à la raviver plus ou moins consciemment, tel l'alcoolique qui se retrouve après une balade devant son ancien bar, « comme par hasard », ou l'héroïnomane, à deux pas de son dealer. Rien n'est plus simple, alors, que de « passer », par politesse, bien sûr – et autant dire de renouer.

Le problème de l'ancien dépendant est qu'il va réveiller un besoin là où il croit apaiser un désir dont la légitimité n'est même pas à discuter. On peut légitimement avoir envie de faire l'amour avec l'autre, comme légitimement avoir envie de boire un verre de vin, mais l'ancien dépendant n'est plus vierge : il a été profondément marqué par la consommation excessive et excitante, et tout petit goût de revenez-y stimule les circuits de dépendance gravement imprimés dans sa mémoire. Quiconque résisterait à l'engrenage, mais lui ne peut que replonger.

Quand la dépendance a été très forte, seul le sevrage total est envisageable. Le sevrage progressif par diminution des doses n'est possible que pour les faiblement dépendants. Quelqu'un qui boit trop, ce qu'on identifie comme le stade de l'abus ou usage nocif, peut passer à un verre par jour, mais pas celui qui a franchi le cap de la dépendance [1]. Le tabac est un cas particulier puisqu'il est addictogène dès qu'il y a consommation quotidienne. Pour éviter la rechute, les addictologues conseillent de fuir la trace mnésique : au fumeur d'éliminer de sa vue cendriers, briquets et paquets, évidemment, voire d'arrêter le café ; à l'alcoolique de ne pas garder de bouteilles dans son placard, d'éviter ces huîtres qu'il arrosait d'une bouteille de vin blanc ou ces moules-frites de plusieurs bières. Fuir tout ce qui rappelle l'objet d'addiction est non moins recommandable à l'amoureux : jeter les traces de

1. Lagrue G., *Arrêter de fumer*, *op. cit.* ; Reynaud M., *Usage à risque - Usage nocif*, *op. cit.*

l'autre (photos, cadeaux, effets personnels) ou les cacher soigneusement le temps du sevrage, éviter les lieux fréquentés ensemble, rompre avec les habitudes, y compris le café du matin s'il le faut. Tout est bon pour ne plus courir le risque de se confronter au souvenir. Restent les apparitions fantasmatiques – on voit l'autre partout, sa nuque, ses cheveux, sa voiture –, car c'est là ce qui définit la dépendance : le caractère obsédant d'une pensée, avec possibilités de manifestations oniriques. C'est dans ces moments de rupture que les plus subtils esprits se tournent vers les voyantes, marabouts et autres magnétiseurs. Qu'en dire ? Peut-être simplement que l'effet placebo existe.

Ce que la connaissance des addictions aux produits nous apprend des rechutes amoureuses

L'étude de l'addiction aux produits a permis de mettre en évidence trois grands types de rechute : la nouvelle prise qu'on voulait croire unique ; la stimulation de la mémoire ; les situations de stress. Nous avons vu le danger de la première comme de la deuxième, reste le stress. Si l'on est à l'origine de la séparation, la décision peut être fragilisée par un événement difficile. On va soudain mal, et l'on ressent le besoin d'apaiser au moins le manque dont on est maître, à savoir celui de l'autre. « Tout ne peut pas aller mal en même temps ; je ne peux pas me battre sur tous les fronts. » Le sujet, fragile parce qu'il vient d'arrêter de fumer, de boire ou d'aimer, replonge, parce que c'étaient les vacances et que la rentrée est difficile, parce qu'il doit soudain faire face à un deuil, parce que son meilleur ami le trahit, parce que ses enfants sont insupportables... tout est possible. C'est, malheureusement, classique mais le savoir permet de se préparer à résister !

Effectivement, on sait qu'il n'est pas bon d'entreprendre une cure de sevrage quand tout va mal, les relations sociales, la famille, le travail, etc., mais, quand elle est en cours, le sujet fragile doit se dire que chaque jour de combat est un pas de plus vers la victoire définitive, où l'envie aura tout à fait disparu au point qu'il pourra même déposer les armes. Le plus difficile, c'est le début. Mais aujourd'hui l'est moins qu'hier et bien plus que demain. L'inverse de la devise amoureuse. La rechute remettant en quelque sorte le compteur à zéro, elle annule les effets de toute la peine déjà subie : ce serait de la peine... perdue !

3

Éléments de traitement

L'aide institutionnelle : pas d'urgence, sauf urgence

Certains sevrages ou certaines séparations peuvent se faire sans soutien extérieur, mais d'autres invitent le sujet à se tourner vers des professionnels. Pour les produits, on peut envisager le sevrage en ambulatoire ou en hospitalisation, selon les paramètres de l'addiction. L'amoureux, lui, doit se contenter de l'ambulatoire, hors quelques cliniques américaines extrêmement spécialisées. En France, on n'hospitalise pas encore les victimes d'un chagrin d'amour, ce sur quoi on peut plaisanter, mais qui n'est pas sans interroger sur les raisons de cette mise au ban : le chagrin d'amour est l'une des premières causes de souffrance psychique, l'une des premières raisons qui mènent à un travail psychothérapeutique ou d'analyse. Le corps médical est volontiers assez moqueur envers la douleur amoureuse avant qu'elle ne devienne proprement inquiétante pour le pronostic vital, avec tentatives de suicide, idées morbides, ou dépression qui nécessite des soins, voire une prescription médicamenteuse.

Les avis sur l'opportunité de prescrire des médicaments psychotropes à un sujet qui souffre de « maladie d'amour » sont partagés. On s'entend à peu près pour envisager la prescription de somnifères ou de tranquillisants afin de briser quelques éventuels cercles vicieux : angoisse-impossibilité de gérer sa vie quotidienne-angoisse décuplée, insomnie-fatigue et irritabilité-insomnie décuplée. Ils peuvent aider le sujet à enclencher un nouveau rythme de vie, si la liste de tous les procédés naturels est épuisée, depuis la tisane à la lecture jusqu'à tomber de sommeil en passant par les heures de sport forcené. Mais que dire des traitements antidépresseurs en cas de chagrin d'amour ? La séparation sentimentale, comme le deuil, est un phénomène douloureux, mais elle est naturelle. Toute la question est de savoir si, et jusqu'à quel point, il faut médicaliser la vie... En général, les psychiatres s'accordent pour prescrire s'ils estiment la durée habituelle de la souffrance dépassée, supérieure à quelques mois.

Dans les premiers temps du sevrage, ce n'est pas l'urgence ni la volonté de comprendre qui anime le sujet, quelle que soit la nature de sa dépendance, mais l'urgence de survivre : le manque perçu comme un besoin vital occasionne une souffrance telle qu'elle fait rêver d'être enfermé dans un cocon sûr, éventuellement protégé par une institution qui défende contre la pulsion de consommer à nouveau son produit, voire contre les pulsions autodestructrices. L'hôpital ne prenant pas en charge ce type de détresse, du moins sous son apparence la plus courante et bénigne, c'est le plus souvent chez des amis que l'on court se réfugier, à eux que l'on confie le soin de nous interdire de téléphoner à celui (ou à celle) qu'on a quitté (ou qui nous a quitté). Le refuge physique étant trouvé, reste la volonté de « guérir », et, là encore, les professionnels du psychisme se montrent assez frileux, comme si à eux (nous !) aussi le chagrin d'amour faisait un peu peur : il s'agit en effet de l'imbrication difficilement maîtrisable de deux névroses.

Partant de cette évidence, et l'autre ne participant pas à la thérapie, on s'efforce de soigner la névrose de l'un, les origines de sa peine, tandis qu'il faudrait que la peine finisse pour commencer le travail en profondeur : un casse-tête.

Quand le sujet entreprend un travail très tôt après sa rupture, il s'en trouve souvent déçu : ce qui fait l'identité de l'être aimé n'est que trop peu pris en compte par le thérapeute, du moins pas à ce jour et à pas ma connaissance. On entend la détresse, on cherche à la décrypter, mais le sujet entièrement obnubilé par les qualités ou tares de l'être aimé ne trouve pas sa place. Il est encore dans la fusion, la dissolution, la confusion. On peut souhaiter, pour les années à venir, que l'écoute, tout en restant analytiquc, ne se focalise pas les premiers temps sur l'analyse de la construction précoce et le diagnostic de la névrose, mais sur l'identité effective de l'aimé, ou du moins en tolérant qu'elle soit décrite inlassablement tant qu'il est nécessaire. Le chagrin d'amour est aussi souvent déclencheur de thérapie que décourageant à son égard : l'amoureux venu parler de l'autre arrive détruit et repart dégoûté, comme rejeté une nouvelle fois : « personne ne comprend rien, et surtout pas les psys » ! L'objet d'amour étant nié, le sujet se sent renié. C'est pourquoi le premier travail à accomplir se fait, la plupart du temps, seul.

Le travail personnel : une gymnastique mentale

La première urgence consiste à en finir avec les distorsions cognitives : « Je ne rencontrerai jamais quelqu'un qui m'aimera autant, que j'aimerai autant, qui sera aussi beau, aussi intelligent, aussi gentil », etc., et à se souvenir des contreparties en les évaluant justement (tout ce qu'on perdait, tout ce qu'on manquait, tout ce qu'on souffrait), en dressant, pourquoi pas, des listes noir sur blanc. Si cette histoire merveilleuse a pris fin, il y a fort à croire qu'elle était mêlée de fortes souffrances ou frustrations, qui sont, elles aussi, bel et bien derrière soi ! Et si nous n'en souffrions pas nous-même, mais que l'autre en souffrait, l'aime-t-on donc si peu qu'on lui refuse une autre vie ? C'est en méditant cette pensée que l'on constate que notre amour, aussi grand soit-il, est toujours mêlé d'une belle dose d'égoïsme. Au moment d'entériner les faits (« c'est fini, l'autre n'était plus heureux avec nous »), notre narcissisme en prend une nouvelle fois un coup ; pour continuer à s'aimer, il va falloir se réconcilier avec la relation.

Plus on a placé l'autre haut, plus il descend bas dans notre estime, plus on a souffert, plus on se hait soi-même (« comment ai-je pu tomber si bas »), plus l'histoire a duré, plus on s'en veut comme on en veut à l'autre. À l'heure du bilan, la haine de l'autre a une fonction défensive, provisoire, le revers étant qu'elle s'assortit souvent de haine de soi. Notre faculté de jugement revenant, nous nous montrons parfois sévère avec nos propres égarements passés : « Comment ai-je pu aimer une femme (un homme) pareil(le) ? » Une fois l'essentiel du sevrage passé, il est bon de se rappeler qu'on n'a pu être « fou » que parce qu'on a eu beaucoup de plaisir, de se dire que l'autre était un « monstre », mais aussi un « ange », parfois, ce qui explique et excuse le comportement désormais « maudit » : on peut cesser d'idéaliser sans diaboliser trop durablement. Se réconcilier avec ce qu'on a vécu permet de se réconcilier avec soi-même, et inversement. Penser à tous ces mois ou toutes ces années qu'on estime avoir « perdus », c'est négliger qu'on a aussi, en général, gagné quelque chose. On a vécu des sensations nouvelles, des émotions, des expériences, appris des choses, découvert des mondes, enrichi sa palette d'humeurs et, pourquoi pas, sa connaissance du genre humain. On a aussi et surtout gagné quelque chose, en général, à vouloir comprendre.

C'est à ce moment-là, dans un second temps, que les psychothérapeutes peuvent se montrer d'une aide précieuse. On ne vit aucune histoire tout à fait par hasard. Comprendre ce qui s'est joué permet de ne pas le rejouer, du moins de ne pas en être le jouet. En décryptant les mécanismes de construction ou d'acquisition qui nous ont fait en arriver là, on peut éviter de reproduire indéfiniment le même schéma.

« Vivre, c'est quoi, vivre ? »

Quand la vie n'a plus de sens, plus rien ni personne n'apporte de plaisir : c'est normal. Le savoir, déjà, remonte le moral ! Mais il faut surtout savoir que toute recherche de plaisir reste une stimulation du circuit dopaminergique bonne à prendre et porte ses fruits un jour ou l'autre : on mangera dix fois par principe, et la onzième on trouvera ça bon, on ira dix fois au cinéma et on suivra le film la onzième, et ainsi de suite. Paradoxalement, parfois, le premier plaisir pris sans l'autre (notamment le plaisir sexuel) peut laisser un goût amer : si on jouit, c'est qu'on n'aimait pas l'autre tant que ça, songe-t-on dans un accès de culpabilité. Ce qui fait alors du mal est de faire le deuil de l'absolu, mais vivre implique qu'on le fasse, et l'on vivra donc douloureusement, un temps du moins. Le savoir aide à passer cette étape. La redécouverte du plaisir, notamment pris auprès d'autres êtres, les amis en premier lieu, est essentielle, en sachant juste qu'il est normal d'en éprouver peu de goût, voire du dégoût.

Le corps ne doit pas être oublié, même si on a tendance à privilégier les plaisirs d'un autre ordre. On n'hésite plus aujourd'hui à accompagner les cures de sevrage de balnéothérapie, massages, sports, qui sont autant de façon de faire prendre conscience au sujet que son corps n'est pas uniquement un lieu de souffrance, et que le plaisir ne se résume pas à celui que procurait autrefois le produit. Le bénéfice sous-jacent est la sécrétion d'endorphines déclenchée par les caresses, même si la main est celle du masseur, et par l'effort physique, même s'il consiste à faire un jogging. Cette stimulation est un début !

Quant au plaisir sexuel et à l'amour, même s'ils sont les meilleurs remèdes à plus ou moins long terme, on les souhaite soi-même rarement les premiers temps. Aimer à nouveau, comme faire l'amour avec un(e) autre, semble inenvisageable, à moins qu'on ne se force : c'était le conseil d'Ovide dans ses *Remèdes à l'amour* ! Cette attitude semble plus simple à adopter pour les femmes, contrairement aux idées reçues mais conformément aux possibilités physiologiques. Chez l'homme, chutes du taux de dopamine et de testostérone combinées rendent le désir et l'érection aléatoires. Par ailleurs, on s'entend pour percevoir clairement que si le chemin désir-plaisir « fonctionne » encore dans ce domaine, ce qui peut rassurer, le fonctionnement sexuel n'est pas chez l'humain une fin en soi : le plaisir « de principe » reste largement en deçà de celui qui s'accompagne de sentiments et d'émotions. Surtout quand on a encore dans la bouche le goût de ce que l'on appelait le bonheur. On peut laisser passer cette phase réfractaire sans forcer le destin en la matière, et faire confiance à la vie, comme à la biologie, qui reprendront leurs droits.

Croire se traiter et s'enfoncer : le recours aux produits

Le recours aux substances psychoactives pour ne plus penser, ou penser avec plus de légèreté, est une façon courante de tenter de forcer le destin. Et dangereuse. On boit, principale « béquille », d'abord un verre de whisky pour se détendre en rentrant chez soi, puis on boit tout court, c'est-à-dire nettement davantage, pour oublier, s'anesthésier, et éventuellement ressentir une sensation artificielle d'euphorie. Malheureusement, si ces substituts pharmacologiques apparaissent dans l'immédiat comme un moyen sûr et efficace de réguler ou de calmer nos émotions, ils ne sont que des leurres à effet nocif retardé : les lendemains sont d'autant plus durs que les veilles ont été festives. L'alcool stimule le débit de dopamine et induit cette humeur légère, jugée bienvenue. Mais le retour à la réalité est ressenti, sur les deux plans aussi, d'autant plus tragiquement qu'on l'a oubliée un temps. L'alcool est bien connu pour être anxiolytique et antidépresseur au moment de la prise, mais il devient anxiogène et dépresseur une fois ses premiers effets dissipés. Chez ceux qui reprennent à cette occasion une surconsommation ancienne, le mépris de soi pour avoir craqué va s'ajouter à la détresse sentimentale. Chez les novices, l'engrenage de la dépendance peut s'installer insidieusement, mêlé de honte après les premiers états d'ivresse, au moment où l'image de soi fortement dégradée par la rupture demanderait justement à être ravivée par des soins redoublés. Autrement dit, est-ce bien le moment de se transformer en épave ? Le seul élément positif qu'on puisse retenir de la tentation pharmacologique est le grand instinct qu'a l'humain de sa biologie : son circuit de plaisir n'étant plus stimulé, il cherche au moins à faire taire celui de la souffrance. Muni d'un minimum d'information et d'un tout petit peu de réflexion, il devrait pouvoir trouver d'autres solutions.

Par ailleurs, l'alcool a pour caractéristique de lever les inhibitions, pour le meilleur en certaines circonstances (fêtes, anniversaires, départs en retraite...), mais pour le pire si l'on va mal. La violence qu'on tente de contenir, la haine, la volonté de faire du mal ou de détruire, l'autre comme soi-même, suivent plus librement leur cours sous l'effet de l'alcool. Rappelons que les deux tiers des suicides, des crimes et des coups et blessures sont commis sous son emprise [1]. Dans la plupart des couples, comme chez l'animal, quand la tension est à son comble, on perçoit intuitivement un seuil à ne pas franchir qui déclenche un signal d'apaisement, chez soi ou chez l'autre : avant d'en venir aux mains, l'un des deux claque la porte. Mais, sous l'empire de l'alcool, ce seuil n'est pas perçu, le signal n'est parfois même pas émis, et les limites sont franchies, avec l'espoir confus que la violence du geste fera taire la violence des mots. Le passage à l'acte physique

1. Expertise collective INSERM, *Alcool : effets psychologiques et sociaux*, Paris, INSERM, 2003.

est plutôt le propre de l'individu masculin, physiquement programmé, et plus ou moins socialement, pour la bagarre, mais la femme ivre n'a rien à envier à son conjoint assorti.

Avec le temps...

C'est le temps qui passe qui nous rendra le plus sûrement la vie, la vraie. Il a toujours été conseillé comme élément de traitement, mais il est malheureusement le seul à échapper au contrôle de notre volonté. On pourrait estimer le deuil d'un amour à neuf mois, du même ordre de durée que celle estimée pour un deuil réel par Hélène Kübler-Ross, psychologue américaine qui s'est beaucoup intéressée au sujet[1]. L'amant délaissé passe par plusieurs phases, semblables à celles observées après un deuil, notamment : refus, voire déni de la réalité, suivi d'abattement et de prostration, puis de colère et d'agressivité, qui seront enfin suivies par une phase d'acceptation et d'apaisement. Dans cette mesure, la colère est un signe rassurant. Elle prélude à la résignation. On retrouve également cet enchaînement de sentiments chez le petit enfant dont la mère s'absente : il n'y croit tout d'abord pas et la cherche, puis il se fâche, ensuite il se renferme sur lui-même, et enfin il se résout. Avec le deuil de l'autre, on fait aussi un peu le deuil de soi en temps que moitié du couple, et d'autant plus que l'identité sociale de l'autre était marquée (être la femme du dentiste, le mari de la star). Et puis, un jour, on se prend à penser, comme Proust : « Quand je pense que j'ai épousé quelqu'un qui n'était même pas mon genre ! » D'ici là, la méthode Coué peut porter quelques fruits : des cognitivistes ont démontré qu'en se forçant un peu à sourire on

1. Kübler-Ross H., *On death and dying*, New York, Touchstone, 1969.

éprouvait quelque chose de la joie qui accompagne habituellement ce sourire[1]. Comme on finit par éprouver ce qu'on fait, il semble primordial de continuer à faire, autrement dit à vivre, et l'on s'étonnera peu à peu de pouvoir le faire loin de l'autre, avec non moins de plaisir... et peut-être davantage !

1. Foley E., Matheis R. et Schaffer C., « Effect of forced laughter on mood », *Psychological Reports*, 90, 2002, p. 184.

Conclusion

Au XXe siècle, l'homme a fait beaucoup de progrès grâce à la science. Il a marché sur la Lune. Il a appris quantité de choses sur l'amour, le sexe, le couple et les schémas psychiques qui les gouvernent : un grand pas pour l'humanité, et peut-être autant de petits pas pour que chaque humain s'oriente vers un peu plus de bonheur.

Au XXIe siècle, on peut d'ores et déjà dire que les recherches dans la sphère sentimentale seront les plus riches d'enseignement, parce que les intuitions psychologiques ont pu s'étayer sur des découvertes biologiques et toutes deux s'affiner mutuellement. Désormais, on visualise par imagerie médicale les zones activées par les sentiments, les aires du cerveau illuminées sous le coup des émotions, toute cette animation venant confirmer les circuits révélés par la neurobiologie. Il ne se passe pas un jour sans qu'une publication ne nous parvienne de l'un des quatre coins du monde pour nous alerter sur une nouvelle découverte majeure, la plus récente étant celle-ci : quand on regarde l'être aimé, un soleil neuronal illumine une zone du cerveau identique à celle mise en route dans la contemplation de la beauté [1]. « Zone du beau-zone de

1. Cela-Condé C. S., Marty G. *et al.*, « Activation of the prefrontal

l'amour », nous l'avons évoqué, mais aussi « zone de la passion-zone de l'addiction », nous l'avons assez illustré. La tentation aurait pu être grande de reculer sans cesse la parution de ce livre pour faire profiter le lecteur, jusqu'au dernier moment, des dernières informations... Mais ce dernier moment risque de se faire attendre longtemps !

La planète du désir et du sentiment ne se laissera jamais tout à fait conquérir par l'homme, jamais maîtriser par la connaissance, et encore moins gouverner par la science, malgré le fantasme que celle-ci peut en avoir. On tombe un jour amoureux, et même si on pouvait imaginer la conception d'un philtre d'amour – le plus tard possible –, ce sera toujours vers une *terra incognita* que partiront les deux amants : vers leur avenir. On fait ce qu'on veut, et surtout ce qu'on peut, des sentiments et des désirs éprouvés, le meilleur et le pire.

On dit souvent que la recherche médicale est animée par deux pulsions : la pulsion scopique et la pulsion thérapeutique. La première est cette excitation inlassable à regarder pour comprendre « comment ça marche » ; la seconde est cette envie si profonde d'aider, de soulager, de soigner. Quand on se penche plus précisément sur les addictions, notamment sentimentales, on est animé par l'ambition que la première puisse bénéficier à la seconde : comprendre, c'est guérir un peu, voire éviter de tomber « malade ».

Si l'amour est une roulette russe, il faut reconnaître qu'il y a plusieurs façons de s'y risquer : en plaçant dans le barillet une seule balle, ou huit sur neuf... quand ce n'est pas neuf ! Ce livre démonte en quelque sorte, à la lueur des connaissances actuelles, le mécanisme du barillet. Mais le plus cher vœu de l'auteur serait d'avoir éventuellement réussi à indiquer aux lecteurs les plus imprudents, les plus inconscients

cortex in the human visual aesthetic perception », *PNAS* (2004), 16 pp. 6321-6325.

ou les plus passionnés comment déjouer quelques pièges, et à ouvrir aux autres quelques pistes pour être plus heureux, ou heureux plus longtemps. Même les plus prudents et les plus avertis ne sont pas, il est vrai, à l'abri d'une partie qui se joue à leur insu. Ceux-là méditeront, outre nos indications thérapeutiques, les paroles d'une grande amoureuse qui avait quelque peu tendance à dépasser les posologies de la joie et de la souffrance, Edith Piaf : « Moi j'ai entendu dire que l'amour fait souffrir, que l'amour fait pleurer, à quoi ça sert d'aimer ? L'amour ça sert à quoi ? À nous donner de la joie. Avec des larmes aux yeux, c'est triste et merveilleux. [...] Et si j'ai bien compris, sans amour dans la vie, sans ses joies ses chagrins, on a vécu pour rien [1] »

Table

Composition réalisée par PCA
44400 Rezé

Achevé d'imprimer sur les presses de

BUSSIÈRE

GROUPE CPI

à Saint-Amand-Montrond (Cher)
pour le compte des Éditions Robert Laffont
en août 2005

N° d'édition : 46440/06. — N° d'impression : 053140/4.
Dépôt légal : février 2005.

Imprimé en France